中国城镇职工基本养老保险改革：
经济效应、制度设计与财务可持续性

ZHONGGUO CHENGZHEN ZHIGONG JIBEN YANGLAO BAOXIAN GAIGE
JINGJI XIAOYING ZHIDU SHEJI YU CAIWU KECHIXUXING

孙永勇 ◎ 著

人民出版社

序

拜读孙永勇博士的这部专著《中国城镇职工基本养老保险改革：经济效应、制度设计与财务可持续性》之后，我有很多体会。

第一，养老保险制度不仅是一个民生制度，也是一个具有十分明显的经济效应的制度安排，是会对生产领域、消费市场、储蓄行为、政府行为和经济发展产生影响的。就是说，从国家养老保险制度的起源看，它无疑是人类进入工业化社会之后的一个奇妙发明，是分散人类社会风险的一个制度安排。但随着社会的进步，它的功能愈发显示出其多样性，对其他领域产生的影响愈发明显，尤其对经济发展产生的影响愈发不可忽视。2008年国际金融危机期间，中国社保制度首次打出"五减四缓"的"组合拳"，首次在反经济周期的经济政策中崭露头角，发挥了积极作用；在过去的五六年里，为应对新常态下经济下行压力，养老保险持续实施阶段性降费，为全国范围的减税降费和企业纾困作出了应有贡献；在2020年上半年暴发的新冠肺炎疫情中，包括养老保险在内的社会保险第三次发挥"减免缓"的反周期的经济功能，为复工复产复市作出贡献。

第二，养老保险制度对劳动力市场的影响是非常明显的，这一点无论是国外的文献还是国内的研究成果均浩如烟海，俯拾皆是，十分成熟，尤其在人口老龄化大趋势下，构建一个什么样的养老保险制度对保持劳动力市场弹性、就业弹性、鼓励提高劳动参与率、劳动就业率、失业率、劳动者的就业心理和就业行为等方面具有十分重要的意义，不同的养老保险制度下，上述劳动力市场的表现呈现出明显不同的结果。2007 年建立独立的农民工养老保险制度呼声甚高，但这必将加重碎片化，不利于农民工的合法权益保护，受到学界的质疑，最终被放弃；统筹层次低导致制度碎片化，异地转移接续关系困难，存在"便携性损失"，2009 年又出台了异地转移接续的具体办法。养老保险制度的所有这些改革都对建立全国范围的劳动力市场作出了贡献。当然，从另一方面看，异地转移接续也好，中央调剂制度也罢，都是对统筹层次低下做出的补救措施，俗称"打补丁"。

第三，这部专著中还提到了一个重要问题，就是养老保险制度对资本市场产生影响，对个人投资行为、企业投资行为和政府投资行为等产生影响。当然，这个问题的研究实质是指基本养老保险基金入市，虽然今天这是一件司空见惯的事，基本养老保险基金无论是城镇的，还是农村的，都先后获准进入全国社保基金理事会的受托投资体制之中。但在 10 年前的中国，这可是一个十分敏感的话题。当我们 2009 年提出这个内部研究报告并最终进入 2011 年改革日程时，我们面临媒体舆论和社会担忧的巨大压力，在当时的舆论环境下这项改革一波三折，最终不得不于 2012 年初戛然而止。现在看来，基本养老保险基金进行市场化和专业化投资对提高养老保险制度的财务可持续性具有重大意义，一些发达国家的实践再次证明这项改革是必要的，也是及时的。

第四，这部专著对目前中国城镇企业职工基本养老保险制度的统账结合和名义账户问题也做了深入研究。众所周知，2001 年中国正式加入 WTO，经济增长从此进入快车道，在此后的十几年里，年均 GDP

名义增长率在 10% 左右,社会平均工资年均增长率在 14% 以上。在 2000 年,做实个人账户试点从东北三省开始,进而推广到 13 个省和直辖市。但是,由于没有满足艾伦条件,社会平均工资增长率与人口增长率之和高达 15%,远远超过个人账户 3% 的银行协议存款利率,做实个人账户的外部条件不具备,各级政府和企业与职工均没有做实个人账户的意愿。我们早在进入本世纪初就提出了名义账户的可行性问题,甚至在 2006—2007 年受劳动社会保障部委托的课题研究中就主张顺势将个人账户转为名义账户(就是将 FDC 型账户顺势转为 NDC 型账户),2013 年初再次提交转为名义账户的研究报告,建议保留个人账户,让它成为计发养老金的凭证,在融资方式上采取现收现付制。2013 年底召开的党的十八届三中全会正式决定将做实个人账户试点及时转为完善个人账户制度,做实个人账户试点告一段落。

第五,这部专著的聚焦点是养老保险制度的财务可持续性研究。在过去的十多年里,对中国养老保险财务可持续性的关注先后聚焦在三个领域:一是对地区间基金失衡现象的认识是渐进的。人口和农民工的自由流动是市场经济的本质特征之一,统筹层次低的条件下必然导致地区间基金失衡,农民工聚集的沿海发达地区(如广东省)基金充盈,而人口净流出地(如黑龙江省)则相反。2012 年我们出版的《中国养老金发展报告 2012》是最早指出这个潜在风险并给出预测的,但当时的环境下还是面临一些压力的。当然,现在这已经是一个公开讨论的问题,几年前中央调剂制度的建立正是为了应对这个失衡状态。二是多缴多得激励机制的建立始终是中央历次文件最为关心的问题,但在制度建设中却是从未解决的难点。因此,费基不实,费率不统一,道德风险充斥各个环节,基金不能应收尽收,据估算,1997 年以来养老基金可能"少收"了 10 万亿元以上,当期的缴费收入与支出缺口逐年加大，财政补贴规模逐年扩大。这是养老保险一个最大的软肋，也是党的十八届三中全会提出"坚持精算平衡原则"的主因。在我看来，在统账结合的条件下，应该把雇主缴费划一部分进入个人账户，如同住房公积金，这是目前能看到的激励相容机制设计的一个改革选项，可以试点看看老百姓是否欢迎，费基是否能够拉到"真实收入"，费率能否打满缴足。三是对养老保险未来财务可持续性进行精算预测的问题。我曾在全国两会提交过政协提案，建议建立精算报告制度，也曾于2018年和2019年主编出版了两部《中国养老金精算报告》，对2050年的财务平衡进行预测。养老金制度的改革周期长达几十年，没有预测，就难以进行顶层设计。如果说2012年我们讨论的是"当期缺口"的话，那么2018年和2019年的精算报告预测的就是"未来缺口"；今天谈当期缺口是件稀疏平常的事情，甚至建立了中央调剂制度，将来肯定也会有一天谈论未来缺口也会成为一个平常事儿。中国养老保险制度20多年来的改革之路就是这样走过来的。

上述这五个主要研究内容构成了这部专著的研究主线，而这五个方面的改革则贯穿于1997年统一城镇企业职工基本养老保险制度以来的全过程。从这个角度看，这部专著虽然篇幅不长，但其研究的内容却覆盖了养老保险的主要改革热点和难点，这些在当时的历史条件下基本都存在巨大争议。

2020年是全面建成小康社会收官之年，2021年是建党100周年，我们站在新的历史起点上。党的十九大报告提出我国到本世纪中叶的发展划分为两个阶段，即从2021年到2035年和从2035年到2050年。养老保险制度也应瞄准这两阶段安排，制定一个顶层设计。作为一项民生工程和生产要素，养老保险制度目标模式的选择关乎大众福祉，也涉及经济发展后劲。因此，学界应当肩负起历史重任，为我国养老金制度建设作出应有贡献。

本专著作者孙永勇博士是我们团队的主要成员之一,长期参与我们发布的《中国养老金发展报告》的研究和撰写,是这部发展报告的忠实作者。到2020年,这个年度发展报告已经出版了10部,坚持了10年,孙永勇博士从未间断过参与,因此,他对我国城镇职工基本养老保险运行情况十分熟悉,对存在的问题和改革过程非常了解,是一位学问扎实、行事低调的很好的研究者。在这部专著出版之际,我作为第一位读者,既向作者表示祝贺,也表示谢意,希望以后我们的合作继续下去,共同为我国社保制度建设继续作出努力和贡献。

是为序。

中国社科院世界社保研究中心主任

郑秉文

2020年国庆节于北京

目　　录

绪　论

一、研究背景

　　老有所养寄托了每一个人对未来老年生活的美好期盼,也是人类社会发展从古到今所追求的重要目标之一。中华民族自古就有尊老的美好传统,据《论语·公冶长》记载,孔子在谈到自己的志向时说,他愿使"老者安之,朋友信之,少者怀之"。中国古人有关美好社会的构想也往往包含"老有所养"的内容。《礼记·礼运》对"大同"社会的描述包含这样的内容:"故人不独亲其亲,不独子其子,使老有所终,壮有所用,幼有所长,矜、寡、孤、独、废、疾者皆有所养,男有分,女有归。"这既是一种社会理想,也是那个时期人们对社会道德的要求,更是儒家社会伦理的重要主张之一。不过,由于时代条件的限制,这样一种美好愿望,在新中国成立以前的各个时期对很多人而言都只能是一种奢望。新中国成立以后,特别是改革开放以来,在中国共产党的领导下,全国各族人民努力奋斗,使我国社会经济发展取得了长足的进步,人民的生活得到了很大的改善,老年人整体生活水平也随之得到了大幅度提升。进入 21 世纪之后,中国共产党又根据新的国情为我国人民描绘了更为美好的未来社会图景——2012 年中国共产党十八大报告强调,要加快推进以改善民生为重点的社会建设，努力使全体人民学有所教、劳有所得、病有所医、老有所养、住有所居，推动和谐社会建设。这就把使所有人老有所养规定为建设社会主义和谐社会的主要内容之一。进入养老保险改革的攻坚阶段后，国务院《"十三五"国家老龄事业发展和养老体系建设规划》（国发〔2017〕13号）提出，到2020年，支持老龄事业发展和养老体系建设的社会环境更加友好、社会基础更加牢固。因此，在我国实现"老有所养"，不仅是了却历代仁人志士的夙愿，更是今后一个时期我国政府的核心政策目标之一，是社会养老保障事业的最终愿景，是建设社会主义和谐社会的必备内容。

为了实现"老有所养"这一宏伟目标，中国正逐步建立以基本养老保险制度为主体的养老保障体系。显然，基本养老保险体系的建设是重中之重，城镇职工基本养老保险作为基本养老保险体系的重要组成部分，地位非同一般。目前，"统账结合"的城镇职工基本养老保险制度已经推行了近20年，城镇职工基本养老保险得到了长足发展。

2008年到2018年，我国城镇职工基本养老保险参保人数稳定增长，参保总人数从21891万人增长至41902万人，增长了1.41%，其中，参保职工人数从16588万人增长至30104万人，年均增长率为81.49%；离退休人数从5304万人增长至11798万人，年均增长率为122.45%。由于离退休人数增长速度快于参保职工人数增长速度，制度赡养率从2010年的31.97%上升至2016年的39.19%。[①] 这表明，中国城镇职工基本养老保险制度在承担更大的责任的同时正面临越来越大的压力。

———————————

① 数据来源于国家统计局网站。

二、研究意义

城镇职工基本养老保险参保人数持续增加必然会全方位地影响社会经济生活,其中两个方面将会引起越来越多的关注:一是制度对国民经济发展的影响将越来越大,二是制度的财务可持续性问题将不断引发人们的担忧。这两个方面是相互交织的,一些基本养老保险政策和措施可能既有利于经济增长,又有利于改进制度的财务可持续性;而另外一些政策和措施可能有利于经济增长但不利于改进制度的财务可持续性,或者有利于改进制度的财务可持续性但不利于经济增长。此外,这两个方面都受到基本养老保险制度顶层设计的制约,良好的顶层设计既有利于促进经济增长,又有利于制度的财务可持续性。因此,研究中国城镇职工基本养老保险制度的经济效应与顶层设计具有重要的理论意义与现实价值。具体而言,其意义体现在以下几个方面:

首先,城镇职工基本养老保险制度的经济效应是有关城镇职工基本养老保险制度的理论中最为基础的部分。虽然城镇职工基本养老保险制度在产生与发展的过程中与许多因素产生了这样或那样的联系,但它与经济增长之间的联系是最核心、最基本的联系。一方面,城镇职工基本养老保险制度是经济发展(特别是现代化大生产)的结果,它要用经济手段解决养老这一社会问题;另一方面,作为一项重大的社会保障政策的组成部分,城镇职工基本养老保险制度对社会生活的各个层面都产生了广泛而深远的影响,对经济增长的影响也涵盖影响经济增长的各主要因素。因此,随着中国城镇职工基本养老保险制度的发展,如果不从理论上搞清楚基本养老保险制度与经济增长的关系,特别是基本养老保险制度对经济增长的影响,有关基本养老保险制度的许多其他研究将缺乏相应的基础理论支持。例如，自 2008 年国际金融危机爆发以来，扩大内需问题一直是我国保持经济持续快速增长所必须解决的核心问题。在这种情况下，明确究竟能否通过城镇职工基本养老保险制度刺激内需，有助于从理论上阐述并厘清一些相关的误解或分歧，为政府能否把城镇职工基本养老保险制度作为对经济进行宏观调控的工具、把城镇职工基本养老保险制度变革作为刺激内需的重要手段提供理论支持。

其次，城镇职工基本养老保险制度的财务可持续性是城镇职工基本养老保险制度得以发展并实现为参保离退休职工提供基本养老保障这个根本目标的基本前提。随着我国人口老龄化高峰的逐渐迫近，城镇职工基本养老保险制度的赡养率将快速上升，而在扩大覆盖面等方面的潜力也将被耗尽，缴费率的上升空间有限；养老保险基金投资运营虽有收益但仍捉襟见肘，制度的财务可持续性面临严峻挑战，特别是养老基金缺口问题已经成为影响基本养老保险制度可持续发展乃至整个社会稳定的一个重大隐患。在这种情况下，研究城镇职工基本养老保险制度的财务可持续性，有助于厘清影响城镇职工基本养老保险制度可持续发展的主要因素，完善城镇职工基本养老保险制度可持续发展理论，为进一步改革和完善城镇职工基本养老保险制度提供支持。

最后，城镇职工基本养老保险的制度设计决定着城镇职工基本养老保险制度的发展路径与未来，也从根本上影响着城镇职工基本养老保险制度的经济效应与财务可持续性。从城镇职工基本养老保险制度的经济效应与财务可持续性这两个角度看制度的顶层设计，将有助于更好地把握顶层设计的内涵与意义，有助于丰富和完善基本养老保险制度设计理论，促进城镇职工基本养老保险与经济增长的良性互动，增强基金的支付能力，使养老保险的后续改革不失偏颇，持续发力。对于中国这样的建立现代城镇职工基本养老保险制度历史较短的国家,这样的研究还具有特别的实践意义,那就是避免发达国家已经犯过的错误,在基本养老保险制度改革和发展中少走弯路。改进我国城镇职工基本养老保险顶层设计,不仅有助于制度的可持续性,增强制度实现为参保离退休人员提供基本养老保障这个根本目标的能力,而且使得制度能够更好地支持经济增长或者将其对经济增长的负面影响降至最低。

三、研究思路与框架

公平与效率之间的权衡是社会保障政策抉择的核心问题。从公平的角度看,我国职工基本养老保险制度应保障所有参保职工在符合规定条件时领取的标准养老金足以维持自身的基本生活需要。至于多高水平的养老金才能维持基本生活需要,国际上的一般标准应该是养老金替代率接近60%。尽管这主要是依据发达国家的情况得出的结果,不一定符合许多发展中国家的国情,当然也不一定完全符合中国国情,但是仍然都具有一定的参考价值。从国家统计局网站,可以找到我国城镇职工基本养老保险从2009年到2018年的离退休人数、基金支出,也可以找到这些年份城镇单位就业人员平均工资,就可以估算出这些年份城镇职工基本养老保险的养老金替代率在45%左右。这个替代率水平无论如何都不算高。如果考虑到中国城镇职工工资水平不仅在不同地区之间、不同群体之间存在着巨大差距,而且相当一部分劳动者的工资水平比较低,就有理由相信:如果不在制度中内置比较强的再分配机制,将有相当大一部分参保者在退休后所能够领取的养老金无法维持自身的基本生活需要。如果再考虑到还有一部分参保者的家属也需要从中获得支持,就更需要强调制度的再分配特征。然而,这并不是本书所要重点阐述的。本书所强调的是,在强调制度公平性的同时,需要重视制度的效率问题,而对效率的衡量更多的是关注各类社会保障计划的财务可持续性及其对经济增长的影响。

基于这样的考虑,本书从结构上可以被划分为四个部分:

第一部分由绪论和第一章构成,目的是建立本书研究的基础或起点。其中:绪论分析了本书的研究背景、研究意义和研究思路;第一章比较细致地梳理国内外有关养老保险制度经济效应、财务可持续性以及改革思路的许多研究文献。

第二部分由第二章至第五章构成,主要是分析养老保险制度对经济发展的影响,论证了一些理论观点或主张,为下文将要提出的中国城镇职工基本养老保险制度改革建议中需要考虑制度的经济效应提供支撑。其中:第二章分析了养老保险制度影响经济增长的基本路径,并在世代交叠模型的理论框架下阐释了这种影响发挥作用的机制,是从整体上看待养老保险制度对经济增长的影响;第三章、第四章和第五章分别分析了养老保险制度对经济增长产生影响的三个重要领域,即储蓄、投资市场和劳动力市场,而储蓄又与投资市场紧密相关。

第三部分由第六章至第八章构成,主要分析养老保险制度设计与财务可持续性,为下文将要提出的中国城镇职工基本养老保险制度改革建议中需要考虑制度的财务可持续性提供支撑。其中:第六章先从理论上分析了养老保险制度设计中的各种主要政策选择与制度财务可持续性之间的关系,然后剖析了中国城镇职工基本养老保险制度设计对其财务可持续性的影响;第七章具体分析了影响中国城镇职工基本养老保险制度财务可持续性的几个政策因素;第八章是对中国城镇职工基本养老保险制度财务可持续性的模拟分析。

　　第四部分由第九章和第十章构成,主要讨论养老保险制度改革的有关问题。其中:第九章回顾了40多年来国内外养老保险制度改革的情况,力图归纳出其中的规律和问题;第十章在前文论述的基础上提出了中国城镇职工基本养老保险制度改革的政策建议。

第一章　相关研究文献述评

到目前为止,国内外有关养老保险制度经济效应、财务可持续性与顶层设计的研究文献浩如烟海,本章仅选取其中重要的研究成果加以介绍,力求整体描述国内外的研究现状。虽然国外不存在城镇职工基本养老保险制度,但我国城镇职工基本养老保险制度乃我国基本养老保险制度的重要组成部分,因此国内外关于基本养老保险制度的研究很多方面对于城镇职工基本养老保险制度完全适用。

一、有关养老保险制度经济效应的研究

国内外有关养老保险制度经济效应的研究成果很多,大致可以被划分为以下三类:

(一)有关养老保险制度对储蓄的影响的研究

国外有关养老保险制度对储蓄的影响的研究十分丰富,主要分为三种观点:第一种观点是现收现付的公共养老金制度对储蓄的负面影响很大,即存在显著的"挤出效应",以马丁·费尔德斯坦(Martin Feldstein)的研究成果为代表;第二种观点是现收现付的公共养老金制度对储蓄的负

面影响不大,或者说是"中性"的,以阿罗(Aaron)等人的研究成果为代表;第三种观点是认为养老金制度从一些角度看对储蓄有"挤进效应",以卡甘(P.Cagan)、泰勒(Richard Thaler)、谢夫林(Hersh Shefrin)等人的研究成果为代表。下文将详细阐述这些观点,因此这里就不再赘述。

　　国内有关养老保险制度对储蓄的影响的研究也逐渐丰富起来,学术界对这一问题的看法分为三种:一种观点认为养老保险有效地"挤出"储蓄,另一种观点认为养老保险有利于"挤进"储蓄,第三种观点认为养老保险对储蓄的作用受其他因素的影响。持第一种观点的如郭英彤(2007)运用生命周期模型检验了我国社会养老保障制度对居民储蓄的影响,发现养老金数额的变化对居民预防性储蓄产生了显著作用,提高养老金标准,建立由中央财政支持的统一的社会保障体系可以降低巨额储蓄。[①] 王亚柯(2008)得出的结论是,现收现付养老金会在很大程度上减少居民储蓄,其替代效应会在70%—80%之间;而个人账户养老金对居民家庭储蓄并不存在替代效应,反而会增加居民家庭储蓄。[②] 何立新、封进、佐藤宏(2008)利用1995年和1999年城镇住户调查数据(CHIPS)分析了中国养老保险改革对家庭储蓄率的影响,结论表明养老金财富对于家庭储蓄存在着显著的替代效应,平均为-0.4—-0.3;但不同家庭这种替代效应有明显差异,户主年龄在35—49岁的家庭,储蓄率会显著受到养老金财富的影响,其他家庭这一影响并不显著。[③] 石阳、王满仓(2010)运用我国30个省份2002—2007

---

　　① 郭英彤:《社会养老保障制度影响我国居民储蓄行为的实证检验》,《消费经济》2007年第3期,第39—45页。

　　② 王亚柯:《中国养老保险制度的储蓄效应》,《中国人民大学学报》2008年第3期,第75—81页。

　　③ 何立新、封进、佐藤宏:《养老保险改革对家庭储蓄率的影响:中国的经验证据》,《经济研究》2008年第10期,第117—130页。

年的面板数据进行了研究,认为现收现付制养老保险对我国居民的储蓄存在"挤出"效应。[①] 彭浩然、申曙光(2010)利用中国31个地区的数据进行了经验研究,同样指出现收现付制养老保险降低了居民的储蓄率以及人力资本投资占居民收入的份额,不利于经济增长。[②]

持第二种观点的学者如郑秉文、胡云超(2004)通过对英国的研究发现,由于个人养老金计划的引入而导致的国民储蓄的净增量大约为英国 GDP 的 0.2%。[③] 白重恩、吴斌珍、金烨(2012),他们认为在 2006 年之前,尽管提高养老保险制度覆盖率有助于刺激消费,但在给定缴费前的收入水平与养老保险覆盖状态时,提高缴费率会显著抑制缴费家庭的消费。另外,养老保险缴费负担对总消费的影响也是负面的。[④]汪伟、艾春荣(2015)经过研究发现由寿命延长带来的储蓄动机会增进储蓄,老龄人口负担上升并没有对储蓄产生明显的负作用。[⑤]

持第三种观点的如郑秉文、史寒冰(2001)从东亚国家(地区)国民经济统计经验数据中观察到,不同的养老保险基金制度对储蓄、投资和消费具有不同的影响。[⑥] 马光荣、周广肃(2014)通过对新型农村养老保险进行研究发现,新型农村养老保险对 60 岁以下参保居民储蓄率的

① 石阳、王满仓:《现收现付制养老保险对储蓄的影响——基于中国面板数据的实证研究》,《数量经济技术经济研究》2010 年第 3 期,第 96—106 页。

② 彭浩然、申曙光:《现收现付制养老保险与经济增长:理论模型与中国经验》,《世界经济》2010 年第 10 期,第 67—75 页。

③ 郑秉文、胡云超:《英国社会养老制度市场化改革对储蓄的影响》,《欧洲研究》2004 年第 1 期,第 116—129 页。

④ 白重恩、吴斌珍、金烨:《中国养老保险缴费对消费和储蓄的影响》,《中国社会科学》2012 年第 8 期,第 48—71 页。

⑤ 汪伟、艾春荣:《人口老龄化与中国储蓄率的动态演化》,《管理世界》2015 年第 6 期,第 47—62 页。

⑥ 郑秉文、史寒冰:《东亚地区社会养老保险制度模式与经济发展》,《世界经济》2001 年第 10 期,第 36—40 页。

影响并不显著,却明显降低了 60 岁以上居民的储蓄率,这种区分缴费者和享受者的分析思路同样适用于职工基本养老保险的研究。[①]

总的来看,国内外的研究成果大多支持现收现付养老保险制度会"挤出"储蓄,但"挤出"了多少,却又受到养老保险制度设计、一国的传统习惯等因素的影响。与此不同,基金积累的养老保险制度始终被认为是有利于"挤进"储蓄的。

(二)有关养老保险制度对劳动力市场的影响的研究

国内外有关养老保险制度对劳动力市场的影响的研究按照研究的对象可以被划分为三类:养老保险制度对劳动力供给的影响、养老保险制度对劳动力需求的影响以及养老保险制度对劳动力市场的其他影响。

1. 养老保险制度对劳动力供给的影响

养老保险制度对劳动力供给的影响除了确定的积极和消极两个方面之外,有研究表明养老保险制度对劳动力供给的影响是不确定的。第一种观点认为养老保险制度显著有利于劳动力供给,可以增加劳动力工作时间以及提高劳动参与率。比如,伯克霍瑟和特纳(Richard V. Burkhauser 和 John A.Turner,1982)认为美国的社会保障制度会增加壮年男性每周工作时间 2—3 个小时,[②]从而增加劳动力的供给。古特曼和施泰因迈尔(Alan L.Gustman 和 Thomas L.Steinmeier,1985)对美国1983 年社会保障修正案各主要条款的实施效果进行了分析,这些条款

---

① 马光荣、周广肃:《新型农村养老保险对家庭储蓄的影响——基于 CFPS 数据的研究》,《经济研究》2014 年第 11 期,第 116—120 页。

② Richard V.Burkhauser and John A.Turner, "Social Security, Preretirement Labor Supply, and Saving: A Confirmation and a Critique", *Journal of Political Economy*, Vol.90, No.3, 1982, pp.643-646.

鼓励延迟退休，严格家计调查制度，保证收入与津贴成比例。他们发现，这些政策调整有助于提高老年人的劳动参与率。[1] 布朗宁（Edgar K.Browning，1975）指出，将社会保障津贴与缴费较好地关联起来，有助于减轻社会保障对劳动力供给的扭曲。[2] 车翼、王元月（2006）认为，参加养老保险的劳动者的劳动供给量多于没有参加养老保险的劳动者的劳动供给量。[3] 程杰（2014）认为职工养老保险鼓励职工增加劳动力供给。[4]

第二种观点则与上述观点截然相反，持此观点的学者认为养老保险制度会引致职工提前退休，且在某种层面上抑制劳动力的劳动积极性。例如，赫德和博欣（Hurd，Michael 和 Boshin，Michael J.，1984）[5]，波特尼斯（Burtless，Gary，1986）[6]，安德森等（Anderson，Kathryn H.等，1986）[7]，使用美国《退休历史调查 1969—1979》中的数据分析这一影响，研究结果大部分都发现，更为慷慨的社会保障福利导致了劳动力参与率的降低，诱致一些人提前退休，或是诱使人们比他们原先计划的退休时间提前

---

[1]　Alan L.Gustman and Thomas L.Steinmeier, "The 1983 Social Security Reforms and Labor Supply Adjustments of Older Individuals in the Long Run", *Journal of Labor Economics*, Vol.3, No.2, 1985, pp.237-252.

[2]　Edgar K. Browning, "Labor Supply Distortions of Social Security," *Southern Economic Journal*, Vol.42, No.2, 1975, pp.243-252.

[3]　车翼、王元月：《养老保险影响劳动力供给行为的 logistic 模型研究》，《中国管理科学》2006 年专辑，第 571—574 页。

[4]　程杰：《养老保障的劳动供给效应》，《经济研究》2014 年第 1 期，第 60—67 页。

[5]　Hurd, Michael and Boshin, Michael J., "The Effect of Social Security on Retirement in the Early 1970s", *Quarterly Journal of Economics*, No.99, 1984, pp.767-790.

[6]　Burtless, Gary, "Social Security and Unanticipated Benefit Increases, and the Timing of Retirement", *Review of Economic Studies*, No.53, 1986, pp.781-805.

[7]　Anderson, Kathryn H., Burkhauser, Richard V. and Quinn, Joseph F., "Do Retirement Dreams Come True? The Effect of Unanticipated Events on Retirement Plans", *Industrial and Labor Relations Review*, No.39, 1986, pp.518-526.

退休。博欣(Boskin,Michael J.,1977、1986)认为社会保障收益的大幅度增加是美国 1969—1973 年老年人劳动参与率加速下降的主要原因。[①] 卢元(1999)指出,养老保险会对劳动力供给产生不利影响,进而对我国养老金支付产生严重威胁,可以采取两方面措施加以消除:一是设定最低筹资年限,二是试行养老金提前与推后支取制度。[②] 纽马克和帕沃斯(David Neumark 和 Elizabeth T. Powers,2003/2004)认为,由于美国补充收入保障计划下领取养老金的资格取决于收入调查和财产审查,计划的内在激励效应会促使个人为了获得领取的资格而在特定年龄减少劳动力供给和储蓄。[③] 费舍尔和库斯尼格(Fisher,W.H. 和 Keuschnigg,C.,2010)指出,如果税收与津贴是关联的,延迟退休会伤害壮年职工的劳动积极性。[④] 张晓玲(2012)认为,养老保险的缴费与给付是否关联以及两者之间的比较会影响个人的劳动供给决策,主要是退休决策和在职期间的劳动供给决策。[⑤] 但是,劳动力供给到底被减少了多少,各个研究之间有很大的差别。童玉芬(2014)通过研究发现人口老龄化通过老年人口比例的增加导致劳动参与率的下降,而养老保险制度中延迟退休年龄可以抵消这个影响,小幅慢进的弹性退休制

[①] Boskin,Michael J.,"Social Security and Retirement Decisions",*Economic Inquiry*,Vol.15,Issue 1,1977,pp.1–25.

Boskin,Michael,J.,*Too Many Promises:The Uncertain Future of Social Security*,Homewood IL.:Dow Jones-Irwin,1986,p.62.

[②] 卢元:《试析养老保险对劳动供给的影响》,《市场与人口分析》1999 年第 4 期,第 45—47 页。

[③] David Neumark and Elizabeth T. Powers,"The Effect of the SSI Program on Labor Supply:Improved Evidence from Social Security Administrative Files",*Social Security Bulletin*,Vol.65(3),2003/2004,pp.45–60.

[④] Fisher,W.H. and Keuschnigg,C.,"Pension Reform and Labor Market Incentive",*Journal of Population Economics*,Vol.23,2010,pp.769–803.

[⑤] 张晓玲:《养老保险制度选择与劳动供给研究》,《经济问题》2012 年第 6 期,第 10—13 页。

度有利于增强老年劳动力的供给。① 莫菲特（Moffitt, Robert A., 1987）②使用1955—1981年的劳动力供给时间序列数据来评估社会保障财富的变化对不同年龄组劳动力供给的影响，结论表明尽管社会保障财富和劳动力供给之间存在负相关关系，但是劳动力供给反应的时间与社会保障财富的变化并不一致。

前两种观点都明确指出养老保险对劳动力供给的影响，非黑即白，但是其他学者认为两者之间的关系并非固定不变的。例如，阿伦（Aaron, Henry J., 1982）③认为，几乎没有证据显示社会保障减少了老年工人的劳动力供给。丹齐格等（Danziger, Sheldon 等, 1981）④、帕勒斯（Parnes, Herbert S., 1988）⑤，以及秦、伯克霍瑟和丹尼尔（Quinn, Joseph, Burkhauser, Richard 和 Daniel, Myers, 1990）⑥也得出比较中庸的结论，他们只是将能观察到的老年人劳动参与率下降部分归因于社会保障。即使在养老保险的一些具体政策对劳动力供给的影响上，后来的研究也有不同之处。格鲁伯和奥斯扎格（Gruber, J. 和 Orszag, P.,

---

① 童玉芬：《人口老龄化过程中我国劳动力供给变化特点及面临的挑战》，《人口研究》2014年第2期，第57—60页。

② Moffitt, Robert A., "Life Cycle Labor Supply and Social Security: A Time Series Analysis", In *Work, Health, and Income among the Elderly*, Edited by Gary Burtless, Washington, D.C.: Brookings, 1987.

③ Aaron, Henry J., *Economic Effects of Social Security*, Washington, D.C.: Brookings, 1982.

④ Danziger, Sheldon, Haveman, Robert and Plotnick, Robert, "How Income Transfer Programs Affect Work, Savings, and the Income Distributions: A Critical Review", *Journal of Economic Literature*, Vol.19, 1981, pp.975–1028.

⑤ Parnes, Herbert S., "The Retirement Decision", In *The Older Worker*, Edited by M. Borus, H. Parnes, S. Santell, and B. Seidman, Madison, Wis.: Industrial Relations Research Association, 1988.

⑥ Quinn, Joseph, Burkhauser, Richard and Daniel, Myers, *Passing the Torch: The Influence of Economic Incentives on Work and Retirement*. Kalamazoo, Mich.: Upjohn Institute for Employment Research, 1990.

2000)发现,养老保险的收入调查对男性劳动供给决策没有多大影响,但对女性劳动供给决策有一些影响。[1]

总而言之,此项话题无论在方法论上还是在具体结论上都积累了十分丰富的内容,但关于养老保险制度对劳动力供给影响的规模和方向存在着巨大的分歧,有许多方面有待进一步挖掘。

2. 养老保险制度对劳动力需求的影响

对此问题国内外普遍认为养老保险制度其实增加了企业的雇工成本,企业出于节省开支的目的会自动减少劳动力需求。比如,施沃尔斯特(E.B.Schwulst,2002)认为有关养老保险税(费)会增加雇主的用人成本,因而会减少雇主对劳动力的需求。[2] 林治芬(2005)发现,在1989—2003 年,养老保险费率每提高1 个百分点,失业人数平均增加22.7 万人,[3]该数据表明在中国社会养老保险费率的提高降低了企业雇用职工的意愿,减少了对雇工的需求。文太林(2007)[4]、刘海宁(2007)[5]、王志峰(2007)[6]认为,当养老保险导致劳动力成本增加时,企业(尤其是劳动密集型企业)会倾向于用资本替代劳动,最终减少劳动力需求。刘鑫宏(2009)测算的企业社会保险缴费适度水平为

---

① Gruber, J. and Orszag, P., "Does the Social Security Earnings Test Affect Labor Supply and Benefits Receipt?", NBER Working Paper 7923, 2000.

② E.B.Schwulst, "Economic Problems Arising From Social Security Taxes and Reserves", *The American Economic Review*, Vol.27, No.1, Supplement, 1937, pp.120-129.

③ 林治芬:《社会保障政策与就业联动的实证分析》,《财贸经济》2005 年第 6 期,第 55—60 页。

④ 文太林:《我国养老保险制度对劳动力市场的影响》,《金融与经济》2007 年第 12 期,第 31—34 页。

⑤ 刘海宁、刘晓峰:《城镇基本养老保险对经济要素影响的实证分析》,《辽宁大学学报》2007 年第 6 期,第 123—126 页。

⑥ 王志峰、黎玉柱、肖军梅:《从社会保障角度研究人工成本与企业成本竞争力的关系》,《科技和产业》2007 年第 4 期,第 44—47、76 页。

38.0%左右,目前的缴费负担超过了企业自身的承受能力,可能会使企业缩招或停招新员工。[1] 侯风翠、周颖(2009)从劳动力流动成本的角度出发,指出目前我国基本养老保险的统筹层次对劳动力的自由流动附加巨大的流动成本,这部分成本会部分地转嫁给企业,造成劳动力需求的下滑。[2] 赫克特(Héctor Sala,2012)利用相关数据得出的哥伦比亚制造业社会保障税对劳动力需求的替代弹性是1.21%,[3]表明随着社会保险费率的提高,制造业会降低对劳动力的需求。陶纪坤(2016)通过研究指出社会保险缴费率对劳动力需求的基础效应,并通过实证研究计算出社会保险对劳动力需求的降低程度,社会保险缴费率每提高1个百分点,在第二产业中将挤出劳动力需求的2.40%,在第三产业中将挤出劳动力需求的0.87%。[4]

与保险对储蓄的影响类似,企业的社会保险缴费对劳动力需求的影响也可能是不确定的。比如,杜萍(2010)对失业率和企业社会保险缴费进行了相关分析,得出1989—2003年企业社会保险缴费与劳动力需求呈负相关,2004—2007年企业社会保险缴费与劳动力需求呈正相关。[5] 陈湘蕊(2011)通过理论研究得出,社会保险缴费对劳动力需求可能是正相关,也有可能是负相关。社会保险缴费作为劳动力成

① 刘鑫宏:《企业社会保险缴费水平的实证评估》,《江西财经大学学报》2009年第1期,第28—34页。

② 侯风翠、周颖:《基于完善劳动力市场的基本养老保险制度全国统筹对策研究》,《中国经贸导刊》2009年第16期,第24—25页。

③ Héctor Sala, "Payroll Taxes and Labor Demand:Evidence From Colombian Manufacturing Industry", No.17, September 2012, http://dep-economia-aplicada.uab.cat/secretaria/trebrecerca/SAgudelo.pdf.

④ 陶纪坤、张鹏飞:《社会保险缴费对劳动力需求的挤出效应》,《中国人口科学》2016年第6期,第86页。

⑤ 杜萍:《企业社会保险缴费与劳动力需求的关系研究》,《劳动保障世界》2010年第9期,第37—39页。

本的重要组成部分,劳动力的需求并不是随着劳动力成本的降低而无限增加的,而是存在一个拐点,在工资低于一个数值时,需求量反而是下降的。但对于这一拐点所处的劳动力成本大小,作者没有做出明确阐释。[①] 冈察雷斯-帕拉莫和安吉尔·梅尔基佐(José M. González-Páramo 和 Ángel Melguizo,2013)认为,在欧洲大陆和盎格鲁-撒克逊经济中,三分之二的社会保障税负由员工承担,而在北欧经济中,将近90%由员工承担。[②] 这也就意味着,它对雇主的劳动力需求影响有限。

3.养老保险制度对劳动力市场的其他影响

国内外均有大量类似研究,国外有多西(Stuart Dorsey,1995)强调养老金可携带性影响劳动力市场效率[③];斯里克特(Sumner H. Slichter,1940)指出美国社会保障的有关立法有利于劳动力市场流动[④];伯格和斯贡茨(Thomas F. Pogue 和 L. G. Sgontz,1977)[⑤]以及布莱克(Dan A. Black,1987)[⑥]都认为美国社会保障制度有利于对人力资本的投资;塞巴斯蒂安和阿莱简德拉·考克斯(Sebastian Edwards 和 Alejandra Cox

---

① 陈湘蕊:《劳动力成本变动的影响研究——以北京市为例》,北京交通大学硕士论文,2011 年。

② José M. González-Páramo, Ángel Melguizo, "Who Really Pays Social Security Contributions and Labour Taxes?", February 2013, http://www. voxeu. org/article/who-really-pays-social-security-contributions-and-labour-taxes?

③ Stuart Dorsey, "Pension Portability and Labor Market Efficiency: A Survey of the Literature", *Industrial and Labor Relations Review*, Vol.48, No.2, 1995, pp.276-292.

④ Sumner H. Slichter, "The Impact of Social Security Legislation upon Mobility and Enterprise", *American Economic Review*, Supplement, Vol.30, No.1, 1940, pp.44-60.

⑤ Thomas F. Pogue and L. G. Sgontz, "Social Security and Investment in Human Capital", *National Tax Journal*, Vol.30, Issue 2, 1977, pp.157-169.

⑥ Dan A. Black, "The Social Security System, the Provision of Human Capital, and the Structure of Compensation", *Journal of Labor Economics*, Vol. 5, No. 2, 1987, pp.242-254.

Edwards,2002)认为智利养老金制度私有化改革使得其失业率有所下降①;多丽丝(Doris Geide-Stevenson,1998)指出,不同国家的不同社会保障政策会对国际劳动力和资本流动产生影响,但其流动的经济效应取决于相对于黄金尺度的资本—劳动比的该国稳定状态的资本—劳动比②。

国内则主要着眼于基本养老保险制度对劳动力流动的影响,包括城乡基本养老保险制度的差异、城镇职工基本养老保险制度与机关事业单位养老保险制度的差异以及城镇职工基本养老保险制度统筹层次过低等因素对劳动力流动的影响,这里就不再一一列举;也还有一些其他研究,如翁仁木(2010)分析了解决跨国劳动力养老保险权益可携带性问题的国际经验。③ 有学者研究人口老龄化对劳动力市场的影响。张车伟(2013)通过研究发现人口老龄化使得养老的社会负担加重,会进一步抑制家庭和个人消费需求,导致经济增长出现问题,造成劳动力市场的萎缩,养老保险可以通过扩大覆盖面、提高替代率等措施降低养老负担,恢复劳动力市场的供需均衡。④ 张士斌(2010)却指出养老保险制度与劳动力市场之间并非简单的单向或双向关系,而是复杂的系统机制,从养老保险制度产生的社会根源来讲,工业化与人口和劳动力市场的变革等催生了养老保险制度,养老保险制度和业已形成的其他保障措施又反作用于劳动力市场,引起劳动力市场的变革,而劳动力市

---

① Sebastian Edwards and Alejandra Cox Edwards, "Social Security Privatization Reform and Labor Markets:The Case of Chile", NBER Working Paper No.8924, May 2002, http://www.nber.org/papers/w8924.

② Doris Geide-Stevenson, "Social Security Policy and International Labor and Capital", *Review of International Economics*, Vol.6, No.3, 1998, pp.407-416.

③ 翁仁木:《解决跨国劳动力养老保险权益可携带性问题的国际经验借鉴》,《西北人口》2010 年第 6 期,第 54—58 页。

④ 张车伟:《人口老龄化、劳动力市场变化与养老保障问题——完善城镇职工基本养老保险制度的思考》,《老龄科学研究》2013 年第 2 期,第 13 页。

场的变革会进一步促使养老保险制度的调整。①

（三）其他有关养老保险制度经济效应的研究

国内外有关养老保险制度经济效应的研究主要还包括以下两类：

一是养老保险制度对经济的影响的研究。国外对此问题的研究角度和观点各异，但总的来说分为三种影响：正面影响、负面影响和区别影响。第一，养老保险制度有利于经济发展。比如，纳茨默（W.von Natzmer，1987）认为，减轻社会保障税负会带来一系列好处，包括创造额外的需求，通过更多的投资带来能力增长，促进就业，使企业获得更多的利润，以及使经济更有活力。② 张杰和张俊森（Jie Zhang 和 Junsen Zhang，2004）认为，社会保障对经济增长是有益的，因为它几乎不影响储蓄率，但会通过降低生育率与增加人力资本投资，从而促进人均增长。③ 第二，社会保险具有负面影响。比如，考特利科夫（Kotlikoff，L.J.，1979）认为非积累的社会保障对资本密度产生了相当大的负面影响，需要引起重视。④ 艾萨克·埃利希和金珍荣（Isaac Ehrlich 和 Jinyoung Kim，2007）发现，确定收益、现收现付的社会保障制度对家庭形成和生育率产生了不可忽视的负面影响。⑤ 第三，在不同地区

---

① 张士斌：《劳动力市场变化与中国的社会养老保障制度改革——基于对养老保障制度的历史考察》，《经济社会体制比较》2010 年第 2 期，第 123—130 页。

② W.von Natzmer, "Social Security Contributions, Economic Activity, and Distribution", *Empirical Economics*, Vol.12, No.1, 1987, pp.29–49.

③ Jie Zhang and Junsen Zhang, "How Does Social Security Affect Economic Growth? Evidence from Cross-Country Data", *Journal of Population Economics*, Vol. 17, 2004, pp. 473–500.

④ Kotlikoff, L.J., "Social Security and Equilibrium Capital Intensity", *Quarterly Journal of Economics*, Vol.93, No.2, 1979, pp.233–253.

⑤ Isaac Ehrlich and Jinyoung Kim, "Has Social Security Influenced Family Formation and Fertility in OECD Countries? An Economic and Econometric Analysis", NBER Working Paper No.12869, January 2007, http://www.nber.org/papers/w12869.

影响不同。比如,加仑森(Walter Galenson,1968)指出,对于发达国家,社会保障开支几乎不会通过影响生产力进而影响产出;对于处于发展阶段底部的国家,要素比例模式和组织条件会导致投资人力资本的回报率很低,影响也不大;只有处于发展的中间阶段的国家,数量可观的资本已经被投入,而劳动力的质量落后,使用社会保障措施作为发展要素才具有最大的潜力。[①]

国内这方面的早期研究著作有李珍教授 1998 年所著的《社会保障与经济发展》[②]和李绍光 1998 年所著的《养老金制度与资本市场》[③]。还有一些学术论文对这个问题进行了研究,例如,刘华、肖厚雄、叶晓阳(1999)强调社会保障为经济增长提供了良好的社会环境,有利于提高劳动者的劳动积极性和创业精神,有利于促进资本形成[④];柏杰(2000)构建无限期世代交叠模型,对现收现付制和基金制这两种养老保险制度安排进行了分析和比较[⑤];李珍、杨玲(2001)发现,私人养老金对美国资本市场的繁荣、经济结构的转型、消费需求的拉动发挥了重要作用,从而对整个经济产生了积极的促进作用[⑥]。郑伟(2002)从总体福利和分代福利两个角度对具有代表性的养老保险制度进行了经济福利比较分析,认为不同的养老保险制度孰优孰劣并不是绝对的,它取决于一些具体的参数条件。[⑦] 郑

[①]　Walter Galenson,"Social Security and Economic Development:A Quantitative Approach",*Industrial and Labor Relations Review*,Vol.21,No.4,1968,pp.559~569.

[②]　李珍:《社会保障与经济发展》,武汉大学出版社 1998 年版。

[③]　李绍光:《养老金制度与资本市场》,中国发展出版社 1998 年版。

[④]　刘华、肖厚雄、叶晓阳:《社会保障与经济增长》,《华中理工大学学报(社会科学版)》1999 年第 1 期,第 94—96、118 页。

[⑤]　柏杰:《养老保险制度安排对经济增长和帕累托有效性的影响》,《经济科学》2000 年第 1 期,第 78—88 页。

[⑥]　李珍、杨玲:《养老基金制度安排与经济增长的互动——以美国为研究对象》,《金融研究》2001 年第 2 期,第 101—106 页。

[⑦]　郑伟:《养老保险制度选择的经济福利比较分析》,《经济科学》2002 年第 3 期,第 74—83 页。

伟、孙祁祥(2003)指出,中国养老保险制度变迁的经济效应总体上是正面的,制度变迁使资本量和产量增加,资本—产出比提高,利率下降、工资率上升;两类劳动者个人效用上升,养老金替代率上升,收入差距缩小;同时产生一定的转轨代价。①

二是养老保险制度的具体政策对经济的影响的研究。比如社会保障私有化对经济的作用效果,米切尔和赛尔德斯(Olivia S.Mitchell 和 Stephen P.Zeldes,1996)指出,一个部分私有化的方案有助于降低政治风险,增加家庭投资组合选择,改进对工作的激励。② 考特利科夫等(Laurence J.Kotlikoff 等,1999)认为社会保障私有化不仅对经济有好处,还会在未来大幅度提高美国人的生活水平。③ 但帕利(Thomas I. Palley,1988)却指出,认为社会保障私有化就可以解决社会保障的各种经济问题,只不过是一种幻觉。④ 博尔祖茨基(Silvia Borzutzky,2001)也认为智利社会保障私有化产生了新的不平等,缩小了制度的覆盖面,对经济发展所产生的影响很有限。⑤ 达塔罗(Patrick Dattalo,2007)同样对将美国社会保障制度部分私有化的建议持批判态度,认为它会削弱美国最成功的反贫困战略。⑥ 张璐琴、景勤娟(2007)在新增长理论

---

① 郑伟、孙祁祥:《中国养老保险制度变迁的经济效应》,《经济研究》2003 年第 10 期,第 75—85 页。

② Olivia S. Mitchell and Stephen P. Zeldes, "Social Security Privatization: A Structure for Analysis", NBER Working Paper No. 5512, March 1996, http://www.nber.org/papers/w5512.

③ Laurence J.Kotlikoff, Kent Smetters and Jan Walliser, "Privatizing Social Security in the United States——Comparing the Options", *Review of Economic Dynamics*, Vol.2, 1999, pp.532-574.

④ Thomas I. Palley, "The Economics of Social Security: An Old Keynesian Perspective", *Journal of Post Keynesian Economics*, Vol.21, No.1, 1998, pp.93-110.

⑤ Silvia Borzutzky, "Chile: Has Social Security Privatisation Fostered Economic Development?", *International Journal of Social Welfare*, Vol.10, 2001, pp.294-299.

⑥ Patrick Dattalo, "Borrowing to Save: A Critique of Recent Proposals to Partially Privatize Social Security", *Social Work*, Vol.52, No.3, 2007, pp.233-242.

模型框架下证明了设计合理的养老保险制度可以通过不断刺激人们增加人力资本投资来提高经济增长的速度。[1] 例如，郑秉文、胡云超（2004）认为，英国养老制度市场化改革长期看有利于财政收支状况的改善，增加了家庭储蓄，提高了劳动力市场的弹性，通过降低企业成本提高企业竞争力，促进了经济发展。[2] 李雪增（2014）等从养老保险"统账结合"的视角入手分析其经济效应，当实行统账结合时，如果由政府出资，那么理论上经济系统可能存在多个动态无效率的稳态均衡点；由此进一步分析，当经济系统处在不同的均衡点上，养老保险对社会福利的影响以及其经济效果可能恰恰相反。[3] 此外，还有一些学者分析了基本养老保险制度的再分配效应，例如，王亚柯的著作《中国养老保险制度改革的经济绩效：再分配效应与储蓄效应》（2008）、卢自华的著作《中国转型期基本养老保险分配效应研究》（2010）和候慧丽的著作《城镇基本养老保险制度的再分配效应》（2011）。

二、有关养老保险制度财务可持续性的研究

养老保险制度财务可持续性问题是有关养老保险制度改革争议的一个核心内容。国外学术界一直十分重视养老保险制度的财务可持续性问题。世界银行1994年的研究报告《防止老龄化危机：保护老年人和促进增长的政策》对传统现收现付型养老保险制度在人口老龄化背

---

[1] 张璐琴、景勤娟：《养老保险制度与经济增长的关系》，《人口与经济》2007年第4期，第68—73页。

[2] 郑秉文、胡云超：《英国养老制度市场化改革对宏观经济的影响》，《国际经济评论》2004年第1期，第55—61页。

[3] 李雪增、蒋媛媛：《"统账结合"养老保险体制的动态经济效应研究——基于政府负债的分析视角》，《财经问题研究》2014年第4期，第68—73页。

景下的财务可持续性进行了深入剖析。[1] 国外对养老金债务的研究包含各个方面:在成因上,涵盖人口老龄化、生育率下降、制度设计不合理等方面,例如,塞尔达(Rodrigo A.Cerda,2005)认为,社会保障计划的财务危机可能是内生的,因为社会保障会影响生育率和人力资本决策,进而影响总的经济增长率。这些影响会导致对现收现付社会保障计划的内生侵蚀,因而现收现付计划是不可持续的,它要求不断提高社会保障税率。[2] 格隆奇-罗科(Sandro Gronchi-Rocco Aprile,1998)认为,意大利1995年公共养老金改革所制定的指数化策略使得养老金替代率过高,危及了制度的财务可持续性。[3] 邦格特(John Bongaarts,2004)认为,由于人口老龄化加剧,如果不进行重大改革,意大利、法国和德国在2000年到2050年的养老金开支占国民收入的比重将分别从35%、29%和24%上升至75%、54%和45%。[4] 在对债务规模的测算及其认识上,也有很多成果。世界银行(1997)曾测算中国养老保险制度的隐性债务(IPD),为1994年GDP的46%—69%。[5] 在美国,社会保障信托基金理事会多年来每年对社会保障制度的财务可持续性进行预测,其基本判断是,在2020年之后社会保障的开支将超过收入。不过,一些学者认为美国养老金制度已经存在很大的缺口,例如,比格斯(Andrew G.Biggs,2011)指出,如果

---

① The World Bank, *Averting the Old Age Crisis*: *Policies to Protect the Old and Promote Growth*, Oxford University Press, 1994.

② Rodrigo A.Cerda, "On Social Security Financial Crisis", *Journal of Population Economics*, Vol.18, 2005, pp.509-517.

③ Sandro Gronchi-Rocco Aprile, "1995 Pension Reform: Equity, Sustainability and Indexation", *Labour*, Vol.12, No.1, 1998, pp.67-100.

④ John Bongaarts, "Population Aging and the Rising Cost of Public Pensions", *Population and Development Review*, Vol.30, No.1, 2004, pp.1-23.

⑤ The World Bank, "Old Age Security: Pension Reform in China", http://www-wds. worldbank. org/external/default/WDSContentServer/WDSP/IB/1997/09/01/000178830 _ 98101912211149/Rendered/PDF/multi_page.pdf.

按期权定价方法计算,美国公共养老金缺口约占 GDP 的 27%①;诺维-马克思和劳(Robert Novy-Marx 和 Joshua Rauh,2011)认为,如果按零息国库券计算,美国公共养老金债务的金额高达 4.43 万亿美元②。不过,也有不同观点,迈尔斯(Robert J. Myers,1988)曾经认为,美国社会保障的财务状况良好,即使未来出现财务问题,也可以通过适当的政策调整加以解决,计划更不会破产和消失。③ 在大部分欧洲国家,随着债务危机的不断发酵,许多国家高水平的养老金制度已经难以为继。另外一些国家将在未来遇到麻烦。席尔瓦等(Carlos Manuel Pereira da Silva 等,2004)对葡萄牙社会保障制度的财务可持续性分析指出,葡萄牙 65 岁以上老年人的赡养率将从 2000 年的 23%上升到 2050 年的 44%,与此同时,基金资产将在 2025 年至 2026 年被耗尽。④ 在对策研究上,邦加特(John Bongaarts,2004)认为,降低养老金水平并提高生育率会产生积极作用。⑤ 布莱克和梅休(David Blake 和 Les Mayhew,2006)指出,除了稳健的经济管理和持续经济增长之外,还需要延迟退休,并从国外输入年轻的移民,英国的国家养老金制度才可能继续提供目前水平的养老金。⑥ 塞拉诺、埃圭

---

① Andrew G.Biggs, "An Options Pricing Method for Calculating the Market Price of Public Sector Pension Liabilities", *Public Budgeting & Finance*,2011,pp.94-118.

② Robert Novy-Marx and Joshua Rauh, "Public Pension Promises:How Big Are They and What Are They Worth?", *The Journal of Finance*,Vol.LXVI,2011,pp.1211-1249.

③ Robert J.Myers, "Social Security's Current Financial Health Is Robust!", *Benefits Quarterly*,Vol.IV,No.4,1988,pp.44-52.

④ Carlos Manuel Pereira da Silva, João Paulo Tomé Calado and Maria Teresa Medeiros Garcia, "The Financial Sustainability of the Portuguese Social Security System", *The Geneva Papers on Risk and Insurance*,Vol.29,No.3,2004,pp.417-439.

⑤ John Bongaarts, "Population Aging and the Rising Cost of Public Pensions", *Population and Development Review*,Vol.30,No.1,2004,pp.1-23.

⑥ David Blake and Les Mayhew, "On the Sustainability of the UK State Pension System in the Light of Population Aging and Declining Fertility", *The Economic Journal*,Vol.116,2006,pp.286-305.

亚和费雷罗(Felipe Serrano,Begoña Eguía 和 Jesús Ferreiro,2011)认为,移民不能解决西班牙养老金制度的可持续性问题,必须进行参数改革。①贝尔和雷(Stephanie Bell 和 L.Randall Wray,2000)认为,增加社会保障税、私有化、削减津贴,或延长退休年龄,都无法解决美国社会保障财务问题。他们提出了三条建议:一是积累数额庞大的社会保障信托基金没有意义,应该重返现收现付制度;二是应该大规模增加合法移民数量;三是采取财政政策,促进更快的增长、更多的就业和更高的劳动参与率(特别是女性)。② 国外的相关研究成果对中国制定有关政策具有重要的参考价值,但还有待与中国具体情况更好地结合起来。

在新城镇职工基本养老保险制度推行之初,国内学术界就十分关注转轨成本问题。例如,国务院发展研究中心社会保障课题组(2000)认为,仅从退休职工的养老金支出看,转轨后最初的年支付规模大约在 2000 亿元左右③;而孙祁祥(2001)认为转轨成本估计在 3 万亿—4 万亿元④。随着制度改革的不断深入,学术界对养老金债务的研究也在发展。例如,彭浩然等(2009)指出,由于新、旧制度下养老金权益的计算方法不同,而且计算还受到一系列不断变动的指标的影响,因而隐性债务数额的计算十分复杂。⑤

---

① Felipe Serrano,Begoña Eguía and Jesús Ferreiro,"Public Pensions' Sustainability and Population Aging:Is Immigration the Solution?" *International Labour Review*,Vol.150,No.1-2,2011,pp.64-79.

② Stephanie Bell and L.Randall Wray,"Financial Aspects of the Social Security 'Problem'",*Journal of Economic Issues*,Vol.XXXLV,No.2,2000,pp.357-364.

③ 国务院发展研究中心社会保障课题组:《分离体制转轨成本,建立可持续发展制度——世纪之交的中国养老保障制度改革研究报告》,《管理世界》2000 年第 6 期,第 64—73 页。

④ 孙祁祥:《"空账"与转轨成本——中国养老保险体制改革的效应分析》,《经济研究》2001 年第 5 期,第 20—27 页。

⑤ 彭浩然、申曙光、宋世斌:《中国养老保险隐性债务问题研究——基于封闭与开放系统的测算》,《统计研究》2009 年第 3 期,第 46—52 页。

李丹等（2009）认为 2008 年我国实际承担的隐性债务超过 28 万亿元。① 而曹远征、马俊等所著的研究报告《化解国家资产负债中长期风险》中指出，到 2013 年中国养老金的缺口将达到 18.3 万亿元。梁君林、蔡慧（2015）等对养老金债务显性化进行了研究，指出养老金隐性债务的显性化问题源于现收现付制向积累制的转轨；进而对养老保险的隐性债务和转制成本做出了区分，养老保险的转轨成本源于隐性债务，但在量上并不等于隐性债务，只有在转轨过程中显性化的那部分隐性债务才成为转轨成本。② 尽管也有学者认为养老金缺口是个伪命题，但一些相关建议已经被陆续提出。例如，王燕等（2001）提出使用个人所得税支付转轨成本③；郭席四（2003）指出，弥补资金缺口需要从"增收"和"节支"两方面双管齐下，方能奏效④；王增文、邓大松（2009）强调企业缴费率已经超出了能够承受的水平，需要加大财政对基本养老保险的补贴力度⑤；徐晓华（2012）也提出了有效控制甚至解决养老金缺口问题的一系列对策⑥。王晓军的《中国基本养老保险基金偿付能力的地区差异分析》（2005）虽然对不同省份养老保险的历史债务进行了测算，对各省份养老保险待遇和负担水平、人口结构等进行了定量

---

① 李丹、刘钻石、章娅玲：《中国养老金隐性债务规模估算》，《财经科学》2009 年第 5 期，第 23—30 页。

② 梁君林、蔡慧：《中国养老保险隐性债务线性化研究》，《中国人口科学》2015 年第 5 期，第 36—43 页。

③ 王燕、徐滇庆、王直、翟凡：《中国养老金隐性债务、转轨成本、改革方式及其影响——可计算一般均衡分析》，《经济研究》2001 年第 5 期，第 3—12、94 页。

④ 郭席四：《我国养老保险资金支付缺口形成的原因与对策探讨》，《湖北大学学报（哲学社会科学版）》2003 年第 2 期，第 24—28 页。

⑤ 王增文、邓大松：《基金缺口、缴费比率与财政负担能力：基于对社会保障主体的缴费能力研究》，《中国软科学》2009 年第 10 期，第 73—81 页。

⑥ 徐晓华：《中国基本养老保险金缺口的宏观控制》，《南开学报（哲学社会科学版）》2012 年第 5 期，第 105—112 页。

分析,重点是从提高统筹层次的角度提出了一些建议。张迎斌、刘志新(2013)等在进行隐性债务测算时考虑了过渡性养老金和基础性养老金领取特点的区别,指出保持合理的工资增长率水平和利率水平可以以保持隐性债务规模实际可控,提高养老金的投资收益偿还隐性债务。①

三、有关养老保险制度改革思路的研究

到目前为止,世界范围内养老保险制度模式十分丰富,李珍、孙永勇、张昭华(2005)曾根据"砖理论"将其归纳为 7 种主要模式。② 国外有关基本养老保险制度改革思路的研究也很多,其中产生较大影响的是多支柱理论,世界银行、国际货币基金组织、国际劳工组织等国际机构都曾提出过不同版本的"多支柱"养老保险体系构想。例如,世界银行在 1994 年提出了著名的"三支柱方案",其中的第一支柱是强制性、非积累、政府管理、待遇确定型制度③;在 2005 年,世界银行专家又将其升级为"五支柱方案",增加了另外两个支柱,即以消除贫困为明确目标的基本支柱(零支柱)和非经济支柱(第四支柱),包括其他更为广泛的社会政策,如家庭赡养、医疗服务和住房政策等④。在这个方案

① 张迎斌、刘志新:《我国基本养老金隐形债务变化趋势分析——基于改进精算测算模型的实证分析》,《中国管理科学》2013 年第 5 期,第 41—47 页。

② 李珍、孙永勇、张昭华:《中国社会养老保险基金管理体制选择——以国际比较为基础》,人民出版社 2005 年版,第 5—10 页。

③ The World Bank, *Averting the Old Age Crisis: Policies to Protect the Old and Promote Growth*, Oxford University Press, 1994.

④ Holzmann, R. and R. Hinz, "Old Age Income Support in the 21st Century: An International Perspective on Pension Systems and Reform", The World Bank, Washington, D.C., 2005.

中，零支柱和第一支柱显然是属于基本养老保险的范畴；考虑到强制性，第二支柱（即强制性、积累型、私人机构管理、缴费确定型制度）也应该被归入基本养老保险的范畴。经济合作与发展组织也一直持续关注世界范围内的养老金制度改革，其有关成果这里不再详述。①　其次，有关国家养老保险制度私有化的争论也曾经掀起高潮，而且许多研究成果之间存在着明显的分歧，但最近这方面的讨论有些沉寂，有关这方面的研究成果将在下文中详细加以评论和阐述。此外，名义账户制度也越来越引起人们浓厚的兴趣，最初，一些研究者对典型国家的名义账户制度改革探索进行了案例研究，例如福克斯和帕默（Louise Fox 和 Edward Palmer，1999）②、帕默（Edward Palmer，1999）③，以及拉斯格巴斯特等（Esperanza Lasagabaster 等，2002）④。后来，霍茨曼（Robert Holzmann，2004）提出了一个以名义账户制度为核心的多支柱养老金体系，⑤霍茨曼等（Robert Holzmann 等，2006）又对名义账户制度可能遇到的问题以及该制度的运

①　参见经济合作与发展组织网站上的系列有关成果，如 OECD, "Pensions at a Glance 2011: Retirement-Income Systems in OECD and G20 Countries", http://www.oecd. org/els/social/pensions/PAG.2011。

②　Louise Fox and Edward Palmer, *Latvian Pension Reform*, Social Protection Discussion Paper Series, No. SP 9922, Washington, D. C., The World Bank, August 1999, http://documents.worldbank.org/curated/en/1999/08/693277/latvian-pension-reform.

③　Edward Palmer, *The Swedish Pension Reform Model : Framework and Issues*, Social Protection Discussion Paper; No. SP 0012, Washington, D. C., The World Bank, June 2000, http://documents. worldbank. org/curated/en/2000/06/1615052/swedish - pension - reform-model-framework-issues.

④　Esperanza Lasagabaster, Roberto Rocha, Patrick Wiese, *Czech Pension System : Challenges and Reform Options*, Social Protection Discussion Paper Series; No. SP 0217. Washington, D. C., The World Bank, June 2002, http://documents. worldbank. org/curated/en/2002/06/1977242/czech-pension-system-challenges-reform-options.

⑤　Robert Holzmann, *Toward a Reformed and Coordinated Pension System in Europe : Rationale and Potential Structure*, Washington D. C., The Worldbank, March 2004, http://documents. worldbank. org/curated/en/2004/04/5167752/toward - reformed - coordinated - pension-system-europe-rationale-potential-structure.

行前景进行了深入剖析①,霍茨曼等(Robert Holzmann 等,2012)对名义账户制度的最新进展、教训与成就以及财务稳定性等各个方面进行了比较全面的分析②。总的来看,对名义账户制度的研究仍然方兴未艾。

近些年来,国内学术界对基本养老保障制度改革的探讨取得了非常丰富的成果,这里仅做简要综述。在解决基本养老保障制度的条块分割问题上,目前主要关注的是各个制度统筹发展特别是相互之间的衔接问题,比如,林东海等(2009)提出了基于"两个统筹"的混合养老金体系设计③,刘昌平等(2009)提出了基于既得受益权的养老保险关系转移接续政策④。在城镇职工基本养老保险改革方面,目前的主流观点是在坚持"统账结合"的制度模式的前提下,采取一系列措施尽快解决棘手问题,比如:尽快实现全国统筹⑤;由政府负担转制成本,做实

---

① Robert Holzmann, Edward Palmer, *Pension Reform: Issues and Prospects for Non-Financial Defined Contribution (NDC) Schemes*, Washington D. C., The Worldbank, January 2006, http://documents.worldbank.org/curated/en/2006/01/6625523/pension-reform-issues-prospects-non-financial-defined-contribution-ndc-schemes.

② Robert Holzmann, Edward Palmer, and David Robalino, *Nonfinancial Defined Contribution Pension Schemes in a Changing Pension World*(Vol.1 of 2): *Progress, Lessons, and Implementation*, Washington D. C., The Worldbank, June 2012, http://documents.worldbank.org/curated/en/2012/06/16439040/nonfinancial-defined-contribution-pension-schemes-changing-pension-world-progress-lessons-implementation.

Robert Holzmann, Edward Palmer, and David Robalino, *Nonfinancial Defined Contribution Pension Schemes in a Changing Pension World*(Vol.2 of 2): *Gender, Politics, and Financial Stability*, Washington D. C., The Worldbank, November 2012, http://documents.worldbank.org/curated/en/2012/11/17204471/nonfinancial-defined-contribution-pension-schemes-changing-pension-world-vol-2-2-gender-politics-financial-stability.

③ 林东海、丁煜:《养老保险全覆盖:基于"两个统筹"的混合养老金体系设计》,《中国行政管理》2009 年第 12 期,第 108—112 页。

④ 刘昌平、殷宝明:《基于既得受益权的养老保险关系转续政策研究》,《中国人口科学》2009 年第 9 期,第 108—112 页。

⑤ 郑功成:《实现全国统筹是基本养老保险制度刻不容缓的既定目标》,《理论前沿》2008 年第 18 期,第 39—52 页。

个人账户①；等等。这些观点已经基本上被《社会保险法》所接受。当然，也有其他不同观点，比如：赵志刚（2008）提出应将城镇企业基本养老保险制度分离成两个既相互独立又相互联系的"社会统筹养老保险制度"和"个人账户养老保险制度"②；郑秉文（2003）③认为"名义账户"制度是我国养老保障制度的一个理性选择；等等。在农村养老保障制度建设方面，目前比较主流的观点是建立基础养老金与个人账户相结合的制度④。不过同样也存在其他思路，比如：杨德清、董克用（2008）提出普惠制养老金制度可以作为现阶段我国农村养老保障制度的新尝试⑤；赵秋成、杨哲（2009）提出了以促进就业和提高农民自保能力为核心，以土地保障为基础，以最低生活保障为"托底"的与城镇相衔接的农村社会养老保障体系⑥；等等。在公务员养老保障制度、事业单位职工养老保障制度的改革方面，目前比较主流的一种观点是将公务员纳入改革范围，与事业单位同步进行、统一建制，使所有群体共享制度公平；同时，要建立职业年金制度，以满足不同群体的需求，体现制度效率⑦。这些观点都经过了比较严密的论证，自然各有各的道理。

---

① 孙祁祥：《"空账"与转轨成本——中国养老保险体制改革的效应分析》，《经济研究》2001 年第 5 期，第 20—27 页。

② 赵志刚：《中国公共养老保险制度的基础整合》，《中国软科学》2008 年第 5 期，第 136—139 页。

③ 郑秉文：《"名义账户"制：我国养老保障制度的一个理性选择》，《管理世界》2003 年第 8 期，第 33—45 页。

④ 林东海、丁煜：《养老保险全覆盖：基于"两个统筹"的混合养老金体系设计》，《中国行政管理》2009 年第 12 期，第 108—112 页。

⑤ 杨德清、董克用：《普惠制养老金》，《中国行政管理》2008 年第 3 期，第 54—58 页。

⑥ 赵秋成、杨哲：《农村人口群体划分与农村养老保障体系设计》，《改革》2009 年第 3 期，第 126—130 页。

⑦ 成欢、蒲晓红：《事业单位养老保险改革存在的争议及思考》，《经济体制改革》2009 年第 5 期，第 62—65 页。

但总体上看,往往不够大胆或彻底,常常要么只针对了前述挑战的某些方面,要么过于"理性"或"缩手缩脚",从而无法为实现"老有所养"彻底扫清障碍。

第二章　养老保险制度的经济效应概述

　　纵观现代社会保障发展历史,存在着这样一种怪现象:当经济快速稳定发展时,各国都会竞相发展社会保障,而不担心它对经济增长的负面影响,学术界也少有异议;而当经济增长出现问题特别是陷入危机时,社会保障很快就会成为千夫所指的对象,大规模削减福利随之而来,接着是民众的抗议示威乃至社会动荡。然而,人们似乎已经忘记了,现代社会保障制度正是在 1929 年之后的严重经济危机中孕育的。在当初美国罗斯福政府建立社会保障制度之时,其基本目标正是为了促进美国经济从大危机中复苏。在第二次世界大战后欧洲国家确定建立福利国家体制之时,也是为了唤起人们的斗志,从而尽快从第二次世界大战的废墟中爬起来。

　　今天,当世界范围内的经济危机再次来临时,美国政府债台高筑,欧洲国家也先后陷入主权债务危机,而中国经济也深受影响,社会保障再次成为舆论的焦点。在无休止的争议与一波又一波的示威声中,欧洲一些国家已经被迫大刀阔斧地削减福利。而美国却在试图通过另一条路来削减政府赤字,包括削减军费开支、向富人征税、向其他国家施压以增加出口、增加就业等。中国又将何去何从? 怎么从发达国家的经历中汲取经验与教训从而避免陷入上述"怪圈"? 要回答这个问题,还得回到问题的起点,即:社会保障到底会对经济增长产生什么样的影响?

本章试图厘清养老保险制度对经济发展所产生的十分复杂的影响并将此影响推演至城镇职工基本养老保险。为此,本章将先简要分析养老保险制度影响经济发展的基本路径,并在世代交叠模型下探讨这种影响;接下来的三章将分别分析养老保险制度对储蓄、投资市场和劳动力市场的影响。

一、养老保险制度影响经济发展的基本路径

养老保险制度对经济发展的影响大致可以通过以下几个路径来完成:

(一)养老保险制度对生产领域的影响

毫无疑问,这种影响是养老保险制度对经济发展产生影响的主要路径,它又主要沿着养老保险制度对储蓄、投资以及劳动力市场的影响而展开,这些影响往往又相互交织在一起。

第一,养老保险制度既会对人们的储蓄行为产生影响,又会对储蓄在私人储蓄与公共储蓄之间的分配产生影响,进而影响可用于投资的资金量以及投资的方式、工具等方面。关于养老保险制度对私人储蓄的影响,下一章将详细探讨。这里需要强调的是,在某些情况下,也许私人储蓄会减少,但公共储蓄可能会增加,使得整个社会的总储蓄变化不大。其基本原因是:政府本应该动用其他公共资源去帮助人们解决养老保障问题,建立了养老保险制度之后,所需动用的相关资源将减少,因而有可能形成其他方面的公共储蓄。因此,养老保险制度对经济发展的影响将主要取决于私人储蓄与公共储蓄在投资效率上的差异。

通常情况下,公共储蓄倾向于流向基础设施建设等领域,从而夯实经济发展的后劲,但也时常因为出现过度投资、资金被贪污挪用等问题而饱受批评。在成熟的市场经济国家,私人储蓄一般被认为可以更好地得到配置,从而更好地促进经济发展,因而,私人储蓄的减少一般被认为是不利于经济发展的。但这个规律并非放之四海而皆准。因为,在很多发展中国家,基础设施建设往往是制约经济发展的短板,而大规模公共储蓄往往有助于基础设施建设。特别是,在中国这样的社会主义国家,不仅拥有规模庞大的公共储蓄,而且在利用这些公共储蓄促进经济发展方面积累了丰富的经验,因而不能认为公共储蓄的效率总是低于私人储蓄。然而,如果我们相信市场是资源配置的基本力量,那么,过多的公共储蓄对经济增长可能并不是一件很有利的力量。因为它不仅可能会压缩私人储蓄,也可能会抑制私人消费。

第二,养老保险制度的基金积累本身将直接构成投资的资金来源。无论这种积累是被存放于公共账户还是个人账户,它都可以被投资于资本市场,也可以被直接投资于实业领域。这里需要注意的是,有基金积累的存在,并不必然会被有效投资。在投资市场不成熟、政府决策谨慎或滞后的情况下,基金积累就可能会出现中国曾经长期存在的放在银行"睡大觉"的现象。有人认为,提高养老保险的基金积累水平会促进经济增长,核心前提条件正是养老保险基金管理机构的投资管理会比其他机构的投资管理更有效率,而这并没有得到很有力的证明。有研究表明,养老保险基金积累水平的变化无论是短期内还是长期内对经济增长都没有比较明显的影响。[1] 有关养老保险制度对资本市场的

---

[1] Eelco Zandberg, Laura Spierdijk, "Funding of Pensions and Economic Growth: Are They Really Related?", *Journal of Pension Economics & Finance*, Vol. 12, Issue2, 2013, pp.151-167.

影响将在第四章中得到更为详细的阐述。

第三,养老保险制度无疑会对劳动力市场产生影响,它涉及劳动力需求、供给与配置等各个层面(详见第五章)。这里需要指出的是,养老保险制度对储蓄和资本积累的影响与它对劳动力市场的影响是同时发生的,这就使问题变得十分复杂。在分析这些问题时,一方面认定养老保险制度必然导致储蓄和资本积累减少,另一方面又一口咬定它必然导致劳动力需求或供给减少,有时候显然是违背事实的。因为,储蓄和资本积累的减少意味着资本价格上升,企业家为什么就不会想到以更多的劳动来替代资本呢? 储蓄和资本积累的减少所带来的资本价格上升为什么就不会带动劳动价格上升而促使劳动供给增加呢? 有研究表明,在养老保险制度减少储蓄和资本积累的同时,会有人增加工作时间。当用于资助健康开支和公共养老金的劳动所得税率被限制在中等水平时,如果个人拥有完全预见能力,复杂动态就会发生。健康照顾开支和/或公共养老金可以在一开始使稳定状态均衡变得不稳定,并导致复杂动态,但最终又扮演了稳定器的角色。[1]

(二)养老保险制度对消费市场的影响

生产与消费是相伴而生的。保持生产与消费的动态平衡是促进经济长期持续稳定增长的必要条件。对于一个国家而言,如果不断扩大消费而抑制投资与生产,将很快入不敷出,濒临破产,这也正是投资与生产被不断强调的基本原因。如果不断扩大投资与生产而抑制消费,也许可以通过扩大出口来消化国内"过多"的生产能力,并促进经济增

---

[1]　Luciano Fanti, Luca Gori, Mauro Sodini, "Complex Dynamics in an OLG Model of Neoclassical Growth with Endogenous Retirement Age and Public Pensions", *Nonlinear Analysis：Real World Applications*, No.14, 2013, pp.829-841.

长，就像中国改革开放以来所推行的宏观经济政策一样。但是，对于像中国这样的大国来讲，过于依赖国际消费市场存在着潜在的风险，一旦国际主要消费市场急剧萎缩，经济增长将会出现问题。更重要的是，所有国家经济发展的基本目标都是改进民众的福利，长期压缩消费会使改进民众福利变成一句空话，在一定的情况下会导致民众普遍不满，甚至可能影响社会稳定。养老保险制度在许多国家是老年人的重要收入来源，为满足老年人消费需求提供了基本保障。

养老保险制度对消费市场的影响首先体现在它对不同年龄消费群体的影响。对于参加养老保险制度的职工而言，其当期可支配收入无疑会减少，消费也会随之受到挤压。而对于从养老保险制度领取养老金的退休者而言，比较稳定的养老金收入来源将使他们能够适当地享受生活。然而，在职者与退休者的消费习惯和消费内容通常是有差异的，所以，养老保险制度会妨碍在职者更多光顾的消费市场的发展，而促进退休者更多光顾的消费市场的发展。在人口老龄化的大背景下，老龄产业将因此获得巨大的发展机遇。不过在不同的国家，这种情况所产生的影响是不同的。例如，当西方发达国家的许多老年人正通过旅游等各种方式享受生活时，中国的许多老年人正在盘算如何给子女留更多的遗产，有些老年人甚至即使自己勒紧腰带也要让子女过更舒适的日子。

养老保险制度对消费市场的影响还体现在它对处于不同社会阶层消费群体的影响。如果养老保险制度是带有较强再分配色彩的现收现付制度，处于社会中下层的退休者将从中获益更多，而他们的消费主要集中于日常消费品，因而相应的市场会得以发展。而处于社会上层的退休者，养老金通常不会是其主要收入来源，因而对其消费的影响有限。如果养老保险制度是不带任何再分配色彩的完全积累个人账户制度,它对消费的影响将比较有限。但从世界各国基本养老保险制度的实践看,即使是完全积累的个人账户制度,通常也带有一定的再分配色彩,比如以最低养老金保证等形式存在,因而对于促进日常消费品市场的发展是有益的。

(三)养老保险制度对政府行为的影响

无论是政府主导的社会养老保险制度,还是企业养老金计划,通常都需要政府的参与。对于政府主导的社会养老保险制度而言,政府通常需要提供免税或延迟纳税,有时候还需要提供政府财政补贴,这会对政府的财政状况产生影响。而且,政府主管部门通常需要亲自参与社会养老保险的有关管理活动,这还会带来与管理有关的一些问题。对于企业养老金计划,政府通常会在税收优惠上提供一定的支持。当然,在有些情况下,政府也可能从社会养老保险制度中获得资金支持。

通常情况下,养老保险制度对政府行为的影响应该重点关注以下三个方面:

第一,为了支持现收现付型社会养老保险制度,政府需要按照恰当的税(费)率征收专项税(费)。有研究指出,在养老保险税(费)率低于最优税(费)率时,在降低生育率、提高资本强度的同时,提高税(费)率,提高待遇水平,将有助于改进福利状况。而且,最优税(费)率具有时间一致性,即当现在的各代人期望未来的各代人继续接受最优税(费)率时,现在的各代人就没有背离最优税(费)率的动机。[1] 但是,

---

① Jie Zhang, Junsen Zhang, "Optimal Social Security in a Dynastic Model with Investment Externalities and Endogenous Fertility", *Journal of Economic Dynamics & Control*, Vol.31, 2007, pp.3545-3567.

如果税(费)率超过了最优税(费)率,通常会被认为是有损经济发展的。更重要的是,政府通常无法确定最优税(费)率的大致水平,或者,即使知道最优税(费)率的大致水平,也会因政治等方面的原因而被迫按照偏离这一水平的税(费)率征收,其结果可想而知。再进一步考虑,如果将政府征收的养老税(费)率与其他社会保险项目税(费)率,乃至政府征收的其他各种税(费)率,放在一起考虑,问题将变得极为复杂。

第二,政府有时候会发行债券,这又可以分为两种情况:一是政府向社会养老保险制度发行债券,从而获得社会养老保险制度所积累资金的支配权,就像美国一直在做的那样。这样做,看似对政府有利,但从长远看,极可能会诱使政府未来债务不断膨胀。二是政府向社会发行债券筹集资金,用于兑现养老金承诺。如果社会养老保险制度不是精算公平的,政府所征收的养老保险税(费)不足以兑现它所做出的养老金承诺,政府将被迫向社会发行债券。这同样会使得政府未来债务不断膨胀。

第三,政府通常会向养老保险制度提供税收优惠,但其效果与形式都值得关注。政府为了促进养老保险制度发展而提供的税收优惠,对整个国民经济而言不见得就是好事,有时候可能还需要其他配套措施来消化其带来的负面影响。有研究指出,向私营养老金计划提供税收优惠,会导致国民储蓄减少,但如果同时削减对中老年劳动者的转移支付或提高他们所承担的其他税收,还是会提高经济福利。[1] 政府向养老保险制度提供税收优惠的形式有多种,也许对于特定国家的特定养老保险制度而言,某些税收优惠政策比另外一些税收优惠政策更为合适。对美国私营养老金计划的一项研究发现,

---

[1]　John Creedy, Ross Guest, "Changes in the Taxation of Private Pensions: Macroeconomic and Welfare Effects", *Journal of Policy Modeling*, Vol.30, 2008, pp.693-712.

在保持预算中性的情况下引入延税型养老金储蓄账户,尽管从长期看会增加国民财富和总产出,但会使当期及接下来的家庭状况恶化。如果政府通过增加负债将短期成本扩展至未来的家庭,这种政策变革将使所有年龄组的状况平均起来与没有延税型账户的经济中的状况一样好。然而,由于政府债务及债务成本上升,国民财富和总产出在长期内会减少。因此,引入延税型账户不会同时既增加国民财富又改进社会福利。这部分是因为它削弱了现行所得税制度的风险分担功能。①

(四)养老保险制度对经济发展环境的影响

一般情况下,作为现代社会保险体系核心内容的养老保险制度被认为在调和社会矛盾、促进社会稳定上发挥了重要作用。因为,老有所养的"诱惑"及其实现,将使得绝大部分劳动者安分守己地踏实工作,这将有助于改善经济发展的外部环境。为了证明养老保险制度在这方面的更为具体的积极影响,这里举两个例子:

在发展中国家,通常存在着规模很大的非正规部门,在这些部门工作的劳动者通常依靠作为非正式安全网的私人转移支付来获得养老金,在应对收入和长寿风险时往往遇到麻烦。政府如果强行将正式养老保险制度的覆盖范围扩展至这些非正规部门的劳动者,通常会带来效率损失,因为它会对资本和资源在正规部门与非正规部门之间的配置产生不良影响。然而,有研究发现,尽管存在这种效率损失,社会养老金领取者还是会获得福利改进,因为社会养老保险制度的扩面会带来正面的保险效应。当然,这种福利改进严重依赖于技术分布、私人家

---

① Shinichi Nishiyama,"The Budgetary and Welfare Effects of Tax-Deferred Retirement Saving Accounts",*Journal of Public Economics*,Vol.95,2011,pp.1561-1578.

庭内转移支付和用于资助扩面的专项税。[①]

在德国,现行社会保障制度对经济效率产生了正面影响,因为它为人们应对死亡风险提供保险,为目前有偏见的消费者提供承诺技术。有研究发现,在存在理性消费者的经济中,取消社会保障,会带来大约相当于初始资源的 0.6% 的效率损失;而在存在双曲线消费者的经济中,这种效率损失会上升至 1.8%。即使对德国的社会保障进行部分私有化,也会造成效率损失。[②]

(五)小结

前文大致梳理了养老保险制度影响经济发展的基本路径,它表明这种影响不仅仅局限于市场领域(如生产领域和消费市场),还会超越市场而影响政府行为以及经济发展环境。在生产领域,它主要通过影响储蓄、投资和劳动力市场而发挥作用,后面几章将重点分析这些内容。在消费领域,如果一个国家国内消费市场发展不足,养老保险政策调整有可能有利于扩大内需。当然,政府举办养老保险,就需要征收相应的税(或费),这会对企业负担产生影响。如果政府还采取发行债券、提供税收优惠等其他措施,则会对政府财务状况等其他方面产生影响。不过,从经济发展的环境来看,设计较好的养老保险制度将会产生积极影响。对于中国这样经过了长期快速发展且正处于经济转型中的大国,不仅需要重视加强对企业养老保险缴费负担的控制,而且,国内

[①] Juergen Jung, Chung Tran, "The Extension of Social Security Coverage in Developing Countries", *Journal of Development Economics*, No.99, 2012, pp.439-458.

[②] Hans Fehr, Christian Habermann, Fabian Kindermann, "Social Security with Rational and Hyperbolic Consumers", *Review of Economic Dynamics*, Vol. 11, 2008, pp.884-903.

市场的开拓和经济发展环境的培育也十分重要。

二、世代交叠模型下养老保险制度经济效应解析

在有关养老保险制度经济效应的研究文献中,大量使用了世代交叠模型。它是美国著名经济学家戴蒙德(Peter A. Diamond)于1965年提出的一个经济增长模型,它对于经济增长的基本问题(如永久性动力问题)的回答与索罗模型、R-C-K模型(即无限生命期模型)基本相同,但它的有些假设更加接近实际,并且能够被用来较好地分析某些政府行为和福利问题。运用这个模型,戴蒙德发现,如果经济是无效的,通过增加公共债务,有可能改进社会福利状况。[1] 在随后的动态公共经济学的经典理论中,一般也认为,在带有外生劳动供给的动态有效的世代交叠经济中没有现收现付制养老金的福利依据;但是,如果经济是动态无效的,就存在现收现付制养老金的福利解释。而且,有研究认为,在老年人的风险厌恶不下于年轻人的充分条件下,以上结论可以被拓展至有内生劳动力供给的经济。[2] 但是,也有人提出了不同意见。有研究指出,当通过柯布—道格拉斯偏好考虑弹性劳动供给时,对于长期内增加内部公共债务以实现福利状况改进,世代交叠模型中的经济动态无效尽管仍然是必要条件,但已经不再是充分条件。这是因为,如果个人劳动供给是充分有弹性的,均衡利率会沿着"错误"的方向运

---

[1]　Peter A. Diamond, "National Debt in a Neoclassical Growth Model", *American Economic Review*, Vol.41, 1965, pp.1126-1150.

[2]　Torben M. Andersen and Joydeep Bhattacharya, "Unfunded Pensions and Endogenous Labor Supply", *Macroeconomic Dynamics*, Vol.17, Issue 05, 2013, pp.971-997.

动。因此,在经济处于动态无效时提高债务水平甚至有可能会使福利状况恶化。[1] 为了厘清这个问题,下边将沿着世代交叠模型的基本框架去分析养老保险制度的经济效应,其中借鉴了戴蒙德和罗默的一些研究成果。[2]

(一)假定条件

1. 生产函数

与其他模型一样,世代交叠模型在构建生产函数时强调四个因素,即产出(Y)、资本(K)、劳动力(L)和生产效率(A),并且假定:有许多竞争性厂商,都按照同样的生产函数 $Y = F(K, AL)$ 组织生产;这一生产函数具有不变的规模报酬,即:$F(cK, cAL) = cF(K, AL)$ $(c \geq 0)$,从而可以求出它的集约形式:$f(k) = \dfrac{1}{AL}F(K, AL) = F(\dfrac{K}{AL}, 1)$;这一生产函数不仅满足 $f(0) = 0, f'(k) > 0, f''(k) < 0$(表明资本的边际产品为正,但随着资本的增加而下降),而且满足稻田条件:$\lim\limits_{k \to 0} f'(k) = \infty, \lim\limits_{k \to \infty} f'(k) = 0$(表明当资本存量充分大时,资本的边际产品十分小;当资本存量充分小时,资本的边际产品十分大。这一假定主要是为了保证经济运行路径是收敛的);市场是完全竞争的,劳动力和资本获得各自的边际产品(即:资本获得的边际收益为利率 $r_t = f'(k_t)$;劳动力获得的边际收益为 $w_t = f(k_t) - k_t f'(k_t)$),厂商获得零利润;劳动力(L)和生

---

① Luciano Fanti, Luca Spataro, "Endogenous Labor Supply in Diamond's (1965) OLG Model: A Reconsideration of the Debt Role", *Journal of Macroeconomics*, No. 28, 2006, pp. 428-438.

② 参见 Diamond, Peter A., "Aggregate Demand Management in Search Equilibrium", *Journal of Political Economy*, No. 90, 1982, pp. 881-894; Diamond, Peter A., "Search, Sticky Prices, and Inflation", *Review of Economic Studies*, No. 60, 1993, pp. 53-68; David Romer, *Advanced Macroeconomics*, The McGraw-Hill Companies, Inc., 1996, pp. 72-88。

产效率(A)分别以外生的速度 n 和 g 增长;不存在资产贬值(即 $\delta = 0$);等等。

2. 世代交叠

世代交叠模型不仅取消了以前模型的"无限存活家庭"的假定,而且假定:每一个人都生存两个时期——在年轻时即第一个时期,他(她)提供劳动力,获得劳动收益,并把收益消费掉一部分($C_{1,t}$),其余的储存起来;在年老时即第二个时期,他(她)退出生产领域,消费他(她)在第一个时期储存起来的财富及利息($C_{2,t+1}$);然后死亡,退出模型。在每一时期都同时存活着新老两代人,新人不断产生,旧人不断死亡。为了简化问题,还要假定时间是离散的(即:$t = 1, 2, \cdots$)而不是连续的,因而,$L_t = (1 + n)L_{t-1}$,$A_t = (1 + g)A_{t-1}$。

3. 效用函数

由前边的假定可知,若单位消费者第一期消费 $C_{1,t}$,第二期消费 $C_{2,t+1}$,而且对风险具有不变的相对厌恶,那么,就可以得到他(她)一生的效用函数:

$$U_t = \frac{C_{1,t}^{1-\theta}}{1-\theta} + \frac{1}{1+\rho} \times \frac{C_{2,t+1}^{1-\theta}}{1-\theta} \quad \theta > 0, \rho > -1 \quad (2-1)$$

其中:θ 为相对风险厌恶系数;ρ 为贴现率。

(二)消费者行为分析

由前边的假定可知,消费者在第二期的消费($C_{2,t+1}$)等于他(她)第一期的劳动收入($A_t w_t$)减去第一期的消费($C_{1,t}$)后的储存及其利息,即:

$$C_{2,t+1} = (1 + r_{t+1})(A_t w_t - C_{1,t}) \quad (2-2)$$

对(2-2)式做一下变换,则有:

$$C_{1,t} + \frac{1}{1 + r_{t+1}} C_{2,t+1} = A_t w_t \qquad (2-3)$$

（2-3）式表明，一个人终身消费的现值等于他（她）的初始财富（这里假设为零）加上一生劳动收入的现值。

这样，我们可以把（2-1）式和（2-3）式结合起来，构建一个消费者效用最大化模型：

$$\max U_t = \frac{C_{1,t}^{1-\theta}}{1-\theta} + \frac{1}{1+\rho} \times \frac{C_{2,t+1}^{1-\theta}}{1-\theta} \qquad \theta > 0, \rho > -1 \qquad (2-4)$$

$$s.t. \ C_{1,t} + \frac{1}{1 + r_{t+1}} C_{2,t+1} = A_t w_t$$

构建拉格朗日函数：

$$L = \frac{C_{1,t}^{1-\theta}}{1-\theta} + \frac{1}{1+\rho} \times \frac{C_{2,t+1}^{1-\theta}}{1-\theta} + \lambda \left[A_t w_t - \left(C_{1,t} + \frac{1}{1 + r_{t+1}} C_{2,t+1} \right) \right]$$

$$(2-5)$$

求（2-5）式的一阶条件：

$$\frac{\partial L}{\partial C_{1,t}} = 0 \Rightarrow C_{1,t}^{-\theta} = \lambda \qquad (2-6)$$

$$\frac{\partial L}{\partial C_{2,t+1}} = 0 \Rightarrow \frac{1}{1+\rho} C_{2,t+1}^{-\theta} = \frac{1}{1 + r_{t+1}} \lambda \qquad (2-7)$$

把（2-6）式代入（2-7）式可得：

$$\frac{C_{2,t+1}}{C_{1,t}} = \left(\frac{1 + r_{t+1}}{1+\rho} \right)^{\frac{1}{\theta}} \qquad (2-8)$$

（2-8）式表明：个人消费是增长还是下降取决于单位有效劳动资本的实际报酬率（r）是大于还是小于贴现率（ρ）；风险相对厌恶系数θ则决定了个人消费变化对r与ρ之间差异的反应程度。如果（2-8）式不成立，个人可以在不改变一生消费流现值的情况下把他（她）的消费在一生中进行重新安排以提高总效用。

把(2-8)式代入(2-3)式,则得:

$$C_{1,t} = \frac{(1+\rho)^{\frac{1}{\theta}}}{(1+\rho)^{\frac{1}{\theta}} + (1+r_{t+1})^{\frac{(1-\theta)}{\theta}}} A_t w_t \qquad (2-9)$$

(2-9)式表明个人在第一期消费其收入的比率由实际利率决定。而且,从(2-9)式可以求出储蓄率:

$$s(r) = 1 - \frac{(1+\rho)^{\frac{1}{\theta}}}{(1+\rho)^{\frac{1}{\theta}} + (1+r)^{\frac{(1-\theta)}{\theta}}} = \frac{(1+r)^{\frac{(1-\theta)}{\theta}}}{(1+\rho)^{\frac{1}{\theta}} + (1+r)^{\frac{(1-\theta)}{\theta}}}$$

$$(2-10)$$

(2-10)式表明,当且仅当 $(1+r)^{\frac{(1-\theta)}{\theta}}$ 是 r 的增函数时,年轻人的储蓄率才随实际利率的上升而上升。如果令 $Q(r) = (1+r)^{\frac{(1-\theta)}{\theta}}$,那么 $Q'_r = \left[\frac{(1-\theta)}{\theta}\right](1+r)^{\frac{(1-2\theta)}{\theta}}$。于是,我们知道:当 $\theta > 1$ 时, $Q'_r > 0$;当 $\theta = 1$ 时, $Q'_r = 0$;当 $\theta < 1$ 时, $Q'_r < 0$。可见,当 $\theta > 1$ 时,储蓄率随利率的上升而上升;当 $\theta = 1$ 时(拉格朗日效用),储蓄率不受利率影响;当 $0 < \theta < 1$ 时,储蓄率随利率的上升而下降。为什么会有这样的结果呢?因为利率的上升有双重效应:当消费者比较厌恶风险时,他(她)有保持一生两个时期消费水平相当的强烈愿望,于是,他(她)会认为,利率上升意味着一定的储蓄能获得更大的未来收益,即使减少一定数额的储蓄,第二期仍然能达到第一期的消费水平,因而他(她)在利率上升时就有可能减少储蓄,这就是收入效应;当消费者不很厌恶风险时,他(她)在利率上升时就有减少第一期消费来获得更多的未来收益以扩大第二期消费的愿望,他(她)就更愿意用第二期消费增加带来的效用增长去替代第一期消费减少导致的效用损失,因而他(她)有可能增加储蓄,这就是替代效应。

（三）经济动态性分析

如果把个人行为加总，就可以揭示整个经济的动态性。而且，如上所述，$t+1$ 期的资本存量是 t 期年轻人的储蓄及期望在 $t+1$ 期获得的收益之和。因此，可以得到以下等式：

$$K_{t+1} = s(r_{t+1})L_t A_t w_t \qquad (2-11)$$

在（2-11）式两边同时除以 $A_{t+1}L_{t+1}$，就可以求得单位有效劳动的资本存量：

$$k_{t+1} = \frac{K_{t+1}}{A_{t+1}L_{t+1}} = \frac{s(r_{t+1})A_t L_t w_t}{(1+n)(1+g)A_t L_t} = \frac{1}{(1+n)(1+g)}s(r_{t+1})w_t$$

$$(2-12)$$

又 $\qquad\qquad\qquad \because r_{t+1} = f'(k_{t+1})$

$$w_t = f(k_t) - k_t f'(k_t)$$

$$\therefore k_{t+1} = \frac{1}{(1+n)(1+g)}s(f'(k_{t+1}))[f(k_t) - k_t f'(k_t)]$$

$$(2-13)$$

（2-13）式暗含了 k_{t+1} 是 k_t 的一个函数，因而它决定了在给定初始单位有效劳动资本存量（k_0）的情况下 k_t 的演变过程。当 $k_t = k_{t+1}$ 且满足（2-13）式时，不难看出 k 就达到了一个均衡位置。为了更简要地解释 k 是否及怎样收敛于这样一个均衡位置，我们这里假定采用拉格朗日效用（$\theta = 1$）和柯布—道格拉斯生产函数（Cobb-Douglas Production Function）。

当 $\theta = 1$，由（2-10）式可知，$s(f'(k_{t+1})) = 1/(2+\rho)$；当 $f(k) = k^\alpha$ 时，$w = f(k) - kf'(k) = (1-\alpha)k^\alpha$。把它们代入（2-13）式可得：

$$k_{t+1} = \frac{1}{(1+n)(1+g)}\frac{1}{2+\rho}(1-\alpha)k_t^\alpha \equiv Dk_t^\alpha \qquad (2-14)$$

（2-14）式可以用图 2-1 来阐释。在图 2-1 中，横轴为 k_t，纵轴为 k_{t+1}，45^0 线为 $k_t = k_{t+1}$ 的点的集合。从图中可知，当 $k_t = 0$ 时，$k_t = k_{t+1}$；当 $0 < k_t < k^*$ 时，$k_t < k_{t+1}$；当 $k_t = k^*$ 时，$k_t = k_{t+1}$；当 $k_t > k^*$ 时，$k_t > k_{t+1}$。下边我们将证明 k^* 是绝对稳定的唯一均衡点：无论 k 的初始值 k_0 为多少（除 0 以外），它都会收敛于 k^*。

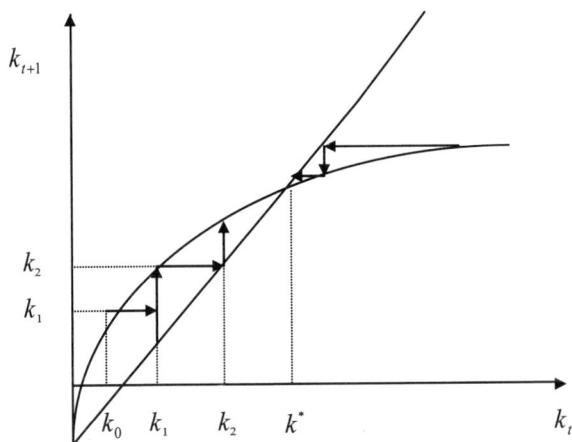

图 2-1

当 $k_0 > k^*$ 时，$\because k_t > k_{t+1}$，$\therefore k_1 < k_0$；又 $\because k_1 = Dk_0^\alpha$，$k^* = Dk^{*\alpha}$，$\therefore k_1 > k^*$。因此，$k_1$ 处于 k_0 与 k^* 之间，即 k 向 k^* 移动了一部分。这一过程在每一时期不断重复，k 就逐渐收敛于 k^*。

当 $0 < k_0 < k^*$ 时，$\because k_t < k_{t+1}$，$\therefore k_1 > k_0$；又 $\because k_1 = Dk_0^\alpha$，$k^* = Dk^{*\alpha}$，$\therefore k_1 < k^*$。因此，$k_1$ 处于 k_0 与 k^* 之间，即 k 向 k^* 移动了一部分。同 $k_0 > k^*$ 时一样，k 也逐渐收敛于 k^*。

可见，当 $k_t = k^*$ 时，经济处于均衡增长路径上。此时，经济具有与索罗模型和无限生命期模型中均衡增长路径同样的特征，即：储蓄率为常量，资本产出比率为常量，人均产出以技术进步率 g 为速度增长，等等。

为了更好地解释经济是怎样收敛于均衡增长路径的，我们还需要分析一下世代交叠模型下经济的收敛速度。由(2-14)式可知：

$$\left.\frac{\mathrm{d}k_{t+1}}{\mathrm{d}k_t}\right|_{k_t=k^*} = D\alpha k^{*\,(\alpha-1)} \qquad (2-15)$$

又 $\because k_t = k^*$ 时，$k_{t+1} = k_t$，$\therefore Dk_t^{\alpha} = k_t$，$k^* = k_t = D^{\frac{1}{(1-\alpha)}}$ （2-16）

把(2-16)式代入(2-15)式可得：

$$\left.\frac{\mathrm{d}k_{t+1}}{\mathrm{d}k_t}\right|_{k_t=k^*} = \alpha \qquad (2-17)$$

运用泰勒式展开(2-15)式可得：

$$k_{t+1} \approx k^* + \alpha(k_t - k^*) \qquad (2-18)$$

$$\therefore k_{t+1} - k^* = \alpha(k_t - k^*)$$

$$\therefore \alpha(k_t - k^*) = \alpha^2(k_{t-1} - k^*) = \alpha^3(k_{t-2} - k^*) = \cdots = \alpha^{t+1}(k_0 - k^*)$$

$$\therefore k_t - k^* = \alpha^t(k_0 - k^*) \qquad (2-19)$$

(2-19)式表明，k_t 收敛于 k^* 的速度取决于 α（即资本产出弹性，α 等于 $k^*f'(k^*)/f(k^*)$），例如，当 $\alpha = 1/3$ 时，k 每一时期向 k^* 移动所要移动距离的 2/3。

（四）世代交叠模型下的养老保险

1. 对福利问题的解释

世代交叠模型的均衡增长路径与无限生命期模型的一个主要差别在于它对社会福利水平的研究。在无限生命期模型中，经济处于均衡增长路径意味着有代表性的家庭实现了福利最大化。但在世代交叠模型中，由于在不同时间出生的人获得的效用水平不同，因而分散的均衡不一定意味着福利水平的最大化。而且，世代交叠模型中的均衡状态甚至不一定满足"帕累托效率"条件。特别是，世代交叠模型中均衡增长路径上的资本存量有可能超过资本的黄金尺度水平(即均衡增长路径中消费位于最大可能值时的资本存量),从而使消费的无限增长成为可能。这一点可以从前边的数学模型中推导出来。

我们把(2-14)式和(2-16)式结合起来就可以得到:

$$k^* = \left[\frac{1}{(1+n)(1+g)} \frac{1}{2+\rho}(1-\alpha) \right]^{\frac{1}{(1-\alpha)}} \qquad (2-20)$$

$$\therefore f'(k^*) = \alpha k^{*(\alpha-1)} = \frac{\alpha}{1-\alpha}(1+n)(1+g)(2-\rho) \quad (2-21)$$

我们知道资本的黄金尺度水平意味着 $f'(k_{GR}) = n + g + \delta$(这里假定不存在折旧,即 $\delta = 0$),那么,$f'(k^*)$ 就有可能大于、小于或等于 $f'(k_{GR})$。又 $\because f'(k) > 0, f''(k) < 0, \therefore$ 当 $f'(k^*) > f'(k_{GR})$ 时,$k^* < k_{GR}$;当 $f'(k^*) < f'(k_{GR})$ 时,$k^* > k_{GR}$。很显然,当 $k^* < k_{GR}$ 时,k 的上升会使社会福利水平得到提高。那么,当 $k^* > k_{GR}$ 时呢?

我们仍沿用前边的拉格朗日效用和柯布—道格拉斯生产函数,并假定 $g = 0$。如果在 t_0 期经济处于 $k^* > k_{GR}$ 的均衡增长路径上,假设这种状态维持下去,那么接下来的各个时期的消费水平均为 $f(k^*) - nk^*$。如果引入一个社会计划者,增加 t_0 期的消费从而把以后各期的人均资本减少到 k_{GR},此时,t_0 期的消费水平将是 $f(k^*) + (k^* - k_{GR}) - nk_{GR}$,而此后各期的消费水平则是 $f(k_{GR}) - nk_{GR}$。因为 k_{GR} 能使 $f(k) - nk$ 最大化,所以 $f(k_{GR}) - nk_{GR} > f(k^*) - nk^*$。

又 $\qquad\qquad \because k^* > k_{GR}, f'(k) > 0$

$$\therefore f(k^*) > f(k_{GR})$$

$$f(k^*) - nk_{GR} > f(k_{GR}) - nk_{GR}$$

$$f(k^*) + (k^* - k_{GR}) - nk_{GR} > f(k_{GR}) - nk_{GR}. > f(k^*) - nk^*$$

$$(2-22)$$

可见，t_0 期和以后各期的消费水平均有所提高。因此，计划者有可能通过在年轻人与老年人之间重新分配消费资源而使各代人的福利都有所增加。因为，在完全市场经济中，个人的老年消费完全取决于他（她）所持有的财富及其回报率，而世代的无限更迭则使得计划者能够通过某种方式把消费资源在年轻人和老年人之间进行一定的重新配置，从而在一定程度上突破了资本存量及其回报率对消费的限制。也就是说，计划者可以把年轻人的一部分收入转移给老年人以增加老年人的福利；当这些年轻人进入老年时期，再把下一代的一部分收入转移给他们，如此重复下去，就能够使各代人的福利状况都得到改善。

总之，世代交叠模型关于社会福利的基本观点就是：当资本存量超过黄金尺度水平时，计划者在年轻人和老年人之间进行资源代际转移将比个人储蓄更加有效率，更能增加社会福利。

2. 养老保险的两种财务制度分析

现收现付制（pay-as-you-go）和基金积累制（fully funded）是近期以来养老保险领域经常讨论的话题，下边，我们就用世代交叠模型对它们分别加以简要的分析。在分析时，我们依然沿用前边的拉格朗日效用和柯布—道格拉斯生产函数，并假定 $g = 0$。

（1）现收现付制

假定政府向每一个年轻人征收的养老保险税数额为 T，并用以赡养老年人，由于人口增长率为 n，所以老年人所获得的收益为 $(1 + n)T$。个人在年轻时的储蓄为 S_t，储蓄收益率为 $1 + r_{t+1}$。那么，我们可以知道个人效用函数为：

$$U_t = \ln C_{1,t} + \left[\frac{1}{(1 + \rho)}\right] \ln C_{2,t+1} \tag{2-23}$$

个人所受的预算约束为：

$$C_{1,t} + S_t = Aw_t - T \tag{2-24}$$

$$C_{2,t+1} = (1 + r_{t+1})S_t + (1 + n)T \tag{2-25}$$

把(2-24)式和(2-25)式结合起来,我们就可以得到:

$$S_t = \frac{C_{2,t+1} - (1 + n)T}{1 + r_{t+1}} \tag{2-26}$$

$$C_{1,t} + \frac{C_{2,t+1}}{1 + r_{t+1}} = Aw_t - \frac{r_{t+1} - n}{1 + r_{t+1}}T \tag{2-27}$$

我们知道,对于拉格朗日效用,个人第一期的消费占他(她)一生财富的比例为 $(1 + \rho)/(2 + \rho)$,因此

$$C_{1,t} = \left(\frac{1 + \rho}{2 + \rho}\right)\left[Aw_t - \left(\frac{r_{t+1} - n}{1 + r_{t+1}}\right)T\right] \tag{2-28}$$

把(2-28)式代入(2-24)式可得:

$$S_t = \frac{1}{2 + \rho}Aw_t - \left[\frac{(2 + \rho)(1 + r_{t+1}) - (1 + \rho)(r_{t+1} - n)}{(2 + \rho)(1 + r_{t+1})}\right]$$

$$T = \frac{1}{2 + \rho}Aw_t - \left[1 - \frac{(1 + \rho)(r_{t+1} - n)}{(2 + \rho)(1 + r_{t+1})}\right]T \tag{2-29}$$

由(2-29)式可知,私人储蓄随养老保险税的上升而下降:若 $r_{t+1} = n$,私人储蓄下降的幅度与养老保险税上升的幅度相同;若 $r_{t+1} > n$,私人储蓄下降的幅度比养老保险税上升的幅度小;若 $r_{t+1} < n$,私人储蓄下降的幅度比养老保险税上升的幅度大。

如果令 $M_t = 1 - \dfrac{(1 + \rho)(r_{t+1} - n)}{(2 + \rho)(1 + r_{t+1})}$,那么

$$S_t = \frac{1}{2 + \rho}Aw_t - M_tT \tag{2-30}$$

又由于 $t + 1$ 期的资本存量是 t 期年轻人的总储蓄,所以

$$K_{t+1} = S_tL_t = \left(\frac{1}{2 + \rho}Aw_t - M_tT\right)L_t \tag{2-31}$$

在(2-31)式两边同除以 AL_{t+1} 可得：

$$k_{t+1} = \frac{1}{1+n}\left[\frac{1}{2+\rho}w_t - \frac{M_t T}{A}\right] \qquad (2-32)$$

在柯布—道格拉斯生产函数下 $w_t = (1-\alpha)k_t^{\alpha}$

$$\therefore k_{t+1} = \frac{1}{1+n}\left[\frac{1}{2+\rho}(1-\alpha)k_t^{\alpha} - \frac{M_t T}{A}\right] \qquad (2-33)$$

又 $\because M_t = 1 - \frac{(1+\rho)(r_{t+1}-n)}{(2+\rho)(1+r_{t+1})} = \frac{(1+r_{t+1})+(1+\rho)(1+n)}{(2+\rho)(1+r_{t+1})} > 0$

$$\qquad (2-34)$$

$$\therefore k_{t+1} < \frac{1}{(1+n)(2+\rho)}(1-\alpha)k_t^{\alpha} \qquad (2-35)$$

由(2-14)式可知，$\frac{1}{(1+n)(2+\rho)}(1-\alpha)k_t^{\alpha}$ 是没有养老保险时 k_{t+1} 的量。因此，k_{t+1} 曲线因实行养老保险而下移；与没有养老保险时相比，k^* 也下降了。也就是说，养老保险的实行使得私人资本存量减少了。

但是，正如我们在分析福利问题时所指出的那样，如果经济一开始是动态无效率的（即：$k^* > k_{GR}$），若实行现收现付制的养老保险，k^* 的下降使得老一代人能获得一个额外收益，同时也允许未来几代人有更高的消费，从而不仅可以使各代人的福利状况都得到改善，而且可以降低、甚至消除由于资本过度积累而造成的动态无效率。但若经济一开始是动态有效率的，开征养老保险税实行现收现付制的养老保险，虽然使得当期的老一代人获得额外收益，却使得 k^* 降低到 k_{GR} 以下，从而使得未来几代人由于消费资源减少而福利状况恶化。

（2）基金积累制

假定政府向每一个年轻人征收的养老保险税数额仍为 T，但用来购买资产,那么,养老保险收益率和私人储蓄收益率相等,在 t 期出生的人在他(她)年老时因养老保险而获得的收益将是 $(1 + r_{t+1})T$。此时

$$C_{2,t+1} = (1 + r_{t+1})S_t + (1 + r_{t+1})T \tag{2-36}$$

$$S_t = \frac{C_{2,t+1}}{1 + r_{t+1}} - T \tag{2-37}$$

把(2-37)式代入(2-24)式刚好得出的是前文中的(2-3)式,根据(2-8)式我们可以得到:

$$C_{2,t+1} = \frac{1 + r_{t+1}}{1 + \rho}C_{1,t} \tag{2-38}$$

$$\therefore C_{1,t} = \frac{1 + \rho}{2 + \rho}Aw_t \tag{2-39}$$

把(2-39)式代入(2-24)可得:

$$S_t = \frac{1}{2 + \rho}Aw_t - T \tag{2-40}$$

$$又 \because K_{t+1} = S_t L_t + TL_t \tag{2-41}$$

$$\therefore k_{t+1} = \frac{K_{t+1}}{AL_{t+1}} = \frac{S_t L_t + TL_t}{AL_t(1 + n)} = \frac{[1/(2 + \rho)] Aw_t - T + T}{A_t(1 + n)} = \frac{1}{1 + n}\frac{1}{2 + \rho}(1 - \alpha)k_t^\alpha$$

$$\tag{2-42}$$

把(2-42)式与(2-14)式($g = 0$)比较,我们不难发现:实行基金积累制的养老保险对 k_{t+1} 与 k_t 的关系没有什么影响,所以 k^* 仍和原来一样。基金积累制的养老保险只不过是政府强制年轻一代进行了一些储蓄而已。

(五)小结

上文的分析表明,如果沿着世代交叠模型的基本框架展开,可以从

理论上证明，现收现付的养老保险制度提供了形式上在代际之间进行资源再配置的可能性，这种资源再配置有可能有利于经济增长，也有可能不利于经济增长，取决于经济增长的具体情况；而基金积累的养老保险制度从表现形式上看则不会引起代际之间的资源再配置。如果以储蓄率为中间变量，即使现收现付的养老保险制度对私人储蓄具有挤出效应，但如果储蓄率已经很高，那么它也极有可能促进经济增长；与此类似，即使基金积累的养老保险制度有增加储蓄的作用，但如果储蓄率已经过高，它也有可能会妨碍经济增长。

上述基本结论与沿着费尔普斯（Edmund S. Phelps）1961年提出的"经济增长黄金律"进行分析的结论基本一致。按照"经济增长黄金律"，如果对人均资本量的选择使得其边际产量（MPK）等于折旧率（δ）、人口增长率（n）和技术进步率（g）之和，那么，人均消费水平就会达到最大化。用公式表示就是：$MPK = \delta + n + g$。支持该人均资本存量的储蓄率，就是实现人均消费最大化的最优储蓄率或合意的储蓄率。如果 $MPK - \delta = n + g$，表明经济增长处于黄金律状态，储蓄率是合意的；$MPK - \delta > n + g$，表明经济增长低于黄金律状态，储蓄率偏低，这时增加储蓄有利于达到黄金律状态；$MPK - \delta < n + g$，表明经济增长高于黄金律状态，储蓄率偏高，这时减少储蓄有利于达到黄金律状态。这就说明，无论是现收现付型养老保险制度还是基金积累型养老保险制度，对经济增长的影响取决于现实经济相对于黄金律状态的相对位置。

此外，需要强调的是，这种财务制度的差异在应对人口老龄化挑战上在一定的程度上讲仍然属于形式上的差异，基本原因是这种差异无法从根本上改变人类社会需要下一代养上一代的客观规律。具体地讲，在现收现付制度下，财务制度直接表现为下一代人缴费被用以为上一代人发养老金；而在基金积累制度下，财务制度表现为各代人自己缴费从而为自己发养老金。但是,基金积累制度下各代人自己缴费所形成的基金主要由银行存款、有价证券等"财富符号"构成,他们退休后所需要的消费品(除了极少数耐用品)和服务仍然需要由下一代来提供。那些"财富符号"能够换取多少消费品和服务,仍然取决于下一代的生产能力。因此,在人口老龄化的背景下,提高劳动者的单位生产率才是应对挑战的根本出路。

当然,养老保险财务制度的这种形式上的差异仍然具有重要的实践意义。特别是,在各国的实践中,养老保险制度设计日益复杂化,这为养老保险制度促进经济增长或尽可能少地妨碍经济增长提供了更大的想象空间,也使得对相关问题的分析更为复杂化。

第三章　养老保险制度对
储蓄的影响

　　前文中已经反复提及养老保险制度对储蓄的影响,足以显示这个问题的重要性与复杂性。可以说,这个问题是近40多年来有关养老保险制度改革争论的焦点,相关研究成果也为各国采取不同的养老保险改革政策提供了重要理论基础。从20世纪70年代中期开始,传统的现收现付型养老保险制度开始备受批评,随之而来的是养老保险私有化思潮的兴起。养老保险制度降低储蓄率一直是养老保险私有化的倡导者手中握着的最有力的武器,同时也是现收现付型养老保险制度的支持者所极力否定的观点。当前,在养老保险制度降低私人储蓄率的观点占主流地位的国家(比如美国),养老保险私有化的观点往往占上风;而在这种观点还没有得到普遍认可的国家,保留现收现付型养老保险制度的观点一般处于主流。因此,从一定程度上讲,这个问题影响到现收现付型养老保险制度的存在以及养老保险制度的未来。

一、替代效应:养老保险制度使私人储蓄
减少的基本方式

(一)养老保险对私人储蓄的替代

替代效应一般被认为是养老保险制度使私人储蓄减少的基本方式。这种效应可以在生命周期理论的框架下得到比较合理的阐释。因此,这里需要重提莫迪利亚尼(Modigliani,F.)的生命周期假说。该假说包含以下基本假定:消费和储蓄决策可以在古典消费者选择理论的框架内得到解释;消费者对于消费路径有着明确的选择,并且消费者在选择他(她)喜欢的消费路径时要受到他(她)所获得的遗产或馈赠和一生收入的束缚;消费者为了追求消费的持续最优化而将一生总消费均匀分配于生命周期的各个阶段,并且这一行为与要分配的总额无关。在这样的假定下,消费者在生命周期的任一给定阶段的储蓄,都是他(她)在该时期的收入与选定的一生消费路径的对应阶段之间的差额,而消费者选定的一生消费路径则反映了他(她)的一生的资源(life resources),所以,储蓄对消费者没有直接的效用,只是消费者把一生的生活资源在生命周期的各个阶段进行分配以实现选定消费路径的手段。如果再附加一个假设:有代表性的家庭不打算接受或留下遗产,就可以称为"基本生命周期假说"或"传统生命周期假说"。在这样的基本模型下,征收养老保险税(或费)会导致私人可支配收入等额减少,从而造成私人储蓄等额减少。养老保险所提供的收益的现值等于所征收的养老保险税(或费)的现值,也就是说,养老金提高的数额等于养老保险税(或费)提高的数额,等于私人储蓄减少的数额,这就是所谓

的养老保险"替代效应"。

值得注意的是，尽管美国社会保障制度①可能具有的重要性在生命周期理论产生时已经被认识到，但在莫迪利亚尼等人运用美国的时间序列数据②和有代表性国家的综合数据③对生命周期假说进行的检验中，社会保障的潜在影响被忽视了。真正开始认真考虑社会保障对私人储蓄的影响的是阿伦(Aaron,H.J.)。在对不同国家的储蓄进行的横向研究中，阿伦发现了提高社会保障津贴会使私人储蓄减少的证据。④ 然而，他的基本公式与生命周期假说不一致，忽视了像收入增长率和人口增长率这样的变量，而这些是决定储蓄的国际差异的重要因素。⑤ 这种不一致正是阿伦得出与传统生命周期理论不同结论(当用不同年份的数据重新估计他的公式时，社会保障的初期影响将不再显著)⑥的根本原因。这也从一个侧面说明，替代效应会受到其他因素的干扰。

---

① 在美国，有关养老保险制度对私人储蓄的影响的研究通常包含在有关社会保障对私人储蓄的影响的文献中，这主要是因为美国社会保障制度的主体是养老保险制度。因此，在本书的研究中，美国学者的相关观点仍然会沿用"社会保障对私人储蓄的影响"这种表述。

② Ando, Albert, and Modigliani, F., " The ' Life Cycle ' Hypothesis of Saving: Aggregate Implications and Tests", *American Economic Review*, vol.53, 1963, pp.55–84.

③ Modigliani, F., "The Life Cycle Hypothesis of Saving and Intercountry Differences in the Saving Ratio", In *Induction, Growth, and Trade: Essays in Honour of Sir Roy Harrod*, edited by W.A. Eltis, M.F.G.Scott, and J.N.Wolfe, Oxford: Clarendon, 1970, p.211.

④ Aaron, H.J., " Social Security: International Comparisons", In *Studies in the Economics of Income Maintenance*, edited by Otto Eckstein, Washington, D. C.: Brookings Institute, 1967.

⑤ Modigliani, F., "The Life Cycle Hypothesis of Saving and Intercountry Differences in the Saving Ratio", In *Induction, Growth, and Trade: Essays in Honour of Sir Roy Harrod*, edited by Eltis, W.A., Scott, M.F.G., and Wolfe, J.N., Oxford: Clarendon, 1970, p.211.

⑥ Aaron, H.J., "International Comparisons", Appendix D, In *Social Security: Perspectives for Reform*, by Pechman, J.A., Aaron, H.J., and Taussig, M.K., Washington, D.C.: Brookings Institute, 1968.

（二）社会养老保险对私人养老金储蓄的替代

在养老保险体系内，政府举办的社会养老保险会对私人养老金计划产生影响。如果存在非积累的私人养老金计划，社会养老保险的举办就有可能替代非积累的私人养老金。如果这种替代是完全的，看上去似乎国民储蓄并没有发生变化。但是，问题远没有这么简单。因为，非积累的私人养老金是公司的净负债，社会养老保险对非积累私人养老金的替代就意味着公司净负债的减少。如果股票市场有效地反映了公司非积累债务的全部内容，这就意味着公司股票价值增加。而如果股票所有者是消费水平仅取决于他们实际一生预算约束的理性储蓄者，他们在持有的股票价值增加的情况下就会增加消费，这样私人储蓄就会减少。而如果公共储蓄不受现收现付制度的影响，国民储蓄也就会下降。因此，费尔德斯坦（Feldstein, M.）认为，私人养老金对总储蓄的影响将不取决于它是否是积累的，而且，养老金积累及其所带来的股东的反应，使得私人养老金根本不同于社会保障，这意味着以社会保障替代私人养老金可能会降低总储蓄。[①]

这里需要强调的是，社会养老保险制度的建立通常会导致私人养老金规模的缩小，但这种替代基本上不可能是一对一的。而费尔德斯坦提出的观点也许有一定的道理，但是，还需要注意：即使公司养老金债务因此发生了变化，股票市场也不一定能够及时准确地加以反映。即使做出了反应，股东也不一定针对股票价格的变化而改变消费。由于股票市场风险很大，通常情况下，股东不会因为股票价格的暂时上升而增加消费，除非他们打算把手中的股票兑现。

① Feldstein, M., "The Effect of Social Security on Savings", NBER Working Paper No.334,1979.

二、削弱"替代效应"的几个主要因素

（一）私人代际转移支付

事实上，在养老保险制度产生之前，人们主要是通过私人代际转移支付的方式实现老有所养的，常见的方法是：父母养活子女，给子女留遗产，以换取子女在他们年老后赡养他们。传统的生命周期模型无法很好地解释这种私人代际转移支付问题，特别是遗产问题。而在无限存活（infinite horizon）的利他主义家族模型下，这些问题可以得到比较好的解释。与生命周期模型一样，无限存活的利他主义家族模型也为社会保障对储蓄的影响的许多检验提供了理论基础，而且两个模型都假定理性效用最大化行为在无限存活的利他主义家族模型中，一个有代表性的家族是由年龄不同的成员构成，家族的计划者每年为家族现在和未来的成员选择消费，家族的预算约束是家族的所有资源不低于其未来消费的现值。所以，特定年龄的家族成员的消费不是取决于他们自己的资源，而是取决于整个家族的资源，群组消费。因而总消费独立于资源在群组间的分配，所以，资源的代际再分配不会影响总消费以及总储蓄。①

一些经济学家在这个模型框架下进行了一系列研究并取得了重要成果，例如利维斯·寇沁（Kochin, L.）②等人。这里尤其需要强调巴罗

---

① Barro, R.J., "Are Government Bonds Net Wealth?" *Journal of Political Economy*, vol.82(6), 1974, pp.1095–1117.

② Kochin, L., "Are Future Taxes Anticipated by Consumers?", *Journal of Money, Credit and Banking*, vol.6, 1974, pp.385–394.

（Barro，Robert J.）的相关研究成果。① 他指出，一个现收现付社会保障制度仅仅是从当期年轻人到当期老年人的法定公共转移支付。如果从老年人到年轻人的遗产（或其他代际转移支付）由利他主义激发并普及到所有家庭，那么，一项从年轻人到老年人的强制公共转移支付将会完全抵消从老年人到年轻人的自愿性私人转移支付。在这种情况下，社会保障的集资状况对国民储蓄没有影响。其他许多学者则进一步研究了巴罗模型的多种含义，②其中一个得到较多支持的观点是：采用社会保障或改变现有社会保障会带来私人代际转移支付的变化，而这种变化会抵消社会保障对私人储蓄的替代效应，因而一个精算公平的社会保障计划几乎对私人储蓄没有影响。然而，私人代际转移支付实际上可以划分成三种：

第一种就是巴罗等人所强调的有计划的遗产问题。由于父母把他们的孩子的幸福看成是自己的一种满足，他们的孩子的效用就进入了他们自己的效用函数，所以父母会选择一个给他们孩子留遗产的最优生命周期计划。而社会保障制度的引入或社会保障收益的增加实际上是产生或增加了从孩子到父母的转移支付（将缴纳未来的社会保障

① Barro，R.J.，"Are Government Bonds Net Wealth?" *Journal of Political Economy*，vol.82（6），1974，pp.1095-1117.

Barro，R.J.，"The Ricardian Approach to Budget Deficits"，*Journal of Economic Perspectives*，vol.3（2），1989，pp.37-54.

② 例如：Bernheim，B.D.，"Ricardian Equivalence：An Evaluation of Theory and Evidence"，In Fischer，S.，ed.，*NBER Macroeconomics Annual：1987*，Vol.2，1987，Cambridge，MA：The MIT Press，pp.263-304；Bernheim，B.D.，"A Neoclassical Perspective on Budget Deficits"，*Journal of Economic Perspectives*，vol.3，1989，pp.55-72；Altonji，J.G.，Hayashi，F.and Kotlikoff，L.J.，"Is the Extended Family Altruistically Linked? Direct Tests Using Micro Data"，*American Economic Review*，vol.82（5），1992，pp.1177-1198；Seater，J.，"Ricardian Equivalence"，*Journal of Economic Literature*，vol.31（1），1993，pp.142-190。

税），也就等于降低了父母留给他们孩子的遗产的实际净值，从而扰乱了父母的初始均衡。为了完全抵消这种影响，父母必须使他们的现金遗产规模增加到足以抵消他们的孩子将缴纳的额外税收。这种扩大遗产规模能够带来额外的储蓄，而更多的社会保障收益会挤出部分储蓄，两者刚好能够相互抵消，所以社会保障制度的引入或社会保障收益的增加不会减少私人储蓄。但是，实际情况要比这复杂得多。因为将来的每一代人也会得到由他们自己的孩子所资助的收益，而实际资本的实际收益率超过社会保障税的虚拟收益率，[①]所以，社会保障制度下未来每一代状况都会恶化。这样，返回初始均衡就需要第一代父母提供额外的遗产来有效地为以后各代提供年金补偿。巴罗指出，第一代人为了提供这种额外的遗产而进行的额外储蓄刚好能够抵消由于第一代人获得更多的社会保障收益而造成的储蓄的减少。

这种观点受到一些人的批评，主要是因为它要求人们能够理性地制订有远见的计划。更为重要的是，如果父母认识到生产率和实际收入会不断提高因而他们的孩子将比他们自己更富有，他们所选择的最佳遗产就有可能为负（这属于下文所说的第二种情况），也就是从他们的孩子向他们自己的转移支付。

至于父母到底会不会留遗产以及社会保障会不会对人们的遗产选择产生影响，确实存在着争议。人们的遗产选择远远超出了理性经济人的范畴，它可能包含更多的文化传统内容在里边。比如：在中国这样的东方国家，留遗产是一种普遍现象，它确实能够给留遗产者带来一种心理上的满足，甚至可以成为人们一生的奋斗目标之一。而在西方国

---

① Samuelson, P.A., "An Exact Consumption-Loan Model of Interest With or Without the Social Contrivance of Money", *Journal of Political Economy*, Vol.66, 1958, pp.467-482.

家遗产则远没有这样普及,但西方国家却大量存在着另一种"遗产",即把自己一生积累的财富捐赠给慈善机构或社会公益机构。然而,遗产行为的存在并不意味着社会保障制度的引入就会产生有目的的抵消性的遗产行为。不过,无意识的遗产增加可能确实存在。也就是说,由于社会保障向第一代人提供了更多的社会保障收益,这一代人会因而把自己本来会用于退休消费的一部分收入留给下一代。这里的关键是,社会保障收益的存在是否会提高人们的消费水平。如果社会保障收益全部被用于提高消费水平,那么,就不会有遗产的相应增加;如果消费水平与没有社会保障时一样,那么就有可能有遗产的相应增加。而实际情况更可能是,消费水平会有所提高,而同时遗产也会相应增加。总之,一般认为,遗产的存在确实会抵消储蓄的减少,但不会完全抵消掉,而且,在不同的国家效果是不同的。

此外,抵消性遗产理论的一些支持者一直在拓展他们的观点,把孩子的教育筹资、孩子在家里的消费甚至父母对孩子的照顾等父母—孩子转移支付包括进去。这些情况通常也是现实存在,但社会保障制度的引入是否会对这些行为产生影响仍然值得探讨。

第二种是即使父母不留遗产,在没有社会保障的情况下,他们仍然能够依赖他们的孩子来满足他们退休后的消费。在这种情况下,社会保障制度的引入只是代替了私人家庭内从孩子到父母的转移支付。也就是说,本来由孩子为父母养老提供私人支持,现在通过一种正式的制度安排来提供养老保障,从而全部或部分替代了孩子所提供的支持。很显然,在这种情况下,社会保障对私人储蓄没有影响,因为在没有社会保障制度时本来就没有这种储蓄发生。

这种观点同样引起了争议。在美国,有关从孩子向退休的父母的赠予的调查证据表明,这第二种情况也只有非常有限的价值。在最近的几十年里，一直都只有极少数的退休者从他们的孩子那里获得赠予；而且，与同时期的收入水平或今天社会保障收益占收入的相应比率相比，平均赠予极其少。费尔德斯坦等人分析了那些总收入（包括社会保障收益，但排除来自孩子和其他人的赠予）低于官方贫困线的老年退休者的经历发现，即使在这一收入非常低的群体中，也只有一小部分人从他们的孩子那里得到赠予，并且赠予的数额非常小。我们认为，这同样与一国的文化传统有关。在中国这样的东方国度，赡养父母是子女应尽的义务，所以家庭养老是普遍存在的。而在美国这样的强调个人独立的西方国家，个人筹资养老则更为普遍。但无论在哪个国家，都存在着从孩子到父母的转移支付，尽管表现形式可能不同。显然，孩子一般会因为父母获得了社会保障收益而相应地减少他们提供给父母的支持。但问题是：社会保障所提供的收益加上孩子提供的支持是否超过了在没有社会保障的情况下由孩子向父母提供的支持？如果没有超过，那么它就可能仅仅是一种替代，因而不会减少储蓄；如果超过了，它就不仅仅是一种替代，这时，就有另一个问题：父母因社会保障获得的更多的支持是否会导致他们更多地消费？如果父母并没有更多地消费，而是把增加的部分又以遗产等形式返还给了孩子，那么也不会有储蓄的减少。如果父母提高了消费水平，就会出现储蓄的减少。

第三种情况是在父母给他们的孩子留遗产的同时从他们的孩子那里获得退休后的资助。这种情况既可以发生在利他主义的假定下，也可以发生在利己主义的假定下。在利他主义的假定下，孩子的效用进入父母的效用函数，父母的效用也进入了孩子的效用函数，结果就如同无限存活的利他主义家族模型一样，社会保障制度的引入不会影响总消费和总储蓄。而考特利科夫（Kotlikoff, L.J.）等人则指出在生命周期模型所假定自私的情况下,这些转移能够发生,并且与自私完全一致。考特利科夫和斯皮瓦克(Spivak,A.)论证了家族风险分担行为,其中,风险是死亡日期的不确定,会导致遗产和从年轻人向老年人的转移支付。[1] 即使家族成员是完全自私的,这些转移支付也会发生。实际上,家族成员可能相互憎恨但仍然相互留遗产和转移资源,仅仅是因为减轻与死亡日期有关的风险的愿望。这种隐性家族年金契约的操作方式是,老家族成员用当他们死亡时留下遗产的承诺换取当他们继续活下去时从他们的孩子那里获得消费支持。如果政府现在想到这种自私而不是风险分担的家族,并且使用社会保障把资金从年轻成员转移到老年成员,家族风险分担密约可能要重新协商:老年人从年轻人那里获得更多的支持,作为交换,他们现在承诺留下更多的遗产。社会保障以年金的形式出现的事实不是根本的,因为年老的家族成员实际上能够购买人寿保险从而把这种未来的收入流转换成现在的或有遗产。在这样一个费尔德斯坦世界里,尽管老年人最终消费超过了他们本来会消费的,还是能够发现社会保障对遗产的正的横截面系数。因此,老年人会响应社会保障而提高他们对年轻人的总转移支付,而同时从老年人到年轻人的预期净转移支付下降。

与前两种情况相比,这种情况也许更为普遍。社会保障制度的引入实际上是以政府提供的公共契约代替家族成员之间的私人隐性契约。这里的问题就变成了:私人隐性契约会相对于这种公共契约做出怎样的调整?如果在调整私人隐性契约后财富在两代人之间的分配与社会保障引入之前的情况一样,或者虽然分配状况变化但老年人的消费水平不变,那么社会保障制度的引入就不会带来储蓄的减少。相反,

---

① Kotlikoff,L.J.and Spivak,A.,"The Family as an Incomplete Annuities Market", *Journal of Political Economy*,1981.

如果社会保障引入后财富的分配向老年人倾斜并因而导致他们的消费水平提高，那么储蓄就会减少。

（二）引致退休效应

美国哈佛大学教授费尔德斯坦在 1974 年的一项研究中提出了扩展的生命周期模型，[1]其本质特征是，工作和退休模式不是固定的，但退休决策和储蓄决策被同时做出，这样，一些外生变量能够通过改变退休来影响储蓄。社会保障对被它覆盖的职工比如果他们没有被覆盖具有更早退休的激励，[2]因为，要获得养老金，就要从现有工作岗位上退休。而提前退休会导致预期退休时间的延长，这就需要在退休之前积累更多的储蓄。这就是美国社会保障的"引致退休效应"。因此，社会保障对个人储蓄同时具有替代效应和引致退休效应。费尔德斯坦还认为，这两种影响的相对强度可能不是固定不变的：起先，引致退休效应可能会占主导地位，但随着退休的概率达到自然最大值，退休收益的进一步提高就会减少私人储蓄。所以，两个相互抵消的影响使社会保障的净效应变得模棱两可。[3] 也就是说，理论分析能够阐释社会保障影

---

① Feldstein, M., "Social Security, Induced Retirement and Aggregate Capital Accumulation", *Journal of Political Economy*, Vol.82, No.5, 1974, pp.905-926.

② 博斯金、佩里奇奥等人的研究充分论证了社会保障对退休的有力影响。参见 Boskin, M.J., "Social Security and Retirement Decisions", *Economic Inquiry*, vol.15, Issue.1, 1977; Pellechio, A.J., "Social Security Financing and Retirement Behavior", *American Economic Review*, vol.69, Issue.2, 1979, pp.284-287。

③ 费尔德斯坦还提出了社会保障的其他影响，但并没有加以强调。例如，他指出，社会保障的引入还具有消除低收入者的特殊储蓄"税"的效应。在引入社会保障之前，个人通常只有在他耗尽了自己所有的资产之后才能从公共开支获取支持，对于一个收入如此之低以至于工作年份合理的储蓄率形成的退休消费水平几乎不可能比公共援助所提供的收入更高的人，将有很强的不储蓄激励。同样的，和子女居住在一起的老年人会发现他们自己的资产无论有多少都不会改变退休条件，因为资产实际上被征税抽走了。

响私人储蓄行为的方式,但无法得出影响程度的估计值,甚至无法得出一个有关其征兆的确切结论。只有通过对有关私人储蓄和财富的数据进行分析,才有可能确定社会保障的实际影响。费尔德斯坦在该理论的基础上运用时间序列证据估计了美国社会保障制度对私人储蓄的影响,其结论是美国社会保障制度使私人储蓄大幅度减少。在另一项研究中,他又在扩展的生命周期模型的框架内运用国际证据估计社会保障的影响,得出了相近的结论。[1] 在费尔德斯坦之后,有关社会保障对储蓄的影响的研究最终主要走向了实证分析。

在有关引致退休效应的争论中,一个核心问题是社会保障是否会导致老年人劳动参与率下降。例如,阿伦在回顾了过去的文献之后得出的结论是,没有证据表明社会保障减少了老年职工的劳动供给。博斯金(Boskin,M.J.)得出的结论是,"从1969年到1973年老年人劳动参与率降低的加速主要是因为实际社会保障收入的大幅度增加"[2]。艾博利特(Ippolito,R.)[3]、帕勒斯(Parnes,H.S.)[4]以及丹兹格尔、哈夫曼和普劳特尼克(Danziger,S.,Haveman,R.和Plotnick,R.)[5]得出了一个更为中性的结论——只把一部分观察到的老年人

① Feldstein, M., "Social Security and Private Savings: International Evidence in an Extended Life Cycle Model", In *The Economics of Public Services*, edited by Feldstein, M. and Inman, R., London: Macmillan, 1977.

② Boskin, M.J., *Too Many Promises: The Uncertain Future of Social Security*, Homewood, IL: Dow Jones-Irwin, 1986, p.62.

③ Ippolito, R., "Towards Explaining Earlier Retirement after 1970", Pension Benefit Guaranty Corporation, 1988.

④ Parnes, H.S., "The Retirement Decision", in *The Older Worker*, edited by Borus, M., Parnes, H. Santell, S. and Seidman, B., IRRA, 1988.

⑤ Danziger, S., Haveman, R. and Plotnick, R., "How Income Transfer Programs Affect Work, Savings, and the Income Distribution: A Critical Review", *Journal of Economic Literature*, Vol.19, 1981, pp.975-1028.

劳动参与率的下降归咎于社会保障。这个问题,后边的有关章节还将继续探讨。总的来看,大部分研究都肯定了社会保障导致老年人劳动参与率下降,因而费尔德斯坦的引致退休效应是有道理的。但是,仅仅资产替代效应和引致退休效应并没有囊括社会保障对储蓄的所有影响。

(三)市场不完全

一些经济学家认为,资本市场的不完全会影响社会保障挤出私人储蓄的程度。例如,哈伯德和贾德的研究表明,由于资本市场不完全,职工借钱会受到约束,这会限制他们对社会保障税的反应,从而降低资产替代效应所造成的私人储蓄的总下降。[1] 还有一些经济学家关注保险市场不完全所带来的影响。这主要涉及两个方面:一是人的寿命不确定,但私人保险市场会由于逆选择等原因而不提供防范寿命不确定的保险产品。在这种情况下,社会保障可以通过提供年金来解决问题。[2] 亚伯(Abel,A.B.)[3]、哈伯德(Hubbard,R.G.)[4]以及考特利科夫、肖温和斯皮瓦克(Kotlikoff,L.J.,Shoven,J.B.和Spivak,A.)[5]、哈伯德和

---

[1] Hubbard,R.G.and Kenneth,L.J.,"Liquidity Constraints,Fiscal Policy,and Consumption",*Brookings Papers on Economic Activity*,vol.1,1986,pp.1−50.

[2] Diamond,P.A.,"A Framework for Social Security Analysis",*Journal of Public Economics*,vol.8(3),1977,pp.275−298.

[3] Abel,A.B.,"Precautionary Saving and Accidental Bequests",*American Economic Review*,vol.75(4),1985.pp.777−791.

[4] Hubbard,R.G.,"Uncertain Lifetimes,Pensions and Individual Saving",In Bodie, Z.,Shoven,J.B.and Wise,D.A.,eds.,*Issues in Pension Economics*,Chicago,IL:University of Chicago Press,1987,pp.175−210.

[5] Kotlikoff,L.J.,Shoven,J.B.and Spivak,A.,"Annuity Markets,Savings,and the Capital Stock",In Bodie,Z.,Shoven,J.B.and Wise,D.A.,eds.,*Issues in Pension Economics*, Chicago,IL:University of Chicago Press,1987,pp.211−234.

贾德(Hubbard,R.G.和 Kenneth,L.J.)①等人的许多研究表明,在一个资本市场起作用却没有年金市场的部分均衡模型中,当寿命不确定时,社会保障会减少预防性储蓄并提高个人福利。二是收入不确定,但私人保险市场难以提供保险。这时,工作的家庭的储蓄按动机至少可以被划分成两类:预防性储蓄和退休储蓄。在年轻时期,人们更关注收入的不确定,因而预防性储蓄就更重要。随着年龄的提高,一些收入的不确定逐渐被解决,资产存量被积累起来,从而降低了进一步进行预防性储蓄的需要,而随着退休临近,人们将更加关注退休问题,所以,他们的储蓄构成中退休储蓄不断上升。社会保障对储蓄的影响主要取决于社会保障供款对其他储蓄的可替代性。很显然,社会保障供款是私人退休储蓄很好的替代,但并不是预防性储蓄很好的替代,因为它缺乏流动性。因此,家庭如何针对社会保障而减少他们的储蓄通常取决于家庭的年龄结构。也就是说,对于年轻的家庭,社会保障供款所导致的私人储蓄减少一般会远远小于1比1,但随着家庭变老,这一比例会逐渐上升。所以,相对于确定生命周期模型,针对收入不确定的预防性储蓄降低了社会保障对储蓄的影响。默顿(Merton,R.C.)的研究表明,当不存在为人力资本收益风险提供保险的保险市场时,社会保障能够降低或消除来自遗失的市场的无效率,这减少了预防性储蓄的需要,但提高了消费者福利。②

---

① Hubbard,R.G.and Kenneth,L.J.,"Social Security and Individual Welfare:Precautionary Saving,Borrowing Constraints,and the Payroll Tax",*The American Economic Review*,vol.77(4),1987,pp.630-646.

② Merton,R.C.,"On the Role of Social Security as a Means for Efficient Risk Sharing in an Economy Where Human Capital Is Not Tradeable",In Bodie,Z.,Shoven,J.B.and Wise,D.A.,eds.,*Issues in Pension Economics*,Chicago,IL:University of Chicago Press,1983,pp.147-169.

三、养老保险制度的增加私人储蓄效应

（一）对"近视"的矫正与认识效应（recognition effect）

如果人们是"近视的"，他们只会为眼前的目标谋划，不可能看到很遥远的未来，所以也不会为退休谋划。在这种情况下，养老保险制度的产生，会强迫人们为将来的老年生活做准备，因而起到了矫正"近视"的作用，会使储蓄增加。这种情况对于少部分人可能是适用的，但大部分人还是会为自己的未来做准备。

与矫正"近视"的观点比较接近的一个观点是认识效应，它是卡甘（Cagan，P.）在 1965 年提出的。[①] 他用认识效应去解释私人养老金计划如何增加储蓄——当一个人被迫参加养老金计划时，他第一次认识到为他的老年进行储蓄的重要性，所以他会增加为养老进行的储蓄，因而参加养老金计划具有一种教育效应。这种观点所描述的情况应该是存在的，但它的解释能力毕竟有限，因为，只有当人们自身没有认识到为养老进行储蓄的重要性时，养老保险才有可能产生足够大的认识效应。

（二）心理账户和自我控制

莫迪利亚尼的传统的生命周期理论和费尔德斯坦的扩展的生命周期理论都包含理性代理人、可替代性财富等一系列假定，但这些假定时常与现实情况相冲突。为了解决这种问题，一些经济学家使用心理学模型来研究储蓄，解释人们决定储蓄的缘由以及储蓄率提高的原因。

① Cagan，P.，"The Effect of Pension Plans on Aggregate Saving：Evidence From a Sample Survey"，NBER Working Paper No.95，1965.

例如,卡特纳(Katona,G.)在 1975 年提出,储蓄是储蓄能力和储蓄意愿的函数。一个国家宏观经济政策的变化对私人储蓄的影响,例如提高社会保障税或养老金供款率对私人储蓄的影响取决于诸如家庭的态度和期望的心理因素。沃内里德(Warneryd,Karl-Erik)在 1989 年提出,由于储蓄是一种复杂的行为,经济模型通常无法提供恰当的解释,因而需要更新更尖端的心理方法代替过去通常使用的简单粗糙的方法,以改进生命周期模型的令人失望的解释。[1]

为了更好地研究储蓄行为,泰勒(Thaler,Richard)和谢夫林(Shefrin,Hersh)修改了传统的生命周期模型的一些假定,提出了行为生命周期模型(BLC)。在这个模型中,为了区分具有不同边际消费倾向的财富,他们创造了一个被称为"心理账户(mental accounting)"的概念,指的是家庭在运作他们的个人财务时所采用的内在会计准则,并假定有四种与家庭资产有关的心理账户:当前收入、流动资产、住宅产权和未来收入,每一个都有自己的边际消费倾向。如果家庭把他们的资产划分成这样的不同类型的"心理账户",并且倾向于从更具流动性的账户中花费更多,那么,增加那些边际消费倾向较低的资产在总资产中的比重可能会减少家庭的消费总额。行为生命周期模型还强调,因为个人难以抵制当前消费的诱惑,所以家庭不具有完全的自我控制能力。政策制定者可以寻求促进自我控制的策略以减少消费和增加储蓄。行为生命周期模型可以解释已经发现的个人退休账户和 401(k)计划对个人储蓄作出的重要贡献。[2] 由于这些养老金计划的账户中的资金比较难以退出,边际消费倾

---

① Warneryd,Karl-Erik,"On the Psychology of Saving:An Essay on Economic Behavior",*Journal of Economic Psychology*,No.10,1989,pp.515-541.

② Poterba,J.,Venti,S. and Wise,D.,"Personal Retirement Saving Programs and Asset Accumulation:Reconciling the Evidence",NBER Working Paper No.5599,1996.

向对这两种计划来说都很低,所以,它们提高了人们的自我控制能力,起到了延迟消费的作用,增加私人储蓄。类似的,社会养老保险制度也会通过创造和促进个人自我控制能力来影响个人消费,增加私人储蓄。

对于行为生命周期模型,许多学者对之进行了检验和发展。劳伦斯(Lawrence,L.)在1992年首先运用1969年和1979年《退休历史调查》(*Retirement History Survey*)的数据分析了行为生命周期模型。[①] 他通过研究年龄为57—62岁的家长的消费行为发现,那些已经退休和接近退休的人的消费支出对收入和流动资产的变化十分敏感,但对住宅和社会保障的变化不敏感。莱布森(Laibson,D.I.)在1996年提出了一个双曲线折现模型,按照这个模型,社会保障不会使私人储蓄持续减少得像传统生命周期模型所说的那么多。[②] 2001年,莱布森等人的研究证明了家庭对储蓄和资产配置选择具有双曲线偏好。[③] 家庭实际储蓄的数量低于他们应该储蓄的数量,因为个人是双曲线折扣者。"我们的长期偏好倾向于与短期行为相冲突……这种长期意图与短期行为之间的差距也表现在我们的储蓄决策中。"因此,这些人将寻求承诺技术(commitment devices)以帮助他们改善自我控制能力。莱布森等人还提出,尽管退休计划可能提高自我控制能力,但对个人储蓄的影响取决于资产移动、计划如何集资以及参与者的财务知识等。[④] 还有研究者

① Lawrence,L.,"Are Assets Fungible? Testing Alternative Theories of Life-Cycle Savings",Working Paper,Santa Clara University,1992.

② Laibson, D. I., "Hyperbolic Discounting Functions, Undersaving, and Savings Policy",NBER Working Paper No.5635,1996.

③ Laibson,D.I.,Aneletos,George-Marios,Repetto,A.,Tobacman,J.,and Weinberg, S., "The Hyperbolic Consumption Model: Calibration, Simulation, and Empirical Evaluation",*Journal of Economic Perspectives*,Vol.15,No.3,2001.

④ Laibson,D.I.,Repetto,A.and Tobacman,J.,"Self-Control and Saving for Retirement",Working Paper,2001.

进一步指出,个人通常努力在满足短期的急切欲望与实现长期的消费平滑之间寻求平衡,因而会产生自我控制成本。在这种情况下,现收现付的社会保障制度可以作为对自我控制成本的控制机制发挥作用。与此同时,利他主义的存在促使个人储蓄更多,相应地减轻了自我控制问题和现收现付社会保障对储蓄的负面影响,但又扩大了自我控制成本。如果同时考虑利他主义和自我控制问题,现收现付的社会保障制度的负面福利效应会被进一步扩大,但扩大得不是很多。①

(三)鼓励或容许人们追求更高的目标

从一个独特的动态视角,可以找到社会养老保险制度对私人储蓄的另一个影响路径,即:由于社会养老保险为参保人解除了养老这一重要的后顾之忧,参保人将会有更大的勇气和动力去追求更高的人生目标,或者更有可能去发挥自己的兴趣或特长,这将使其中一些人有可能取得更大的成就,获得更多的报酬,因而有能力进行更多的储蓄。这种观点可能反映了一部分人在特定环境下的一种心理状况,但它是否具有普遍意义还值得斟酌。因为,当养老这一后顾之忧被解除之后,有些人可能会选择追求更高的目标,而另一些人也可能会选择享乐。至于每个人最终会做出何种选择,主要取决于每个人的偏好或性格、能力等因素。无论如何,通常总有一些人会因此而获得更大的发展,为社会作出更大的贡献。

---

① Cagri S. Kumru, Chung Tran, "Temptation and Social Security in a Dynastic Framework", *European Economic Review*, Vol.56,2012,pp.1422-1445.

四、养老保险制度影响私人储蓄的其他方式

一些经济学家注意到，现收现付的社会保障制度不仅是一种代际再分配制度，还包含有明显的代内再分配。这反映在两个方面：一方面，个人所获得的社会保障收益占其收入的比例通常随收入水平的提高而下降；另一方面，越富有的人活得越长因而会获得更多的收益。前一种是向低收入家庭的净代内再分配，由于低收入家庭通常储蓄率更低，所以社会保障的这种再分配会减少私人储蓄。戴南、斯金纳和塞尔德斯（Dynan，K.E.，Skinner，J.和Zeldes，S.P.）的研究表明，假定其他因素不变，持久收入越高的家庭储蓄率越高。[1] 这进一步证明了社会保障的代内再分配可能倾向于降低总储蓄。后一种显然是向高收入家庭进行了再分配，它所产生的影响可能方向相反。本海姆和舒尔茨（Bernheim，B.D.和Scholz，J.K.）[2]以及盖尔（Gale，W.G.）的研究[3]发现，对于低收入家庭与高收入家庭，这种养老金与其他财富之间的抵消效应是不同的。盖尔还发现，受过更高教育的家庭倾向于以非养老金财富的增加来抵消包括社会保障在内的养老金财富的下降，而受教育较少的家庭倾向于不弥补养老金财富。这意味着，从高收入家庭到低收入家庭的社会保障财富再分配使得高收入家庭大幅度提高他们的其他储蓄，但应该不会使低收入家庭把他们的储蓄减少很多。至于净效应，应该是提高

---

[1] Dynan，K.E.，Skinner，J. and Zeldes，S.P.，"Do the Rich Save More?"，NBER Working Paper，1997.

[2] Bernheim，B.D. and Scholz，J.K.，"Private Saving and Public Policy"，In Poterba，J. M.，ed.，*Tax Policy and the Economy*，Vol.7，Cambridge，MA：The MIT Press，1993，pp.73–110.

[3] Gale，W.G.，"The Effects of Pensions on Household Wealth：A Reevaluation of Theory and Evidence"，The Brookings Institution，1995.

私人储蓄。可见,社会保障财富代内再分配对私人储蓄的影响取决于各收入阶层在储蓄倾向和用其他财富抵消养老金财富的倾向上的差异。

除了这些观点外,还有其他许多重要研究,例如,考特利科夫的研究表明,社会保障所导致的储蓄和劳动供给的变化造成了资本收益率和工资的变化,这具有重要的一般均衡反馈效应,这种效应会有助于增强或抑制部分均衡效应。[①] 奥尔贝奇(Auerbach,A.J.)和考特利科夫、费尔德斯坦和萨姆威克(Samwick,A.)的研究表明,社会保障税与社会保障收益之间联系不紧密,对劳动收入的实际税率会高于或低于0,这会影响劳动力供给并进而影响储蓄。[②] 考特利科夫还提出了这样一个模型:当社会保障不存在时,家庭选择储蓄不足,因为他们相信社会不会允许他们在年老时陷入贫困。在这一框架中,社会可能会发现建立社会保障迫使这些家庭为他们自己的退休进行足够的储蓄是有益的,社会保障会通过这一渠道提高储蓄率。[③] 而萨缪尔森(Samuelson,P.A.)、戴蒙德(Diamond,P.A.)和阿伦等人还进一步分析了现收现付社会保障制度增进或减少福利的条件。[④] 在此,我们就不再一一赘述。

[①] Kotlikoff,L.J.,"Social Security and Equilibrium Capital Intensity",*The Quarterly Journal of Economics*,vol.93(2),1979,pp.233-253.

[②] Auerbach,A.J. and Kotlikoff,L.J.,*Dynamic Fiscal Policy*,New York:Cambridge University Press,1987.

Feldstein,M. and Samwick,A.,"Social Security Rules and Marginal Tax Rates",*National Tax Journal*,vol.45(1),1992,pp.1-22.

[③] Kotlikoff,L.J.,"Justifying Public Provision of Social Security",*Journal of Policy Analysis and Management*,vol.6(4),1987,pp.674-689.

[④] Samuelson,P.A.,"An Exact Consumption-Loan Model of Interest With or Without the Social Contrivance of Money",*Journal of Public Economics*,vol.66,1958,pp.467-482.

Diamond,P.A.,"National Debt in a Neoclassical Growth Model",*American Economic Review*,vol.55,1965,pp.1126-1150.

Aaron,H.J.,"The Social Insurance Paradox",*Canadian Journal of Economics*,vol.32,1966,pp.371-374.

本章已经分析了养老保险制度影响私人储蓄的各种路径或方式,需要进一步强调以下几点:

第一,养老保险制度影响私人储蓄的这些路径和方式在不同的国家是不一样的。世界银行(1997)的研究则表明,对发达工业国现收现付养老保险制度的实证研究由于数据、时期以及模型的不同而得出了完全不同的结论;对发展中国家现收现付养老保险制度的研究虽然个案较少,但结果却显示,这种财务制度对储蓄的负效应可能很小,主要原因包括:社会保障的覆盖面小;缺少可靠的储蓄手段,这就意味着储蓄和资产额较小;私人的家庭内财富转移会抵消公共转移;新的年金制度缺乏可信度。所有这些都增强了年轻人为自己老年生活增加储蓄的愿望,因此,社会保障制度对储蓄的挤出效应微弱。

第二,至于基金积累的养老保险制度对私人储蓄的影响,同样采用了上述的一些路径或方式。但是,国内大部分的研究似乎都坚信,基金积累的私人养老保险制度会使私人储蓄增加。世界银行(1997)也认为:实行完全积累制的老年保障计划,一方面要求人们积累一定的储蓄额,另一方面会减弱现收现付制对储蓄的消极影响,从而增加完全积累制对储蓄的促进作用。世界银行通过对美国、澳大利亚的职业年金方案及智利、新加坡养老保障制度的研究,认为基金积累制有增加居民储蓄、促成资本形成的潜力。不过,戴维斯(E.P.Davis)在分析了不同国家的养老基金后指出,基金积累制养老计划对私人储蓄的影响要依据具体情况而定,即针对一个具体经济而言,通过养老基金而实行的强制储蓄和私人储蓄之间的边际替代率是可以进行有目的的调整的。国外的大量研究文献得出的结论也并不一致:狄克斯-米罗(Dicks-Mireaux)和金(King)发现年金和储蓄之间存在很大抵消,而舒尔茨

(Scholz)却发现年金和储蓄之间不相关或负相关,肯尼克尔(Kennickell)和苏顿(Sunden)利用消费者财务调查数据,认为确定缴费型的职业年金计划对非养老金储蓄的影响微不足道。波特巴等人研究已经发现,个人退休账户和401(k)计划已经对美国的私人储蓄作出了重要贡献。

第三,各个国家的养老保险制度设计存在着明显的差异,因而对人们的消费和储蓄行为产生不同的影响。例如,最近的一项对土耳其相关问题的研究指出,私人养老金计划改革本来有可能会使土耳其的储蓄率上升大约1.5个百分点。但由于私人养老金公司目前收取了很高的管理费,一些人会选择不加入私人养老金计划,因而这项改革对提高储蓄率的作用将受到限制。① 有关一些具体政策可能带来的影响,本书后边的有关章节中将会进一步阐述。

第四,在前文的分析中,一些因素还没有得到考虑。例如,没有过多地强调社会养老保险制度与私人养老保险制度的差异,这是因为,二者的基本差异在于法律强制性和政府参与程度等方面,从对总储蓄的影响看,这种差异也许不会带来太大的影响。前文仅仅提及社会养老保险对私人养老保险的替代,实际上,在一些国家,也存在私人养老保险对社会养老保险的替代(例如英国)。此外,在很多情况下,女性与男性对养老金储蓄的态度很可能是不一样的,②因而,养老保险制度所产生的影响也是不一样的。

---

① Ozgur Ozel, Cihan Yalcin, "Domestic Savings and Private Pension System: An Evaluation of the Turkish Case", *FINANS*, Vol.28, Issue 327, 2013, pp.31-66.

② Liam Foster, "'I Might Not Live That Long!' A Study of Young Women's Pension Planning in the UK", *Social Policy & Administration*, Vol.46, No.7, 2012, pp.769-787.

五、中国基本养老保险制度对
储蓄的影响

对于中国养老保险制度对储蓄的影响，仍然可以沿着前述路径或方式加以分析。学术界尚处在激烈的争论之中，并未得出较为统一的结论。学者从不同的研究角度和研究方向出发探讨了职工基本养老制度的储蓄效应，有的研究结论相近或相似，有的研究结果却截然相反。不管未来的研究结果走向如何，学者们做出的关于中国城镇职工基本养老制度储蓄效应的大量研究，扩展了研究广度和研究深度，为后续研究提供了翔实的资料和极具意义的研究方法。在此，对有关研究做简单的梳理，并提出笔者的看法。

从理论上讲，居民有三种储蓄动机，而养老保险制度对每种储蓄动机的影响是不同的，养老保险的储蓄效应究竟如何与居民的储蓄动机密切相关。

第一，对生命周期储蓄的影响，即个人为了平滑一生的收入和消费进行的储蓄，也可看作是为养老进行的储蓄。养老保险制度尤其是职工养老保险制度对于生命周期储蓄的反应是不一样的。何立新、封进和佐藤宏(2008)提出在中年家庭中，储蓄的养老动机明显存在，当城镇职工养老保险改革引起养老金财富减少时，家庭会增加储蓄；而对于年轻家庭，储蓄动机不是养老，因而家庭储蓄率受养老保险的影响不大。[1] 梁鸿(2000)对苏南地区农民的储蓄动机与行为进行了调查，揭示了农村居民

---

① 何立新、封进、佐藤宏：《养老保险改革对家庭储蓄率的影响：中国的经验证据》，《经济研究》2008 年第 10 期，第 126—128 页。

储蓄的生命周期现象,这证明了生命周期理论的适用性。[①]

　　第二,对预防性储蓄的影响,即为了应对未来不确定的收入和支出、意外伤害、突发事件等事先进行必要的储蓄。李珍(2015)指出2006年我国养老保险制度改革之后,城镇职工基本养老保险制度的替代率逐年下降,记账利率低造成养老金的实际萎缩,使得城镇居民形成对未来收入不确定甚至下降的预期,增加储蓄以应对未来风险成为一种理性的选择,即养老保险制度改革对储蓄具有挤进效应。[②] 蒲晓红(2003)认为中国居民的储蓄率居高不下成为中国社会的一种标志,究其原因,社会保障制度尤其是养老保障制度的不健全是其中不可忽视的力量。[③] 洪丽、曾国安(2016)发现养老、住房、医疗支出等对个人储蓄的影响十分显著。这一方面反映出我国居民有强烈的预防性储蓄意愿,另一方面反映了中国的社会保障不健全、供给不足使得居民要依赖个人储蓄进行自我保障。[④] 白重恩、吴斌珍、金烨(2012)指出中国家庭高储蓄率与中国还不够健全的养老保障体系相关,家庭需要为未来的养老支出冲击做预防性储蓄准备。[⑤] 孟庆平、胡金焱(2012)指出造成中国城镇居民储蓄率居高不下的最重要因素便是赡养率,在人口老龄化背景下,养老保障的不完善挤进了家庭储蓄。[⑥]

---

　　① 梁鸿:《储蓄的生命周期现象与养老保险》,《市场与人口分析》2000年第2期,第9—13页。

　　② 李珍、赵青:《我国城镇养老保险制度挤进了居民消费吗? ——基于城镇的时间序列和面板数据分析》,《公共管理学报》2015年第4期,第23—27页。

　　③ 蒲晓红:《养老保险的储蓄效应》,《当代经济研究》2003年第11期,第56—59页。

　　④ 洪丽、曾国安:《养老保险制度的储蓄效应:基于中国的经验研究》,《社会保障研究》2016年第3期,第17—20页。

　　⑤ 白重恩、吴斌珍、金烨:《中国养老保险缴费对消费和储蓄的影响》,《中国社会科学》2012年第8期,第48—51页。

　　⑥ 孟庆平、胡金焱:《社会保障供给不足:中国城镇居民储蓄增长的影响因素分析》,《山东大学学报(哲学社会科学版)》2012年第8期,第116—118页。

第三，对遗产动机储蓄的影响。在中国，老年人倾向于进行一定的储蓄以给年轻一代留下遗产。由老年一代向年轻一代的个人转移支付能够抵消现收现付制度下年轻一代向老年一代的法定公共转移支付，因此现收现付制度下，养老保险对私人储蓄的影响并不显著；在基金积累制下，养老保险缴费类似一种储蓄，而考虑遗产动机后，这种进行储蓄的意愿会增加。

以上探讨了城镇职工基本养老保险制度对不同动机的储蓄的影响。下面将从城镇职工基本养老保险的具体参数出发，探讨养老保险制度的储蓄效应。白重恩、吴斌珍、金烨（2012）研究了城镇职工基本养老保险缴费率对储蓄的影响，指出缴费率对个人储蓄和企业储蓄的影响都为正向，虽然都不显著，另外养老金缴费负担对个人储蓄的正向影响比对企业的正向影响在幅度上要强，总之，城镇职工基本养老保险缴费挤进了储蓄。[①] 杨继军、张二震（2013）探讨了城镇职工基本养老保险的覆盖面和缴费水平对储蓄的影响，指出养老保险覆盖面、缴费水平对居民储蓄的影响显著且为正，表明城镇职工养老保险制度并未有效缓解职工对于未来养老的担忧，进而并未起到给储蓄降温的目的，即职工养老保险覆盖面、缴费水平在一定程度上挤进了储蓄。[②] 不过也有学者提出不同的观点，发现职工基本养老保险覆盖率对居民储蓄率的影响为负，而养老保障待遇水平对居民储蓄的影响并不显著。

同时也有学者从城镇职工基本养老保险的总体设计出发，探讨宏观层面上养老保险制度的储蓄效应。

[①] 白重恩、吴斌珍、金烨：《中国养老保险缴费对消费和储蓄的影响》，《中国社会科学》2012 年第 8 期，第 67—69 页。

[②] 杨继军、张二震：《人口年龄结构、养老保险制度转轨对居民储蓄率的影响》，《中国社会科学》2013 年第 8 期，第 47—54 页。

第一种：替代效应。目前，城镇职工基本养老保险在不断地变革调整，改革后的重要结果就是替代率的下降，这一养老金财富的变化具有外生性，可以探讨其对家庭储蓄的影响。已有研究表明，在中国，养老金财富对家庭储蓄存在显著的替代效应，这一效应的大小平均为-0.4到-0.3。这一效应因家庭年龄结构不同，其强度呈现出差异。[1] 有学者从城镇职工基本养老保险的两种财务制度出发，分别分析其对储蓄的不同影响。王亚柯（2008）对中国养老保险制度的储蓄效应进行的经验分析表明，现收现付的养老金在很大程度上减少居民储蓄，其替代率在70%—80%，而个人账户养老金不会替代居民储蓄，反而会挤进储蓄。[2] 也就是说，基础养老金对家庭财产储蓄存在替代效应，而个人账户养老金对家庭储蓄存在挤进效应。究其原因，指数调节机制、通货膨胀风险、记账利率、空账运行等都在一定程度上可以解释两种财务制度的储蓄效应差异。李雪增、朱崇实（2011）的研究表明近年来居民储蓄率的惯性特征十分明显，短期内的职工基本养老保险改革对于平抑储蓄的作用有限，长期中养老保险的不断完善将会有效减轻未来不确定性对家庭的冲击，稳定职工的收入预期，纾解居民储蓄。[3] 也有研究表明城镇职工基本养老保险制度对储蓄的影响是中性的或接近中性。养老保险的本质在于再分配，把高收入群体的一部分收入转移给低收入群体，如果不考虑这两类群体的边际储蓄倾向和边际消费倾向，那么职

① 何立新：《中国城镇养老保险制度改革的收入分配效应》，《经济研究》2007年第3期，第70—80、91页。

② 王亚柯：《中国养老保险制度的储蓄效应》，《中国人民大学学报》2008年第3期，第79—80页。

③ 李雪增、朱崇实：《养老保险能否有效降低家庭储蓄——基于中国省际动态面板数据的实证研究》，《厦门大学学报（哲学社会科学版）》2011年第3期，第29—31页。

工基本养老保险对于储蓄的影响应该是中性的。不过也有学者认为职工基本养老保险制度与居民储蓄之间并没有必然的联系,养老保险的制度设计应该回归本质,强调养老金财富的代际再分配和代内再分配,减轻未来不确定因素对于居民生活的冲击,为职工提供一个明朗的预期,只有这样,居民的消费和储蓄才能稳定在一个合理的水平。①

从城镇职工基本养老保险的具体参数、财务制度再到综合设计对储蓄的影响,学者说法不一。储蓄效应是一个众多因素相互作用的反映,对于中国这样建立城镇职工基本养老保险历史较短的国家来说,如果从单一角度考察养老保险的储蓄效应而忽略其他重要的经济指标或社会指标,其研究结果会出现偏颇,在养老保险制度还不完善的背景下,有可能造成无法挽回的后果。但是我们也不可能穷尽所有的影响因素来探讨养老保险的储蓄效应,一是目前的研究工具和研究方法不允许,二是我国的配套制度还不完善,而储蓄效应是一个多因素共同作用的结果,穷尽所有的影响因素会盲目扩大研究范围,反而弱化了养老保险的储蓄效应。如果发展和完善养老保险制度真能有助于释放储蓄存款,促进经济发展,它将是一件具有重大意义的事情。

---

① 顾海兵、张实桐:《中国城乡社会保障均衡度的衡量方法与测度评价》,《经贸研究》2012 年第 11 期,第 37—45 页。

第四章　养老保险制度对投资市场的影响

上一章分析了养老保险制度对私人储蓄的影响,同理可知城镇职工养老保险制度对私人储蓄的影响,储蓄的变化将对投资产生影响,进而影响经济增长。本章将更为具体地分析养老保险制度对投资市场,特别是对资本市场所产生的直接影响。

一、制度转型与养老保险制度对投资市场的更多介入

在早期的现收现付型社会养老保险制度下,保险基金直接或间接由政府经营,不足的部分由国家财政解决,保险基金的规模通常不大,保值、增值的压力也不是很大,因而基金对资本市场的参与不是很深入,主要是用于购买国债。如果购买的是政府对养老保险制度发行的专项国债,就等于直接把钱借给了政府,因而主要是对政府未来的财政状况产生影响。

到了 20 世纪 70 年代中期,西方发达国家均出现不同程度的滞胀,随之而来的是政府财政收支状况的恶化,政府财政再也无法承担巨额

的社保支出。与此同时，传统的社会养老保险制度所带来的一些问题也日益受到重视，例如：与财政捆绑在一起，带来高额公共开支和不平衡预算，导致高利率和低效益；偏高的缴费致使产品成本增加，降低了产品的国际竞争力；过分慷慨的养老金待遇造成了一些人的懒惰；等等。更为重要的是，人口老龄化问题逐步加深，使人们担心现收现付制度正孕育着严重的未来支付危机。为了应对这种危机，许多国家建立了部分或完全基金积累的养老保险制度，还有一些国家建立了国家准备金制度，从而迅速积累了金额庞大的养老保险基金。由于这些基金的建立本身就是为了应对人口老龄化所带来的支付危机，所以它们面临的保值、增值压力比较大，这就决定了这些国家再也不能采用原来那种由政府存入银行、购买国债或投入其他公共部门的社会养老保险基金投资模式。因此，这些养老保险基金直接参与投资，特别是进入资本市场，获得恰当的收益，已经成为一些国家的政策选择。

值得一提的是，美国的联邦社保基金——老年、遗属和残障保险基金（OASDI）一直是直接借给了政府。有研究认为，OASDI的建立，使第一代人受益最多，但自1964年以来，美国社会保障的回报率一直在下降，意味着后来的各代人从中获得了更糟糕的待遇。[1] 如果不进行改革，未来的各代人将受损更多。不过，也有研究认为，尽管获利能力在不断下降，但是，对于大部分中产阶级和老年职工，OASDI仍然代表了一种安全、高回报的资产。[2] 小布什政府曾经计划将OASDI交给机构投资者进行投资，但遭到了强烈反对。有学者指出，这么做只会人为

---

[1]　Vincenzo Galasso, "Social Security: A Financial Appraisal for the Median Voter", *Social Security Bulletin*, Vol.64, No.2, 2001/2002, pp.57-65.

[2]　E. Browning, "Why the Social Insurance Budget Is Too Large in a Democracy?", *Economic Inquiry*, Vol.13, 1997, pp.373-388.

地促使股票市场"繁荣",而不会有助于美国走上真正的经济增长与繁荣之路。[1] 在 2006 年,有学者提出将一部分 OASDI 的资产投资于政府国民抵押贷款协会(GNMA)的抵押贷款支持证券(MBS),其基本理由是:信托基金的投资收益会增加;政府的借贷成本会上升 30 个基点,但上升会跨越较长的时间,因而可以承受;OASDI 理事会将成为 GNMA 的抵押贷款支持证券(MBS)的最大单个投资者,但对该市场的影响可能有限。[2] 但是,2008 年次贷危机的爆发,使美国的决策者惊出了一身冷汗——幸亏当时没有采取这样的政策。从 2014 年 OASDI 年度报告来看,美国联邦公共养老金"现状尚可,有远虑更有近忧"。从投资收益来看,联邦社保基金严格投资于特定国债,其收益率相对稳定。2000 年以前 OASDI 都能保持 6% 以上的名义收益率。2001 年以后,收益率略有下降,保持在 5% 左右。由于缴费率的降低,2013 年美国财政部不得不通过借钱和拍卖部分国债的方式筹措基金以补贴养老金。远期来看,由于第二次世界大战后婴儿潮一代人开始加入退休大军,养老金支出迅速增加,美国联邦社保基金信托委员会预计,美国公共养老金计划到 2035 年会入不敷出。不过,美国一些学者仍然在继续探索 OASDI 的管理改革之路。例如,有学者提出,虽然自由放任的市场方案无法提供最优配置,但如果有工资指数化债券,联邦养老基金增加对国内股权的持有量就有可能不会偏离第一最优。[3] 早些年就已经

---

[1]　Herbert A.Whitehouse,"Warning:Bush Social Security Reform Proposal Demands Fundamental Decision for or against Artificial Support of Stock Market",*Public Budgeting & Finance*,2003,pp.134-141.

[2]　Thomas Hungerford,"A Better Way to Invest the Social Security Trust Fund",*Challenge*,Vol.49,No.3,2006,pp.90-104.

[3]　Roel M.W.J.Beetsma,A.Lans Bovenberg,Ward E.Romp,"Funded Pensions and Intergenerational and International Risk Sharing in General Equilibrium",*Journal of International Money and Finance*,Vol.30,2011,pp.1516-1534.

有美国经济学家提出社会保障"私有化"问题，即引入个人养老金投资账户。近几年，由于美国社会保障署年度公告的预警使得这一问题的讨论也进入了白热化阶段，OASDI 管理与投资的未来趋势值得进一步关注。

我国养老保险改革走的是过渡性的"部分基金制"模式，这种所谓的中间模式的特点是：在筹资方式上，采用传统型基本养老保险费用的筹集模式，即由国家、工作单位和个人共同负担，基本养老保险基金实行社会互济；在基本养老金的计发上，采用结构式的计发办法，强调个人账户养老金的激励因素和劳动贡献差别。"部分基金制"这一中间模式吸收了传统养老保险制度的优点，通过借鉴个人账户模式的长处，强调了职工的自我保障意识和激励机制，体现了传统意义上的社会保险的社会互济、分散风险和保障性强等特点。但是，由于个人账户一直是空账运行，养老基金缺口很大。这种养老保险筹资模式存在这样几个问题：一是老龄化进程和中国的人口计划生育政策导致用退休人员数和在职职工数之比表示的赡养率提高，在职职工将难以承担社会养老之供款重任。二是人口老龄化进程使"部分基金制"模式下的养老基金债务缺口更大。三是个人账户积累完全由职工工资 8% 的缴费组成，这使得养老基金筹资模式面临支付危机和基金增值双重压力。鉴于基金制的储蓄和投资作用，我国应该把基金制养老保险筹资模式作为改革的方向，在现有"部分基金制"筹资模式的基础上进一步完善我国的养老保险制度具有重要的现实意义。

二、养老保险制度对各投资主体
投资行为的影响

（一）对个人投资行为的影响

引入养老保险制度不仅会对个人消费—储蓄行为产生影响,还会对个人的具体投资行为产生影响,这可以从以下两个方面加以解释:

第一,对不同收入阶层的投资行为可能会产生不同的影响。西方发达国家的情况表明,随着个人收入的提高,投资于股票的比例会大幅度上升。[1] 这主要是因为,通常情况下,收入越高的人,风险承受能力越强,投资的知识和技能水平也越高。此外,进行股票投资需要固定的成本,因而对低收入者而言往往是不划算的。[2] 在这种情况下,参加社会养老保险制度对不同收入阶层的投资行为可能会产生完全不同的影响。高收入者通常会拥有更大的勇气和更强的偏好去进行高风险投资,因为,即使投资失败,他们也不至于无法生活。低收入者通常会进一步远离高风险投资,因为已经有了基本的养老保障,更没有必要再去干"不划算"的高风险投资。

第二,对特定年龄群体的投资行为可能会产生影响。有研究发现,即使是在收入和投资机会保持不变的情况下,随着年龄的增长和资产

---

① Johannes Binswanger, "Understanding the Heterogeneity of Savings and Asset Allo-cation: A Behavioral-Economics Perspective", *Journal of Economic Behavior & Organization*, No.76, 2010, pp.296-317.

② Andrew B. Abel, "The Effects of Investing Social Security Funds in the Stock Market when Fixed Costs Prevent Some Households from Holding Stocks", *The American Economic Review*, Vol.91, No.1, 2001, pp.128-148.

的积累,投资者也可能会发现提高股票在金融财富中所占的比例是最合适的。而且,对于一些为提前退休而进行投资的人,相对风险厌恶会降低,因而也会更多地投资于股票。① 有研究发现,越是接近退休,一般家庭在管理财务上花费的时间就越多,也越有可能更多地进入资本市场,特别是那些比较富有的家庭。② 还有研究指出,社会养老保险制度如果包含收入审查,就会对参保者退休后的消费与投资产生影响。一些参保者会选择尽快消耗掉自己积累的资产,并倾向于选择风险更高的资产进行投资,特别是在他们退休后的初期。③

(二)对企业投资行为的影响

企业加入养老保险制度,通常要履行缴费义务,这通常会导致企业可支配现金流减少,从而有可能影响企业的投资行为。有研究指出,确定收益计划下的养老金缴费会对参保公司的流动性、投资和企业价值产生负面影响,对融资杠杆产生向上的压力。④ 然而,养老保险制度对公司实际投资的负面影响不应该被高估,特别是私人养老金计划。有学者分析了英国所有加入了现收现付制养老金计划的 FTSE 350 公司在 2001—2007 年的面板数据,发现公司红利与公司法定养老金缴费之间存在较强的负相关,但养老金缴费对投资的影响比较弱,说明资产负

---

① Emmanuel Farhi, Stavros Panageas, "Saving and Investing for Early Retirement: A Theoretical Analysis", *Journal of Financial Economics*, Vol.83, 2007, pp.87-121.

② Alisdair McKay, "Search for Financial Returns and Social Security Privatization", *Review of Economic Dynamics*, Vol.16, 2013, pp.253-270.

③ Hardy Hulley, Rebecca Mckibbin, Andreas Pedersen and Susan Thorp, "Means-Tested Public Pensions, Portfolio Choice and Decumulation in Retirement", *The Economic Record*, Vol.89, No.284, 2013, pp.31-51.

④ Hieu V. Phan, Shantaram P. Hegde, "Pension Contributions and Firm Performance: Evidence from Frozen Defined Benefit Plans", *Financial Management*, 2013, pp.373-411.

债表的调整是通过红利而不是实际投资对财务压力做出反应。在最低筹资条件（MFR）下，积累不足的公司的养老金缴费会在几年内被抹平。不过，英国2004年通过的《养老金法案》以更特定的筹资条件代替了原来的最低筹资条件，并且授予养老金监管机构要求公司为养老金债务筹资的权力，促使公司更加注重开发与养老金计划环境相适应的最佳筹资计划。这使得在2005年以后英国公司的红利和投资对养老金缴费的反应要更为灵敏。[1] 这也说明，一些十分具体的养老保险政策变化都会对公司投资决策产生明显影响。

（三）对政府投资行为的影响

从世界范围内看，政府参与投资的成功案例并不少见，中国政府的一些成功投资就经常被当作经典案例。从传统理论上讲，政府应该尽可能少地进行直接投资活动。因为，政府投资往往被认为容易造成资源的错误配置，而且容易滋生腐败。当政府通过向养老保险计划发行国债或者直接将养老保险计划的财务并入政府财政时，政府无疑有可能获得额外的资金来源，这又可能诱发政府进行更多投资的冲动。当然，政府也有可能为这种冲动背上沉重的包袱，不过那是后来的政府的事情了。在新加坡，中央公积金曾长期被政府用于基础设施建设等领域，为促进经济增长发挥了重要作用。但随着新加坡基础设施等方面已经日趋完善，政府已经开始调整投资政策。[2] 在中国，政府实际上"隐性"地借用了社会养老保险基金，因为中国养老保险改革之前曾经

---

[1]　Weixi Liu, Ian Tonks, "Pension Funding Constraints and Corporate Expenditures", *Oxford Bulletin of Economics and Statistics*, Vol.75, No.2, 2013, pp.235–258.

[2]　李珍、孙永勇：《新加坡中央公积金管理模式及其投资政策分析》，《东北财经大学学报》2004年第4期，第14—18页。

长期实行低工资政策,而且企业和员工都不缴纳养老保险费,这些"省"下来的资金基本上是形成了国有资产,这也相当于政府在利用养老基金进行投资。因此,随着老龄化高峰的来临,转持国有股以充实养老保险基金将是合理且必然的选择。

三、养老保险基金对资本市场的影响

养老保险基金与资本市场的关系不仅表现在养老保险基金需要通过资本市场实现保值、增值,而且表现在养老保险基金对资本市场的广泛影响上,这种影响既有积极的方面,也有消极的方面。

(一)积极影响

1. 提供长期稳定的大额资金

尽管社会保障对总储蓄的影响还正处于激烈的争论之中,但毫无疑问的是,养老保险基金的建立及进入资本市场,无疑会为资本市场提供长期稳定的大额资金,这将会促进资本市场的健康发展。

首先,长期稳定的资金供给是促进资本市场繁荣发展的重要保证。资本市场的繁荣虽然从根本上讲主要取决于实体经济的稳定发展,但在特定的时期却在很大的程度上依赖于资金供求。资金的快速流入或疯狂外逃往往导致资本市场的高歌猛进或跌跌不休,成为资本市场动荡的直接原因。养老保险基金不仅数额庞大,而且一般追求的是较长时期的收益,因而有可能成为资本市场的"定海神针"。

其次,养老保险基金投资政策将促进资本市场投资理性化。养老保险基金往往通过特定的机构投资者进入资本市场,由专业人员负责投资管理。他们通常比普通投资者更了解公司管理中潜在的利益冲突和代理问题,更有能力获得和分析有关信息,因而更能够理性地做出投资决策。这种理性投资决策将影响其他投资者的决策,有利于形成整个市场的投资理性。

最后,养老保险基金进入资本市场将对公司融资与公司治理产生广泛影响。养老保险基金不仅资金实力雄厚,而且亟须通过多样化投资以分散风险。在恰当的政策引导下,养老保险基金能够与商业银行等其他资金供给者形成有效竞争,降低中小企业的融资成本,促进中小企业的健康成长。不过,养老保险基金由于数额庞大,往往难以通过卖出股票以避免市场价格大幅下跌带来的损失,因而被迫依靠自己的实力行使"发言权",通过参与公司治理以保障自身的权益。对于那些庞大却没有活力的公司,养老保险基金可以采取具有一些积极影响的行动,例如:强化独立执行董事的作用,并取代业绩一直很糟糕的公司经理;在不介入利益冲突的情况下发挥协调作用;节约与积极参与公司治理有关的监控及其他成本;等等。在英国和美国,养老基金过去一直倾向于小额而分散地持有股票,并对经济发展发挥着相当积极的作用;但最近几年,大型公共养老基金开始在公司事务中拥有越来越大的发言权。在那些实行强制但分散管理的养老金计划的国家,如智利等拉美国家,养老基金在公司治理中的作用也成为一个重要议题。现在,智利已经允许养老基金经理选择其持股公司的独立董事。养老保险基金参与公司治理将在很大的程度上遏制现代公司由于股权分散而产生的委托—代理问题,有利于保障公司股东的权益。

2. 促进其他金融机构的发展及其相互竞争

养老保险基金进入资本市场会为其他金融机构的发展带来机遇。基金公司等投资机构将有机会参与养老保险基金的投资管理,并从中获得丰厚收益;而且,如果越来越多的人从中认识到集体投资有价证券的好处,对基金产品的需求就会增长,从而使基金公司进一步获益。保险公司也有机会参与管理,而且还可能从养老保险基金对保险产品的需求的增长中获益。例如在智利,自1981年实行养老基金改革以来,保险公司总资产占GDP的比重增长了15%。各种财务、会计、审计、评估等方面的金融机构也会从中获益。

养老保险基金参与资本市场将促进各种金融机构之间的竞争,降低交易成本,提高市场效率。各商业银行将为获取养老保险基金保管人资格而竞争;各投资机构将会为获取养老保险基金的投资管理权而竞争;各保险公司也不得不加强自身的管理,增强自身的竞争力,为客户提供更优质的服务,以吸引客户;其他各种金融机构也都需要提高自身的竞争实力,才能从养老保险基金管理中获益。

3. 促进金融创新与市场交易现代化

养老保险基金对投资安全性与收益性的特殊需要将随着基金规模的扩大而日益突出,这就需要不断开发新的金融工具以满足它们的特殊需要。在过去的几十年里,机构投资者,特别是养老基金,一直是刺激金融创新的主要动力。他们直接或间接地支持了资产支持证券的发展,结构性融资和金融衍生产品的运用,指数化基金的问世,保护投资者免于市场衰退风险的合成产品的出现。世界范围内大宗交易的出现和证券市场的改革,包括固定佣金的废除,基本上都可以归因于养老基金和其他机构投资者的发展。随着越来越多的国家的养老保险基金进入资本市场,预计将进一步推动金融创新。

养老保险基金进入资本市场还将对市场交易提出新的要求,从而有利于促进市场交易现代化。在过去的几十年里,机构投资者,特别是养老基金,推动许多国家建立了高效的现代化交易、兑换和清算系统,采纳现代会计和审计标准,改进信息披露方法。他们鼓励运用大宗交易,废除最低佣金要求,重建股票市场以及交易设施的自动化;他们还在促进兑换设施更有效和建立中央托管机构(该机构有助于向自动记账系统转换和提供安全保障服务)中发挥了十分重要的作用;当现存的交易设施无法处理快速增长的交易量时,他们施加压力,要求开辟现代化的高效率的、可靠的幕后操作方式。随着越来越多的国家的养老保险基金进入资本市场,预计将进一步推动市场交易现代化。

4. 有利于金融法规和金融监管体制的完善

由于政府往往是社会保障制度的"最后买单者",所以它会十分关注并尽量满足养老保险基金的合理要求。因此,当养老保险基金进入资本市场并根据自身的需要寻求获得金融契约方面的法律支持时,政府就会被迫制定或修订相关的金融法规。显然,这些金融法规将更注重对投资者权益的保护,也就有利于其他金融法规的完善。当养老保险基金要求有一个强有力、高效率的监管体制时,政府就会花时间去为它建立一种可靠、持久的保证。尽管在开始建立监管体制的时候往往实施严厉的管制措施,但是,随着时间的推移,管制会逐步放松,而且越来越强调透明度、谨慎性和管理人对投资者的信托责任。在那些金融监管体制不健全的发展中国家,创建崭新的、强有力的养老保险基金监管体制,将对金融系统其他部门产生很强的正面示范效应,从而有利于金融监管体制的完善。

5. 推动国际资本市场的全球一体化趋势

养老保险基金对安全性的特殊要求,促使一些国家的养老保险基金为避免一国经济波动对其收益的影响,逐渐把投资范围扩大到世界资本市场,以期在全球范围内实现投资收益最大化和资源的最优配置。20 世纪 90 年代初以来,一些国家放宽了对养老基金投资海外证券的比例限制,使得养老基金投向海外证券市场的比例不断上升。养老基金投资的国际化,加速了资本的国际流动,促进了国际资本市场一体化的进程。然而,由于海外投资的不可控风险很多,大部分国家对于养老保险基金海外投资目前还持比较谨慎的态度。

(二)消极影响

养老保险基金在对资本市场产生深远的积极影响的同时,也有可能会产生一些负面影响。

首先,如果对养老保险基金投资的监管不够有效,凭借强大的实力,养老保险基金就有可能成为资本市场中兴风作浪的"巨鳄"。在特定的情况下,它有可能成为资本市场甚至整个国民经济崩盘的罪魁祸首! 1998 年东南亚经济危机爆发的导火索就是国际资本炒家(其主要资金来源就是各种基金)的快速逃离。

其次,在特定的投资环境和投资政策下,养老保险基金投资组合有可能近似,从而产生"羊群效应",影响资本市场的有效运转。例如,在智利,养老基金投资组合已经高度近似,有可能导致资源的误配置。大量的养老基金集中于少数投资工具和对象,将使得这些投资对象的市场价格严重偏离其真实价值,一旦市场发生逆转,这些养老基金由于资金规模过大而难以迅速转移,必将面临巨大损失;而且,即使它们能较快地逃离,到时候它们也难以短期内在狭小的国内投资市场上找到有价值的投资机会,也就很难逃脱贬值的命运。这种情况一旦发生,整个制度的基石将动摇甚至崩塌。对于生产领域而言,养老基金集中于少数上市公司,有可能导致这些公司的生产规模大于最优生产规模,长此以往,有可能带来整个产品市场的供求失衡,将成为经济危机爆发的一个潜在动因。[1]

---

[1] 李珍、孙永勇、张昭华:《中国社会养老保险基金管理体制选择——以国际比较为基础》,人民出版社 2005 年版,第 138 页。

最后,养老保险基金进入资本市场还有可能产生其他一些负面影响。例如,养老基金参与公司治理不当,有可能影响公司的健康发展,甚至有可能损害中小股东的利益。因为,养老基金积极参与公司治理,主要为了实现它们自己的利益最大化以及维持它们在投资市场的竞争力。[1] 在参与公司治理时,基金经理往往会优先考虑基金业绩以及相关的经济利益,而不是作为一个好股东发挥作用。[2] 另外,如果管理者着眼于短期收益,在经济剧烈波动时,养老保险基金就有可能大规模进出资本市场,不仅直接造成资本市场资金供给的波动,而且会对中小投资者的风险预期产生影响,极不利于资本市场稳定发展,等等。

(三)小结

总的来看,养老保险基金对资本市场的影响消极与否,跟一个国家的资本市场发育状况、基金管理者的管理水平以及规章制度的规范程度有关,在建立高效的监管体制的前提下,养老保险基金对资本市场的积极影响应该是大于其消极影响的。

四、中国养老保险基金对资本市场的影响

(一)养老金入市的阶段性历程

中国社科院发布的《中国养老金发展报告 2011》显示,2010 年若

---

[1]　Hendry,J.,Sanderson,P.,Barker,R.,Roberts,J.,"Responsible Ownership,Shareholder Value and the New Shareholder Activism",*Competition and Change*,No.11,2007,pp. 223-240.

[2]　Anna Tilba,Terry McNulty,"Engaged versus Disengaged Ownership:The Case of Pension Funds in the UK",*Corporate Governance:An International Review*,Vol.21,No.2,2013,pp.165-182.

剔除 1954 亿元财政补贴，上海、江苏等 14 省市的基本养老保险金出现资金缺口达 679 亿元，比起同一年前期增加 250 亿元。同时，根据国务院规定，社会保险基金只有存银行和买国债两种投资渠道。2000—2008 年全国社会保险金的收益率不足 2%，低于同期通胀率。然而，全国社会保障基金理事会管理的社保储备基金在过去 11 年的年均投资收益率达 9.17%，高于同期通胀率 7.03 个百分点。2010 年，中国股票市场低迷，但是全国社保基金理事会当年取得 4.23% 的投资收益。面对养老金的收不抵支和收益率低的两大困境，向全国社保基金理事会学习以及养老金入市的主张开始进入人们视野。

《中国养老金发展报告 2011》指出，国家可能成立投资管理公司来管理运营基本养老保险基金。全国社保基金理事会 2012 年 3 月 20 日发布消息称，经国务院批准，全国社保基金理事会受广东省政府委托，投资运营广东城镇职工基本养老保险结存资金 1000 亿元。这是养老金入市的初次探索。2015 年 8 月 12 日《养老保险基金投资管理办法》经过征求意见后进行了部分修订，形成定稿后提交国务院。2015 年 8 月 23 日《基本养老保险基金投资管理办法》（简称《办法》）正式发布，明确养老金目前只在境内投资，投资股票、股票基金、混合基金、股票型养老金产品的比例合计不得高于养老基金资产净值的 30%。

（二）中国养老保险基金入市对资本市场的影响

1. 扩大养老保险基金积累规模，实现养老保险基金多元化经营

资本市场作为金融体系的重要组成部分，其所占的比重越大，对经济的影响效果就越明显，其规模的扩大，使得养老保险基金对国民经济的拉动作用愈加有效。资本市场规模的扩大和结构的优化在一定程度上扩大了社会总需求，进而推动实体经济的发展，提高人民收入水

平,然后在很大程度上提高养老保险金的缴费收入,促进养老保险基金的积累规模的扩大。

我国养老保险基金入市后,可以获得更广阔的投资空间,有利于拓宽其投资渠道,实现其运营方式的多样化,增强其抵御风险的能力,同时打破基金收不抵支和投资收益率低的困境,对解决现阶段人口老龄化和通货膨胀所造成的养老保险基金贬值问题具有很大的帮助。

2.提高我国养老保险基金的投资收益率

我国养老保险基金主要用于国债、企业债券、金融债券和银行存款等方面的投资,而企业债券和金融债券的收益性相对较好,因此,我国养老保险基金的投资收益率主要取决于企业债券和金融债券的投资收益率。不断发展的资本市场应该根据市场发展需求进行投资方面的各种创新,提供完善的投资服务,为养老保险基金提供更多更有效的投资方向和投资工具供其选择,从而提高养老保险基金的投资收益率。如果资本市场未能及时有效地进行投资工具和手段的创新,养老保险基金在进入资本市场后很可能面临市场承载主体缺乏的严峻问题。此外,即便是在市场投资工具丰富的前提下,科学及时的创新行为将更有利于养老保险基金降低投资风险、提高投资收益率。

3.促进我国养老保险基金与资本市场良性互动局面的产生

养老保险基金入市和资本市场是紧密相关的,二者相辅相成。首先,我国养老保险基金入市为资本市场的发展注入了长期投资、价值投资的资金,在很大程度上满足了市场主体不断增长的资金需求,同时政府会随着养老保险基金的入市而加大对资本市场的重视和监管,有利于推动资本市场体制的进一步改革,促进资本市场的完善与发展。其次,成熟完善的资本市场为养老保险基金入市的进一步发展创造了有利的市场环境,在规范成熟的资本市场进行合理的投资,可以在保证安全性的前提下最大限度地实现其收益率的提高，进而在很大程度上帮助养老保险基金实现保值、增值，减少市场周期性波动所造成的损失。

（三）中国基本养老保险基金入市应注意的几个问题

2015 年 8 月，国务院正式颁布了《基本养老保险基金投资管理办法》，各省、自治区、直辖市人民政府终于可以作为基本养老保险基金委托投资的委托人，委托专业投资管理机构开展基本养老保险基金投资运营活动。

然而，即使经过这么多年的反复讨论，社会的普遍反应仍然是兴奋与担忧并存。其中一个重要担忧就来自对监管体系的不够放心。按照《基本养老保险基金投资管理办法》，基本养老保险基金监管仍然沿用了多方共同监管的模式，即：人力资源和社会保障部、财政部依法对受托机构、托管机构、投资管理机构及相关主体开展养老基金投资管理业务情况实施监管，人民银行、证监会、银监会、保监会（2018 年后银监会和保监会不再设立，新设立了银保监会）按照各自职责，对托管机构、投资管理机构的经营活动进行监督。将这种监管模式运用于基本养老保险基金投资运营，需要解决以下四个难题：

第一，作为业务监管主体的人力资源和社会保障部、财政部面临进一步提升监管能力的压力。虽然由人力资源和社会保障部、财政部负责监管的各类社会保障基金已经很多，特别是在对全国社保基金和企业年金基金的投资运营监管上也积累了比较丰富的经验，但是，考虑到各地分别委托专业机构进行基本养老保险基金投资运营的复杂性，他们的监管能力可能需要进一步提升，特别是在引进专业人才上。然而，作为政府部门，他们在人员编制、经费预算等方面可能面临较强的约束，制约其监管能力的大幅提升。

第二,各类监管机构之间的协同作战能力将面临考验。在这种监管体系下,人力资源和社会保障部熟悉基本养老保险政策法规,财政部熟悉相关的财政事务,人民银行、证监会、银监会和保监会(2018年后为银保监会)都熟悉各自领域的经营活动,共同构筑了基本养老保险基金投资的监管网。这种监管网要很好地发挥作用,需要各个监管机构具备较强的协同作战能力。这要求在这些机构之间建立更为顺畅的沟通与信息共享机制,以及协同解决具体问题的常规性制度安排。

第三,基本养老保险基金投资委托人的监督能力亟待提升。在这种多头监管体系下,基金投资委托人通常会被置于中心位置,肩负起甄选投资管理人、评估投资管理人业绩等一系列重要使命。按照《基本养老保险基金投资管理办法》,作为基本养老保险基金投资的委托人,省、自治区、直辖市人民政府可指定省级社会保险行政部门、财政部门承办具体事务,也就是说,是由这两个省级政府部门在实际履行委托人的主要职责。然而,从目前的情况看,这两个省级政府部门在监督基本养老保险基金投资运营上面临着与他们的上级部门类似的难题,而且,他们在专业人才、监督经验等方面可能存在更大的不足。

第四,基本养老保险基金投资限制政策应该及时得到恰当调整。对养老基金投资实行严格监管,一般需要专门监管机构;对养老基金投资实行审慎监管,一般不需要专门监管机构,而会形成多方共同监管的局面。而我国基本养老保险基金的投资监管虽采用了多方共同监管模式,但又实行了比较严格的投资限制,例如,投资股票、股票基金、混合基金、股票型养老金产品的比例,合计不得高于养老基金资产净值的30%。这些投资限制,从短期看也许更有利于保障基金的安全,但从长期看,可能会严重影响基金资产的优化配置,因而需要根据环境变化及时做出恰当的调整。

第五章　养老保险制度对劳动力市场的影响

一、养老保险制度对劳动力供给的影响

由于养老保险制度既向劳动者征税（或费），又向劳动者提供退休后领取养老金的保证，所以自然会影响劳动力供给。这种影响看似简单，实际上比较复杂，需要仔细加以分析，才能有比较全面、准确的判断。

（一）养老保险制度对劳动力供给的消极影响

一般情况下，养老保险制度被认为会减少劳动力供给，这主要体现在以下几个方面：

1. 养老保险制度引致部分劳动者提前退休

养老保险制度一方面可能导致劳动者的实际收入降低，另一方面又向劳动者保证退休之后可获得一定的养老金，那么，如果劳动者在某个年份觉得继续工作以领取工资的状况还不如退休以领取养老金的状况好，他就会选择提前退休。对于低收入者而言，这种情况更容易发生。而养老金制度的慷慨程度也会产生重要影响。有研究指出，绝大

部分欧洲国家的养老金制度产生了很强的提前退休激励,使得老年人的劳动参与率在过去几十年出现了大幅度下降。[1] 也有研究指出,与美国相比,欧洲国家劳动者生命周期内劳动供给率较低,主要原因就在于其社会保障政策过于慷慨。[2] 对美国社会保障政策变化的研究也表明,政策变得更慷慨,将使得退休人数急剧增加。[3] 还可以举一个发展中国家的例子。巴西1991年的改革[4]对农业工人的退休决策产生了显著影响:能够领取养老金,使得农业工人不工作的概率提高了大约38个百分点,并且使得每周工作总小时数减少了22.5个小时。[5]

不过,在谈到养老保险制度引致部分劳动者提前退休时,需要注意:第一,养老保险制度中的一些具体政策可能对于引致提前退休发挥了更明显的作用,例如收入审查。对养老金制度中有关收入审查政策的研究表明,它妨碍了一些老年人去工作。[6] 第二,提前退休并不必然意味着不再劳动。在一些发展中国家,一些提前退休者会进入非正式部门继续工作,同时获得养老金和工资,这反过来又会强化人们提前退

① Axel Börsch-Supan, "Incentive Effects of Social Security on Labor Force Participation: Evidence in Germany and Across Europe", *Journal of Public Economics*, Vol.78, 2000, pp.25-49.

② Andrés Erosa, Luisa Fuster, Gueorgui Kambourov, "Labor Supply and Government Programs: A Cross-Country Analysis", *Journal of Monetary Economics*, Vol. 59, 2012, pp.84-107.

③ Pedro Cavalcanti Ferreira, Marcelo Rodrigues dos Santos, "The Effect of Social Security, Health, Demography and Technology on Retirement", *Review of Economic Dynamics*, Vol.16, 2013, pp.350-370.

④ 这项改革降低了最低领取资格年龄,提高了养老金水平,并将计划扩展至没有家长的家庭,而且不带收入或退休审查。

⑤ Irineu Evangelista de Carvalho Filho, "Old-Age Benefits and Retirement Decisions of Rural Elderly in Brazil", *Journal of Development Economics*, Vol.86, 2008, pp.129-146.

⑥ George Kudrna, Alan Woodland, "An Inter-Temporal General Equilibrium Analysis of the Australian Age Pension Means Test", *Journal of Macroeconomics*, Vol. 33, 2011, pp. 61-79.

休的意愿。第三,提前退休也包含有被迫的成分。例如,在很多情况下,雇主不愿意雇用年龄较大的劳动者。[1] 当然,这种强制性还包含另一个更重要的含义,在一些国家,政策强制正式部门劳动者在法定退休年龄退休,而不管他们是否有意愿继续工作。第四,有学者提出,养老保险制度引致一部分劳动者提前退休的主要原因可能是其再分配特征[2],但是,有研究指出,即使是看上去精算公平的养老保险制度,也会促使一部分劳动者提前退休,因为流动性约束会促使个人使用比市场贴现率更高的贴现率去评估未来的养老金收益[3]。

有研究进一步指出,年龄、健康、市场工资与私人养老金的发展等因素比社会养老保险政策更能影响劳动者的退休决策[4],像通货膨胀这样的因素也会促使更多老年人留在劳动力队伍中[5],因此,社会养老保险政策对提前退休的影响不应该被过分夸大。甚至还有一项对美国加州教师养老金计划的分析表明,确定收益养老金计划不会对退休时间产生很大影响。[6]

---

[1] A. Zabalza, C. Pissarides and M. Barton, "Social Security and the Choice Between Full-Time Work, Part-Time Work and Retirement", *Journal of Public Economics*, Vol. 14, 1980, pp. 245–276.

[2] Helmuth Cremer, Jean-Marie Lozachmeur, Pierre Pestieau, "Social Security, Retirement Age and Optimal Income Tax", *Journal of Public Economics*, Vol. 88, 2004, pp. 2259–2281.

[3] James A. Kahn, "Social Security Liquidity, and Early Retirement", *Journal of Public Economics*, Vol. 35, 1988, pp. 97–117.

[4] Roger H. Gordon, Alan S. Blinder, "Market Wages, Reservation Wages, and Retirement Decisions", *Journal of Public Economics*, Vol. 14, 1980, pp. 277–308.

[5] Tetsuji Yamada, "The Effects of Japanese Social Security Retirement Benefits on Personal Saving and Elderly Labor Force Behavior", *Japan and the World Economy*, Vol. 2, 1990, pp. 327–363.

[6] Kristine M. Brown, "The Link Between Pensions and Retirement Timing: Lessons from California Teachers", *Journal of Public Economics*, Vol. 98, 2013, pp. 1–14.

2.养老保险制度可能会促使部分劳动者减少劳动时间,影响部分劳动者的再就业选择

在参加养老保险制度之后,劳动者提供劳动或增加劳动就要缴纳或多缴纳养老保险税(或费),而不劳动或减少劳动就不再或减少缴费,因此,劳动相对于闲暇而言显得更不划算了,所以,劳动者可能会用闲暇代替劳动,在职者会减少劳动时间。如果降低养老保险税(费)率或降低养老金水平,劳动者则有可能增加劳动时间。对美国社会保障制度的研究表明,削减社会保障津贴将诱使社会保障受益人增加退休时的工作小时数,哪怕是他们已经70多岁或刚过80岁。[1]

如果养老保险制度规定了最低缴费年限,且向参保者提供较高水平的养老金,养老保险制度还会对劳动者的再就业选择产生影响。最低缴费年限越低,提供的养老金水平越高,劳动者在特定情况下选择再就业的概率就越低。这种力量与失业保险法规所产生的相应影响一起,将会严重影响一些劳动者的再就业决策。[2]

(二)可能产生的积极影响

尽管在很多时候产生的影响并不大,但养老保险制度还是有可能对劳动力供给产生积极影响,这些不应该被忽视的积极影响主要包括以下几个方面:

1.通过收入效应增加劳动力供给

由于征收养老保险税(或费)会使劳动者当期收入减少,劳动者为

---

[1]　James P. Vere, "Social Security and Elderly Labor Supply: Evidence from the Health and Retirement Study", *Labour Economics*, Vol.18, 2011, pp.676-686.

[2]　J. Ignacio García-Pérez, Sergi Jiménze-Martín, Alfonso R. Sánchez-Martín, "Retirement Incentives, Individual Heterogeneity and Labor Transitions of Employed and Unemployed Workers", *Labour Economics*, Vol.20, 2013, pp.106-120.

了保持自己的生活水平不因征收养老保险税(或费)而下降,只有更加努力地工作,从而增加劳动力供给。显然,这种收入效应的大小,取决于劳动者对生活水平的预期以及对无法达到该生活水平的承受力。在很多情况下,只有当征收社会保障税(或费)使劳动者的收入下降到足以令其生活水平大幅度下降,劳动者才有较强的增加劳动力供给的愿望。

2. 激发劳动者的进取精神和创造性

养老保险制度作为一项最基本的社会保障制度,能够通过向参保者提供基本养老保障,提升参保者的风险承受力,鼓励参保者积极进取,创造性地开展工作。这种作用,虽然难以量化,但确实存在,有利于增加劳动力供给。

3. 一些具体规定会直接促进劳动力供给的增加

养老保险制度的一些具体规定会直接促进劳动力供给的增加,例如,如果增强养老金权益与养老保险缴税(费)之间的关联性,会增加劳动力供给。这种关联性的提高既可以直接进行,还可以通过另外两种方式进行:将劳动者的养老金水平与退休前若干年份的平均工资水平挂钩,和(或)劳动者的养老金水平与缴费时间挂钩。特别是,如果将最低缴费年限提高,显然会迫使一些劳动者增加劳动时间,因而会增加劳动力供给。

(三)小结

通常情况下,养老保险制度容易引起劳动力供给的减少。然而,具体影响的大小,不仅取决于养老保险制度的具体设计,还取决于一个国家的劳动力丰裕程度、人们对待劳动与闲暇的态度等。而且,需要注意的是,养老保险制度对人们劳动供给决策的影响会因年龄的不同①、性别的不同②,以及收入状况和家庭婚姻状况③的不同而不同,因而难以准确量化。但是,通常情况下,水平适度且设计良好的养老保险制度所产生的影响比较有限。

二、养老保险制度对劳动力需求、人力资本 投资等方面的影响

与对劳动力供给的影响相比,养老保险制度对劳动力需求的影响和它对人力资本投资的影响似乎没有那么复杂,但也不是十分容易把握。

(一)养老保险制度对劳动力需求的影响

在绝大部分国家,养老保险制度要求雇主也要为雇员缴费,这被认为会提高雇主的用工成本,因而减少对劳动力的需求。然而,现实情况要比这种思路更为复杂。

首先,雇主存在将缴费成本转嫁出去的可能,甚至还能顺便占一些便宜。对中国城镇职工基本养老保险制度的相关分析表明,企业的实际工资可能已经因养老保险改革而下降。在统筹层次较低的地方,企

---

① Selahattin Ìmrohoroglu, Sagiri Kitao, "Labor Supply Elasticity and Social Security Reform", *Journal of Public Economics*, Vol.93, 2009, pp.867-878.

② Selahattin Ìmrohoroglu, Sagiri Kitao, "Labor Supply Elasticity and Social Security Reform", *Journal of Public Economics*, Vol.93, 2009, pp.867-878.

③ Welbert van der Klaauw, Kenneth I. Wolpin, "Social Security and the Retirement and Savings Behavior of Low-Income Households", *Journal of Econometrics*, Vol.145, 2008, pp.21-42.

业对养老保险改革反应积极，可能是因为地方政府给养老保险提供了过度补贴，以吸引投资。当然，在统筹层次高的地方，企业利润下降，因为养老保险负担不能被完全转嫁给雇员。[1] 除了向雇员转嫁，在中国，一些垄断企业还可以通过提价等方法将成本转嫁给消费者或其他企业，当然，这会对经济带来进一步的影响。

其次，即使雇主暂时无法将缴费成本转嫁出去，也还有其他因素促使雇主接受事实而不大幅度减少劳动力需求。因为，通过参加养老保险制度，雇主可以实现其他一些目标，比如，向劳动者显示其慷慨以鼓励劳动者更努力工作，向政府显示其合作以获得政府的支持等，这将为雇主带来其他收益。有研究表明，雇主对公司职业养老金计划的偏好的形成受到劳资关系和劳动力市场、公共政策以及金融市场的影响。雇主支持公司职业养老金计划的原因可能有：他们在进行公司内部管理或处理与工会的关系时将其作为一个劳动管理手段，他们对公共养老金政策做出反应，或者他们将其用于投资。[2]

最后，如果将利己主义、利润最大化是公司核心目标等观念暂放一边，有时候甚至会出现雇主不惜血本增加劳动力需求的情况，虽然这种情况比较少见，而且通常也不可持续，但这说明，雇主对养老保险缴费的反应绝不仅仅是直接减少劳动需求那么简单。

（二）养老保险制度对人力资本投资的影响

有关养老保险制度对劳动力资源配置效率的影响集中体现在它对

---

[1]　Zhigang Li, Mingqin Wu, "Estimating the Incidences of the Recent Pension Reform in China: Evidence from 100,000 Manufactures", *Contemporary Economic Policy*, Vol.31, No. 2, April 2013, pp.332-344.

[2]　Christine Trampusch, "Employers and Collectively Negotiated Occupational Pensions in Sweden, Denmark and Norway: Promoters, Vacillators and Adversaries", *European Journal of Industrial Relations*, Vol.19, No.1, 2013, pp.37-53.

人力资本投资的影响上。有研究表明,美国现收现付型社会保障制度
向一代人提供了通过对下一代进行人力资本投资而为退休进行储蓄的
激励。作为这种激励的报答,如果人力资本投资的回报率超过了基金
积累制度的投资回报率,工作者和退休者的福利都可以得到改进。社
会保障制度的建立和发展一直与更多的人力资本投资相关。① 为什么
美国社会保障制度会产生这样的效果呢? 有研究认为,现收现付制度
可以作为解决"子女不孝"问题的强制措施。随着现代家庭纽带关系
的松动,"子女不孝"问题越来越严重,越来越多的人减少人力资本投
资,选择生更少的子女,或者忽视对子女的教育。一个使孩子有责任为
他们的父母提供养老金的制度可以重新建立对人力资本投资的适当激
励。然而,如果养老保险制度强制年轻一代缴费,并把他们集中起来赡
养所有的老年人,而不考虑每个人对人力资本的投资额,一部分人就会
"搭便车"。特别是,如果养老金水平过高,父母会把自己的一部分养
老金留给自己的子女,这会透支并妨碍人力资本投资。② 还有研究指
出,美国社会保障鼓励低收入者更多地进行人力资本投资,但妨碍能力
强的劳动者对人力资本的投资。③ 不过,总的来说,一个设计合理的现
收现付型养老保险制度能够促进各代人加大对人力资本的投资,以培
养出更优秀的下一代劳动者,从而促进人类社会向前发展。

(三)养老保险制度对劳动力市场的其他影响

养老保险制度还对劳动力市场产生了其他一些重要影响,主要包

---

① Thomas F. Pogue and L. G. Sgontz, "Social Security and Investment in Human Capital", *National Tax Journal*, Vol.30, Issue.2, 1977, pp.157-169.

② Hans-Werner Sinn, "The Pay-As-You-Go Pension System as Fertility Insurance and Enforcement Device", *Journal of Public Economics*, Vol.88, 2004, pp.1335-1357.

③ Dan A. Black, "The Social Security System, the Provision of Human Capital, and the Structure of Compensation", *Journal of Labor Economics*, Vol.5, No.2, 1987, pp.242-254.

括：一些国家的养老保险制度改革实际上是对女性更为不利，比如欧洲一些国家最近的改革，会对妇女就业及其相关权益产生不利影响。[1]一些国家的养老保险制度实际上恶化了劳动力市场的分割状况，加深城市劳动力市场与农村劳动力市场、正式部门与非正式部门之间的鸿沟，不利于劳动力市场的统一和劳动力资源的优化配置。养老金权益的可携带性差会影响劳动力的合理流动，甚至会对劳动力的国家流动产生影响。[2]

三、中国城镇职工基本养老保险制度对劳动力需求的影响[3]

中国城镇职工基本养老保险制度虽然建立的时间还不长，但已经对劳动力市场产生了很重要的影响。

（一）前提假设

为了便于分析问题，做如下假设：

第一，马克思经济学理论中有关养老保险费率的理论适用于中国城镇职工基本养老保险制度，而当保险费率超过特定的费率上限时，超过的部分将会对劳动力需求产生影响。至于多高的基本养老保险费率对企业而言才是合适的，学术界很难形成定论。不过，中国企业所承

---

① Kimberly Earles,"The Gendered Consequences of the European Union's Pensions Policy",*Women's Studies International Forum*,Vol.38,2013,pp.75-82.

② Igor Fedotenkov,Lex Meijdam,"Crisis and Pension System Design in the EU:International Spillover Effects Via Factor Mobility and Trade",*Economist-Netherlands*,Vol.161,Issue 2,2013,pp.175-197.

③ 本部分的写作得到了我的学生李娓翰的协助，在此表示感谢。

担的城镇职工基本养老保险费率总应该有一个限度,因此,可以假定,一旦超过这个限度,企业将降低劳动力需求。然而,这个限度的界定同样是很困难的,特别是,按照不同的理论,结果可能会有所不同。这里采用马克思经济学理论中的有关思想,尽管它看上去有些老套,但仍然是比较适宜的。根据这些思想,可以假定:养老保险费率上限(V)是企业利润(R)扣除资本投资(I)的额度占企业工资总额(W)的比重,如(5-1)式;企业利润(R)是资本价值(K)扣除资本成本(VC)所得,如(5-2)式;企业工资总额(W)可由劳动力价值(L)体现,企业增加值(VA)可分解为劳动力价值(L)和资本价值(K)的贡献,如(5-3)式。

$$V = (R - I)/W \qquad (5-1)$$

$$R = K - VC \qquad (5-2)$$

$$VA = L + K \qquad (5-3)$$

第二,国有工业企业在参加城镇职工基本养老保险制度的企业中具有代表性。一直以来,中国工业产值在 GDP 中所占比重都维持在40%左右,比重较高;而国有工业企业是工业企业的核心组成部分,其经济效益、产品成本等基本上能够代表中国工业企业的生产力水平。此外,国有工业企业也是城镇职工基本养老保险制度建立之初的主要参保者,因此,以国有工业企业作为样本,考察企业可承受的养老保险费率,具有较强的代表性。

第三,柯布—道格拉斯生产函数适用于对新增加值进行分解,以测算出劳动要素和资本要素的贡献率。柯布—道格拉斯生产函数的有效性虽然备受质疑,但它仍然是经济学中使用最广泛的一种生产函数形式。同时,虽然许多经济学家已经提出了不少更为复杂的生产函数形式,但往往并不意味着更为有效。因此,出于安全起见,这里仍然选用

柯布—道格拉斯生产函数的基本形式:

$$Y = AL^{\alpha}K^{\beta} \tag{5-4}$$

其中,Y 为产量,A 为综合技术水平参数,L 和 K 分别为劳动和资本投入量,α 和 β 分别为产出相对于劳动投入的弹性和资本投入的弹性。对上式作对数变换可得:

$$\ln Y = \ln A + \alpha \ln L + \beta \ln K \tag{5-5}$$

第四,虽然企业还需要参加医疗保险、工伤保险、失业保险等其他法定保险,但他们首先要参加城镇职工基本养老保险。这意味着,城镇职工基本养老保险制度首先对企业劳动力需求产生影响,其他法定保险随后才会产生相应的影响。在后边的分析中,这一个假设将被放开。

(二)对养老保险费率上限的测算

要计算养老保险费率上限,就需要明确企业产品增加值率、资本贡献率、企业利润率和企业投资率。通过对《中国统计年鉴》里中国国有工业企业增加值率取平均值,我们可以得到 1990—2006 年中国国有工业企业平均增加值率为 30.35%。也就是说,如果将产品的出厂价设定为 100 元,那么其中的增加值为 30.35 元。

根据《中国统计年鉴》中 1990—2006 年中国国有工业企业主要经济指标(含职工工资总额、投资额、总产出等),使用 Eviews 3.1 对柯布—道格拉斯函数进行估计,结果如下:

$$\ln Y = 1.9709 + 0.7246 \ln L + 0.2255 \ln K$$

$$(3.1777) \quad (2.2807) \quad (0.9256)$$

$$R^2 = 0.9704 \quad F = 229.7221(P = 0.0000) \quad DW = 0.5099$$

以上回归过程表明,新增价值的 72.46% 将用来支付职工工资,

22.55%为资本报酬。这也就是说,如果新增加值为30.35元,那么,其中约有21.99元用于支付职工工资;约有6.84元用于补偿资本。

根据发达国家工业企业的经验,借贷资本和折旧成本大约占资本报酬的40%。[①] 所以,如果假定我国企业的资本成本也占资本报酬的40%,那么,前述6.84元的资本报酬中就有2.74元用作资本成本,剩下的4.1元为企业利润。由于企业的目标是追求利润最大化,企业需要维持必要的资本积累,不可能把企业利润全部用于缴纳职工的养老保险费。所以我们根据以上数据计算出1990—2006年中国国有工业企业的平均投资率为36.57%。也就是说,在企业4.1元的利润中,有1.49元要进行资本积累,剩下的2.61元为企业可用于缴纳基本养老保险的上限。所以城镇职工基本养老保险制度中,企业的费率上限约为11.87%(即2.61/21.99)。

当前各个省份(甚至各个省份内的不同县市)相关文件规定的企业城镇职工基本养老保险缴费费率差异很大。但是,即使是最低的省份(即广东省),所选定的1998年、2003年和2008年这3个年份费率平均值也高于11.87%。[②] 而如果按照上述3个年份全国的平均水平(20.67%),法定费率则比费率上限高8.8个百分点。

不过,法定费率只是名义费率,而不是实际费率。其中一个主要原因是,企业养老保险缴费的费基不是劳动者劳动收入总额。首先,由于职工劳动收入的非工资化、非货币化程度很高(即劳动收入既有货币收入也有实物收入,而货币收入又包括政府统计口径的工资总额和非

---

① 王增文、邓大松:《基金缺口、缴费比率与财政负担能力:基于对社会保障主体的缴费能力研究》,《中国软科学》2009年第10期,第73—81页。

② 郑秉文、孙永勇:《对中国城镇职工基本养老保险现状的反思——半数省份收不抵支的本质、成因与对策》,《上海大学学报(社会科学版)》2012年第3期,第1—16页。

工资收入)，据保守估计，就社会平均而言，职工工资外的非工资性收入至少相当于工资收入的30%。[①] 也就是说，如果按照政府统计的职工工资总额缴费，缴费基数将只有职工劳动收入的76.92%。其次，虽然我国规定城镇职工基本养老保险的缴费基数是工资总额，但却采取自行申报的方式。相当一部分用人单位从自身利益出发，巧借用人单位职工的复杂性瞒报、少报职工总人数，利用收入分配方式的多样性瞒报、少报职工个人工资，这就使社会保险机构核定缴费工资总额小于统计工资总额。据推算，社会保险经办机构核定的缴费工资总额约为统计工资总额的90%，也就是说，缴费工资总额又比统计工资总额缩小了10个百分点。[②] 因此，实际缴费费率将只有法定名义缴费费率的69.23%。如果按照全国平均值20.67%计算，企业的实际缴费费率就是14.31%。这比前文计算的费率上限(即11.87%)高2.44个百分点。

(三)额外费率对企业劳动力需求的影响

根据唐时达、周申对中国36个工业行业2005—2008年相关数据进行的分析，研究期内劳动力需求弹性约为-0.32(即工资率上升1%，劳动的需求数量下降0.32%)。[③] 如果按照这个劳动力需求弹性数值，上述2.44个百分点的额外缴费将使劳动力需求下降0.78%。对于这个影响，首先是不能忽视，因为我国劳动力需求总量很大，哪怕是0.78

---

① 张永清：《正确认识当前企业基本养老保险费率和工资替代率》，《中国劳动》2000年第12期，第14—15页。

② 张永清：《正确认识当前企业基本养老保险费率和工资替代率》，《中国劳动》2000年第12期，第14—15页。

③ 唐时达、周申：《金融危机对工业劳动需求弹性的影响研究》，《中国物价》2010年第8期，第52—55页。

个百分点的减少,其绝对数额也不小。其次,不同企业的所有制形式、经营能力、账务处理水平、员工工资构成等都不尽相同,因而所承受的实际费率也必然差异很大。通常情况是,越是垄断企业,越是高收入职工,缴费工资占其总收入的比重可能越低,所以从绝对量上而言,缴费基数不实减轻了这些垄断经营,工资设计中奖金、福利等支出较多企业的缴费负担,降低了其应有的劳动力成本,反而有可能增加其劳动力需求。但是对于许多中小型企业,员工所获得的工资外的非工资性收入往往很少,其实际缴费费率往往偏高,有些可能会接近法定名义费率,因而劳动力需求下降的比例会更高。此外,金融危机等情况会对劳动需求产生负向冲击,且提高劳动力需求弹性,[1]因而会扩大额外缴费对劳动力需求的负面影响。

如果要分析企业城镇职工基本养老保险缴费对整个经济的劳动力需求的影响,至少还需要考虑两个重要因素。一个是遵缴率,即养老保险实际缴费人数与登记参保职工人数之比,养老保险遵缴率的高低直接影响养老保险缴费率的高低,养老保险缴费率的高低反过来也会影响养老保险遵缴率的高低。因为一般情况下,养老保险遵缴率过低,为保证一定的养老保险基金收入,养老保险缴费率会提高;而当养老保险缴费率过高,造成企业经营困难时,企业将会选择逃费,缴纳养老保险的企业数量会减少,养老保险遵缴率就会降低。当前,由于法定费率相对于法定基础养老金的替代率(即社会平均工资的20%)而言显得太高,制度为了内置再分配功能又弱化了多缴多得的对等原则,企业和职工的缴费积极性受到打击,加之部分企业自身经营困难、效益不高,使得逃费、断保等事情时有发生,企业的遵缴率有所下降。在2010—

---

① 唐时达、周申:《金融危机对工业劳动需求弹性的影响研究》,《中国物价》2010年第8期,第52—55页。

2015年,企业养老保险缴费的遵缴率由87.22%下降到80.93%。[①] 企业养老保险遵缴率的下降使得部分企业游离在制度之外,养老保险缴费自然不会影响这些逃费企业的劳动力成本和劳动力需求。但随着社会保险征缴机制的完善和社会保险监察力度的加强,企业逃费、断保的现象会逐渐减少,一些企业将被迫补缴相关费用,从而影响其劳动力需求。

另一个需要考虑的重要因素是养老保险的覆盖率。尽管我国近几年加大了扩面力度,但城镇职工基本养老保险制度的覆盖率仍然不够高。另外,由于大量断保,导致遵缴率下降,实际有效覆盖率更低。在这种情况下,对于那些加入了该制度的企业而言,养老保险缴费负担可能会减少其劳动力需求;但对于那些没加入该制度的企业而言,劳动力需求不会减少,反而有可能增加。因为,那些被削减的劳动力会进入劳动力市场,增加劳动力供给,从而压低劳动力价格。因此,城镇职工基本养老保险制度对全部企业劳动力需求的影响会被削弱。但随着政府加大《社会保险法》的实施力度,越来越多的企业将被强制参与城镇职工基本养老保险制度,因而会对未来的劳动力需求产生影响。

(四)小结

通过以上分析可以发现,如果仅仅考虑城镇职工基本养老保险制度,它虽然会减少企业的劳动力需求,但影响并不是太大。然而,如果考虑以下两方面因素,这种影响将可能会扩大:

第一,在测算养老保险的费率上限时,我们的测算仅以国有工业企业为例,而国有工业企业的资本贡献率、利润率一般都较高。若考虑到全社会各种经济模式的企业,尤其是第三产业中的劳动密集型企业,由

[①] 郑秉文:《中国养老金发展报告2016》,经济管理出版社2016年版,第32页。

于其资本贡献率和利润率一般都低于国有工业企业的相应数值,那么依据国有工业企业测算的养老保险费率水平是较高的。可以预见,在当前企业对劳动力成本敏感性提升的宏观背景下,城镇职工基本养老保险制度将使这类劳动密集型企业的劳动力需求减少更大。而这些劳动密集型企业恰恰是拉动就业的中坚力量,为社会提供了大量的就业岗位。

第二,也是更重要的,如果把城镇职工基本养老保险制度与医疗保险制度、失业保险制度、工伤保险制度和生育保险制度以及住房公积金制度放在一起来分析它们对企业劳动力需求的影响,其结果一定会令人大吃一惊。因为,按照现有法规,如果一个企业同时参加了这些制度,其总的法定缴费费率将会超过40%(养老20%,医疗10%,失业1.5%,工伤0.4%,生育0.8%,住房公积金12%),[①]虽然由于可获得的统计数据的有限性,现在我们还无法准确估计总的实际费率,但是,这些制度合在一起对企业劳动力需求的影响显然会远远大于城镇职工基本养老保险制度对劳动力需求的影响。

四、中国城镇职工基本养老保险对劳动力供给、人力资源等方面的影响

(一)城镇职工基本养老保险对劳动供给的影响

1. 养老保险的流动性会对劳动力供给产生影响

在市场经济的条件下,劳动者的流动趋势日渐频繁,可以自由

---

① 郑秉文:《中国基本养老保险制度可持续性面临五大风险》,载社保财务丛书编委会主编:《社保财务理论与实践》,中国财政经济出版社2011年版,第16—31页。

流动的劳动者在寻找工作上更有优势。当他们发现某地的工作机会较少，不能发挥自己才能时，他们便可以结合自身的特点到工作机会更多的城市去寻找工作。但现行我国的养老保险关系在一定程度却成了抑制劳动力自由流动的因素。据 2009 年的《城镇企业职工基本养老保险关系转移接续暂行办法》（国办发〔2009〕66 号）规定，参保人员跨省流动时，其基本养老保险中的个人账户资金可以全部转移；统筹基金（单位缴费），以本人 1998 年 1 月 1 日后各年度实际缴费工资为基数，按 12% 的总和转移，参保缴费不足 1 年的，按实际缴费月数计算转移。也就是说当劳动者跨省寻找工作时，个人只能带走养老保险账户中的部分资金，使劳动者的利益受损，这无形中增加了劳动者转换工作的成本，对我国的劳动力供给带来不良的影响。

2. 缴费数额对劳动力供给产生影响

城镇职工养老保险缴费数额占工资的比重越大，对劳动者的实际影响越大。从欧美发达国家的缴费情况来看：美国由雇主和雇员各拿出工资收入的 6.2% 作为退休金；法国的基本养老金由雇主交 8.2%，雇员交 6.55%。我国养老金的个人缴费比例为个人工资的 8%。虽然我国的缴费比例和外国基本持平，但我国的缴费基数即工资收入和国外相比相差甚远，刘植荣在系统研究了 183 个国家和地区的工资制度后得出了让人吃惊的结论。我国最低月收入为 510 元，不到世界平均值的 15%，排在倒数第 26 位。不仅远远低于西班牙、卢森堡、冰岛等欧洲国家，甚至低于刚果、加蓬等非洲国家，比柬埔寨、越南等国家也高不了多少。在养老保险缴费比例和欧美发达国家持平的情况下，我国养老保险缴费的工资基数却远远低于欧美发达国家，打击了在职者的工作积极性，从而影响劳动力供给。

3. 养老金给付水平影响了劳动供给

养老金给付水平即养老金替代率,这里所说的替代率是指退休金占退休前工资收入的比例,但考虑到物价波动等其他因素,一般用当年退休金除以当年职工平均工资来计算。养老金的替代率越高,劳动者退休后的生活水平越有保障,这就会促使更多的人选择提前退休,导致劳动力供给减少。在1999年之前我国养老金的替代率约为70%,这一标准基本可以保证劳动者退休后的生活质量不会比工作时出现太大的变化。但随着我国经济发展、改革开放的深入,人们的工资收入和生活水平逐年提高,我国养老金的替代率在不断下降,2016年养老金替代率已降到45%。根据国际上的经验,如果一个国家的养老金替代率在60%—70%,退休者的生活水平基本可以维持;如果养老金的替代率低于50%,那么退休者的生活水平较退休前会有很大幅度的下降。按照现在的状况发展下去,我国的退休职工将不能靠社会养老金维持基本生活水平,那么我国的劳动者将会面对一个更加不确定的未来,那么现有的年轻职工为了能够保证自己的生活水平无疑会延长工作时间,从而增加劳动力供给。①

4. 养老金计发标准会影响我国的劳动供给

《国务院关于建立统一的企业职工基本养老保险制度的决定》(国发〔1997〕26号)规定:退休时的基础养老金月标准以当地上年度在岗职工月平均工资和本人指数化月平均缴费工资的平均值为基数,缴费每满1年发给1%。按退休职工前一年的收入为计发标准,有些企业会在劳动者退休前为其增加工资,这样劳动者即便未达到退休年龄而退

---

① 刘燕生:《社会保障的道德风险与负激励问题》,中国劳动社会保障出版社2009年版,第126页。

休也可以享受到丰厚的养老金，这便会刺激劳动者提前退休，进而减少劳动力供给。

此外，工龄长短、退休年龄、提前退休的决定、城镇职工养老的激励机制不足、养老保险税费征缴体制不健全等因素都对劳动力供给有一定程度的影响。

（二）城镇职工基本养老保险对人力资源配置的影响

1. 统账结合的制度模式对人力资本投资的激励

1997年我国把养老保险模式确定为"统账结合"的混合模式，并逐步由传统的现收现付制向基金积累制过渡。在"统账结合"的保障模式下，进入统筹账户的基金采取现收现付、以支定收的方式进行筹集和使用，基金直接用来支付退休一代职工的养老金，不做积累，其结存额度严格限定在一定比例之内。职工退休时，以当地上年度在岗职工月平均工资和本人指数化月平均缴费工资的平均数为基数领取一定比例的养老金。进入个人账户的基金则采用完全积累的运作模式，基金归投保人所有，产权清晰。其核心是自我保障。职工退休后的养老津贴水平取决于在职期间缴费的多少和投资回报率的高低。基金积累模式强调个人一生消费的自我平衡，通过年轻时少消费、多积累来满足老年时的消费需求。通过以上的分析可以看出，与社会统筹账户相比，由个人账户发放的这一部分养老金与职工在职时的工资收入联系更加紧密，在职时的高工资决定了退休后可以领取高水平的养老保障金。两种账户的养老金支付标准不同，必然对个人的人力资本的投资意愿产生不同的影响。在过去的很长一段时期内，我国企业职工的工资是由企业依行政方式制定的，并不参考职工个人的能力与绩效。无论个人能力如何突出，处于某一级别的工人只能领取该级别的工资。但是随着我国企业市场化改革的深入,人力资本对工资率的决定作用越来越大。① 这就意味着职工个人的人力资本水平越高,工资水平也就越高,退休时领取的养老金也就越多。由此可以看出,通过个人账户以基金积累的方式筹集和发放养老金的模式更加能够激励对人力资本的投资。

2. 养老保险制度低覆盖率制约人力资本投资

我国的基本养老保险制度最初主要覆盖的是城镇企事业单位,而广大的农村居民和城镇灵活就业人员参加社会养老保险较晚且保障水平有限。养老保险的长期缺失,使得我国农村居民的养老以传统的养儿防老的家庭养老模式为主。在这种传统的保障模式下,个人生老病死主要靠家庭成员的互帮互助来解决。由于收入中缺少了社会保障这一块,从预算支出的总量上来讲,家庭保障模式必然挤占农民在人力资本投资方面的支出,严重阻碍了农村的人力资本投资。② 从成本与收益的角度来看,养儿防老对农村居民来说具有巨大的诱惑力和必要性,多子多福成了农村居民生育追求的目标,但在贝克尔(Becker,G.S.)看来,在家庭对孩子的需求方面,孩子的数量和质量之间具有替代性质,人口出生率的下降会提高对孩子质量的需求,质量需求的提高会提高孩子数量的成本,并且进一步降低对出生人数的需求。在这里,他用花费在每个孩子身上的费用代表孩子的质量,这些费用中很大部分是孩子的教育和保健费用,也就是家庭对孩子的人力资本投资。因此在我国农村,由于养老保障的长期缺失,导致了家庭在生育选择上对孩子数量的偏好。这样,在家庭收入一定的条件下,对孩子数量需求增加,分

---

① 张力:《论我国养老保险制度对人力资源的影响》,《经营管理者》2009 年第 1 期,第 77—78 页。

② 赖德胜、田永坡:《社会保障与人力资本投资》,《中国人口科学》2004 年第 2 期,第 13—21 页。

配在每个孩子身上的教育费用就会减少，无疑，这种选择很不利于农村的人力资本积累。以上的分析同样适用于我国城镇的灵活就业人员。现阶段我国灵活就业群体主要包括四类：国有、集体企业离岗、下岗人员；城镇失业人员；个体从业人员和自由职业者；进城务工的农民工。通过分析不难发现，我国灵活就业人员多为中低收入水平的弱势群体。收入水平低和养老保险的缺失给灵活就业人员的基本生活带来了很大困难，更不用说在教育方面的投资，这些都严重阻碍了其个人及子女人力资本的积累。

3. 养老保险制度的分割状态阻碍人力资源合理配置

我国养老保险的分割状态阻碍了人力资源的合理配置。我国养老保险制度的分割主要体现在两个方面：一是保障人群的分割。虽然机关事业单位与企业已经实现了基本养老保险制度统一，但两项制度并没有合并，而是分开独立运营，这无疑会影响人才跨界流动。此外，我国的二元经济结构也决定了农村养老保险制度与城市居民的养老保险制度不同。二是管理上的分割。这一点又包含两个层次的含义：首先，由于对不同人群采用不同的养老保险制度，不同的制度又由不同部门负责实施和管理，这就造成全国养老保险的管理呈现"九龙治水"的局面，从而导致各种制度之间的协调性和衔接性较差。其次，统筹层次过低。世界各国的基本养老保险一般实行全国统筹，由中央政府负责，而我国的基本养老保险制度的改革是从县级统筹起步的。经过20多年的改革和发展，截至2019年，全国只有13个省份实现了省级统筹。从总体上看，在改企业统筹为社会统筹过程中，存在县市级、地市级、省级等不同的统筹层次。各统筹单位之间政策不统一，难以互联互通，导致养老保险关系转移接续的困难。养老保险制度在这两层意义上的分割都给人力资源的自由流动带来了严重的阻碍。

第六章 养老保险制度设计与财务可持续性

一、养老保险制度设计对财务可持续性的影响

养老保险制度设计会对养老保险制度的财务可持续性产生重要影响。本部分将分析养老保险制度设计的基本要素对财务可持续性的影响。

(一)养老保障制度结构

养老保险制度总是作为养老保障制度的一部分而存在。在整个养老保障体系中,既有正式的制度安排(如社会养老保险制度、企业养老金计划等),又有非正式的制度安排(如家庭养老)。在不同的国家,养老保险制度在整个养老保障制度中所处的地位是不一样的。通常情况下,越是发达的国家,正式制度安排在其中所占的地位就越重要;相反,越是落后的国家,非正式的制度安排所占的地位就越重要。一些国家可能缺乏正式的制度安排,但所有国家都存在某种形式的非正式的制度安排。同样地,在不同的国家,社会养老保险在整个养老保险体系中

所处的地位是不一样的。例如,在德国等欧洲大陆发达国家,社会养老保险在整个养老保险体系中处于绝对统治地位,而职业养老金计划等补充养老保险发展滞后;与此相对照,在美国,虽然社会养老保险对大部分美国老年人仍然十分重要,但职业养老金计划等补充养老保险发展迅速,起到了越来越重要的作用。

不同的养老保障制度结构会对养老保险制度设计产生重要影响。通常情况下,非正式养老保障制度安排发挥的作用越大,正式养老保障制度安排的压力就越小,两者呈现出此消彼长的关系;企业养老金计划等其他养老保险计划发挥的作用越大,政府的社会养老保险压力就越小。反过来,养老保险制度设计应该与它在养老保障体系中所处的地位相适应,否则,养老保险制度的财务可持续性就会面临挑战。

(二)财务制度选择:现收现付或(和)基金积累

对于养老保险财务制度,通常有三种选择:现收现付制、基金积累制和混合制。现收现付制与基金积累制的核心区别是:是否存在"形式"上的代际转移? 现收现付制是由下一代的缴费来支持上一代的养老金发放。通常情况下,现收现付制被认为有以下几个优势:制度一旦建立,就可以迅速发挥作用,立即向符合条件的退休者发放养老金;使有限的资源在多代人之间实现优化配置以改进各代人福利成为可能;便于进行再分配,以促进社会公平;在基金管理上似乎没有太大的压力等。它可能具有的缺点是:有可能诱发比较严重的代际冲突;有可能导致资源错误配置,阻碍经济增长;费率厘定与调整的难度很大,容易出错;容易出现资源储备不足,给政府财政施加很大的压力等。与此相对应,基金积累制度的优点也很明确:几乎不会带来代际冲突;可能具有正面的宏观经济效应;与个人账户相结合,可以产生较好的激励作用;

几乎不存在资源储备不足问题;费率比较稳定等。而基金积累制度的缺点几乎与现收现付制度的相对应。

这里需要强调的是,现收现付制与基金积累制之间的差异不应该被夸大,因为这种差异在一定的程度上讲是"形式"上的。基金积累制无法否定"事实"上的代际转移支付,这是因为,任何一代人都不可能把他们工作时所生产的各种产品留到他们退休之后消费,他们退休之后只能消费下一代人所生产的产品。特别是劳动者个人的努力和天资需要以教育和基础设施为补充,而教育和基础设施一般来自税收、以往遗传下来的发明、老年一代培育并传给年轻一代的法律和社会习惯。在市场体系中,每一代人的生产力都会因前几代人的努力而得到提高,每一代人都以退休津贴的形式将所增加的产品的一部分支付给上一代人。不管津贴的支付方式是严格的私人转移、私人部门债券与股票投资组合,还是像社会保障或养老金担保公司这样的公共转移支付,这都是事实。[1] 各代人之间应该是互惠的,人类社会正是在这种代际互惠中才得以快速发展。在人口老龄化的情况下,也只有强调各代人互惠,才能更好地迎接挑战。

尽管如此,现收现付制与基金积累制之间的差异仍然重要,而且也会产生重要影响。如前文所述,它们在影响经济增长上存在差异。而且,就财务可持续性而言,现收现付制往往更有可能面临更大的压力。如何解决因过快提高养老金水平等原因而导致的开支急剧膨胀,是现收现付制度保持财务可持续性的核心议题。同时,基金积累制度如果完全摒弃再分配等功能,按照精算原则将收支紧密结合起来,则几乎没

---

[1] William L.Holahan and Charles O.Kroncke,"Social Security Bonds and Concept of Reciprocal Responsibility",*Risk Management and Insurance Review*,Vol.10,No.1,2007,pp. 87-92.

有什么财务可持续性问题。但是，如果仅有这样的制度安排，一部分老年人的贫困化将难以避免。因此，政府将不得不进行补充性的制度安排，或为这样的基金积累制度带上诸如"最低养老金保证"这样的"安全阀"。因此，养老保险制度的财务可持续性从一定的程度上讲取决于更为具体的制度设计。

另外，混合制度通常被认为是更好的选择，因为人们总是倾向于认为它可以汲取现收现付制与基金积累制各自的优点，而克服它们的缺点。但有时可能会事与愿违，不仅优点没有得到很好地发挥，反而缺点得到了彰显。这说明，"混合"并不是一件那么容易的事情。

（三）账户选择：统筹账户或（和）个人账户

养老保险制度是选择统筹账户还是个人账户，往往与其基本政策取向有关。习惯上，如果一个养老保险制度想要承担更多的收入再分配职能，它就会倾向于选择统筹账户制度；如果一个养老保险制度想要对参保人进行更多的激励，它就会倾向于选择个人账户制度。这里需要注意以下几点：第一，将产权理论用于分析统筹账户与个人账户时应该十分谨慎。统筹账户中基金的产权比较模糊，而人们往往更强调这些基金的控制权，以及它在制度兑现养老金承诺中所应该发挥的作用，这也是它为什么倾向于进行更多的再分配的原因。个人账户中的基金虽然在很多时候从法律上讲是属于个人，但个人在退休之前往往只有有限的控制权。第二，无论是统筹账户还是个人账户，都可能以"空账"的形式存在。在现收现付制度下，统筹账户和个人账户的"空账"运行可以被认为是正常现象，因为下一代人的缴费被用于向上一代人发放养老金，而账户本身主要被用于记录，个人的养老金权益主要取决于这些记录，而不是账户中是否真有资金。第三，统筹账户往往难以产生激励作用,但个人账户并非就不能附带再分配职能。仅仅依靠记录本身,个人账户就可以产生激励作用。而政府可以通过修改特殊情况下某些人的个人账户记录进行再分配,就像瑞典名义账户制度下政府所做的一样。至于政府的这种修改行为会如何影响个人账户的激励作用,在很大的程度上取决于修改的条件及其规模。换句话说,只要修改的条件比较合理且规模受到控制,就不会对个人账户的激励作用产生很大的负面影响。第四,就对制度财务可持续性的影响而言,统筹账户更易导致财务失衡,基本原因是产权模糊,而政府又往往出于政治等方面的考虑,使基金支出超出基金收入。但是,这主要是一种倾向,它在西方民主制度下可能表现得更为明显,但并不意味着就完全不可控。同时,在名义账户制度上,虽然采取的是个人账户,但是如果设计不当,也有可能面临财务失衡的风险。

(四)承诺选择:确定收益或(和)确定缴费

养老保险制度做出的承诺会对制度的财务可持续性产生重要影响。[①] 通常情况下,这种承诺分为两类:一类是确定收益(defined benefit,简称 DB),另一类是确定缴费(defined contribution,简称 DC)。所谓确定收益,并不一定像一些国家的国民年金制度那样提供相同数额的养老金,在大部分国家的养老保险制度中,确定收益主要是指参保者将来的养老金数额可以按照一个特定的公式计算出来。尽管如此,如果一个养老保险制度选择了确定收益的制度模式,往往意味着制度本身将承担到期兑现养老金承诺的风险。与此相对应,确定缴费的养老保险制度,往往强调参保者和(或)其所在单位的缴费责任,而参保

---

① Xavier Mateos-Planas,"A Quantitative Theory of Social Security without Commitment", *Journal of Public Economics*, Vol.92, 2008, pp.652–672.

者未来所能够领取的养老金数额由其缴费及其投资收益决定。因此,这样的制度安排意味着参保者将承担更多的风险,而制度本身的财务压力将得以缓解。

不过,确定收益与确定缴费是相对的。而且,从近些年一些国家养老保险制度改革的实践中来看,确定收益与确定缴费也可以进行某种程度的结合,以将养老风险在养老保险制度与参保者个人之间进行合理的分担。但是,怎样的结合才能实现合理的风险分摊,是养老保险制度设计的一大难题。

(五)基金管理与监督选择:集中管理或分散管理,严格监督或审慎监督

无论是什么样的养老保险制度,只要积累了大量的基金,管理与监督都会十分重要。良好的基金管理与监督制度既有利于基金保值,也有利于基金增值。而基金的保值增值对增强养老保险制度的财务可持续性会发挥积极作用。

从发达国家的情况看,过去几十年来养老基金管理存在着从集中管理向分散管理转变的趋势。[1] 但是,管理成本高昂等问题也不断受到批评。在一些发展中国家,养老基金集中管理的现象比较普遍,但是,基金被挪用、滥用甚至贪污,收益率较低等问题难以控制。

在养老基金监督方面,一些盎格鲁—撒克逊国家(如美国)倾向于谨慎监督,但委托—代理问题等相关问题容易带来严重后果。欧洲大陆一些发达国家和大部分发展中国家目前还是倾向于严格监督,但往

---

[1] David Blake, Alberto G.Rossi, Allan Timmermann, Lan Tonks, and Russ Wermers, "Decentralized Investment Management: Evidence from the Pension Fund Industry", *The Journal of Finance*, Vol.LXVIII, No.3, 2013, pp.1133-1178.

往在收益率较低等方面受到批评。

总的来看,应该注意两个基本观点:第一,无论是养老基金管理制度还是养老基金监督制度的选择,都需要考虑一个国家的具体国情,特别是其金融市场发育程度等因素;第二,需要动态地看一个国家的养老基金管理与监督制度,即随着环境变化适时调整相关政策。

(六)法律强制性选择

政府是否应该建立强制性的养老保险制度(即通常所说的社会养老保险制度)?从发达国家的情况看,政府都建立了强制性的养老保险制度,其主要理由之一是可以减轻免费搭车问题:如果国家向老年人提供最低收入保证,那么一部分年轻人会发现不为退休做准备是最优的。支持者还有其他一些理由,例如,由于信息不对称,保险人不能将活得长的退休者与活得短的退休者区别开,因而难以解决长寿风险问题。但是,在同样的信息下,计划者将能够实现确定环境下的最优状态。[1] 然而,反对者认为,强制性会严重扭曲劳动力市场,因而,最优选择是接受免费搭车者问题,而不是引入强制性养老金制度。[2]

尽管支持强制性与反对强制性的理由都还有很多,但这里不做进一步的探讨,而是要强调以下两点:第一,出于为弱势群体提供基本养老保障等方面的考虑,政府通常会选择建立强制性的养老保险制度,但这就同时意味着政府将承担相应的责任。不过,社会养老保险制度的财务可持续性与政府所承担的责任之间的关联度主要取决于政府所做

---

① Peter G.C.Townley, Robin W.Boadway, "Social Security and the Failure of Annuity Markets", *Journal of Public Economics*, Vol.35, 1988, pp.75-96.

② Stefan Homburg, "Compulsory Savings in the Welfare State", *Journal of Public Economics*, No.77, 2000, pp.233-239.

出的承诺。换句话说，只有承诺适当且与政府所承担的责任相一致，它对养老保险制度财务可持续性的影响就可能比较小。第二，一些国家采用了一些弱化"强制性"的机制，给参保企业和劳动者一定的选择权，例如英国的"退出"机制，但其效果或影响还需要进一步研究。

二、制度设计与中国城镇职工基本养老保险制度财务可持续性

（一）养老保障体系结构不合理使得职工基本养老保险制度过度承压

虽然目前我国的养老保障体系已经呈现出多支柱趋势，但体系结构仍然不够合理。从正规的制度安排来看，由于其他支柱的整体养老支撑作用比较有限，城镇职工基本养老保险制度仍然发挥了最重要的作用，也承受了过大的压力。这一点，从各个支柱的状况可以看出来：

第一个支柱是针对贫困老人的养老救助，属于社会救助的范畴，主要包括城乡居民最低生活保障制度、农村"五保"制度以及其他临时救助措施。其中，城乡居民最低生活保障制度覆盖的群体人数较多，人数最多的时候曾经达到5300多万人，但近些年来覆盖人数呈下降趋势（参见图6-1），而且其中只有一部分属于老年人，待遇水平整体上也不高。农村"五保"制度目前所覆盖的人数一直都不是很多，最多的时候也只有500多万人（包括集中供养人数和分散供养人数），近些年整体上也呈下降趋势，到2018年集中供养老人数量已经只有80多万。①

----

① 数据来源于国家统计局网站。

随着国家反贫困战略的推进,贫困人口数量会快速减少,这个支柱所要覆盖的老年人的数量还会进一步减少。这说明,养老救助体系在整个养老保障体系中的地位虽然依然重要,但它的整体养老支撑作用十分有限。

图6-1　2009—2019年城市和农村最低生活保障人数

　　第二个支柱是国家基本养老保险制度,属于社会保险的范畴,是目前养老保障体系的主体部分,包括城镇职工基本养老保险制度和城乡居民基本养老保险制度。无论是城镇职工基本养老保险制度还是城乡居民基本养老保险制度,都经历了制度建立初期的快速扩面期,近些年的参保人数也仍然处于稳步增长之中,目前的覆盖率已经比较高了。到2018年底,两者的参保人数分别达到了4.19亿人和5.24亿人(参见图6-2)。但两者的待遇水平差距很大。2018年,城镇职工基本养老保险人均待遇水平已经达到了每月3100多元,而城乡居民基本养老保险人均待遇水平只有每月150多元(参见图6-3)。虽然可以找到很多理由支持这种差距,比如,城乡居民基本养老保险的参保者缴费水平太低、城乡居民的人均纳税水平也比较低等，但是，城乡居民基本养老保险的待遇水平目前看上去还不像"养老金"，更像是带有福利色彩的"养老补贴"，还掺杂了养老救助金的成分。这不仅是因为该制度目前超过60%的收入来自财政补贴，还因为大量的贫困人员正从中受益。2018年，全国60岁以上享受城乡居民基本养老保险待遇的贫困老人2195万人，实际享受代缴保费的贫困人员2741万人，城乡居民基本养老保险使4936万贫困人员直接受益。① 这说明，虽然城乡居民养老保险的参保人数多于城镇职工基本养老保险的参保人数，但受益者还很难仅仅依靠这个制度获得老年基本生活保障，因而它的整体养老支撑作用也十分有限。

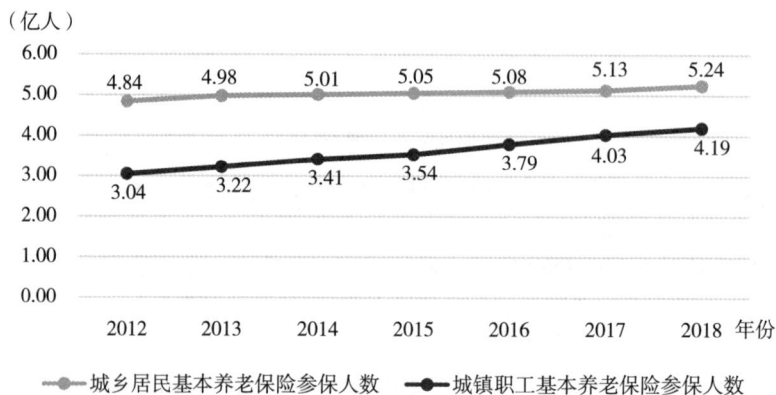

（亿人）

图6-2　2012—2018年基本养老保险参保人数

第三支柱是用人单位自愿为劳动者建立的养老金计划。它包括企业部门的企业年金计划和机关事业单位的职业养老金计划。在20世纪80年代后期，随着我国越来越多的企业开始独立运营，一些效益好的企业已经开始为员工办理补充养老保险，由中国人民保险公司办理

---

① 人力资源和社会保障部：《2018年度人力资源和社会保障事业发展统计公报》，人力资源和社会保障部网站。

（元/月）

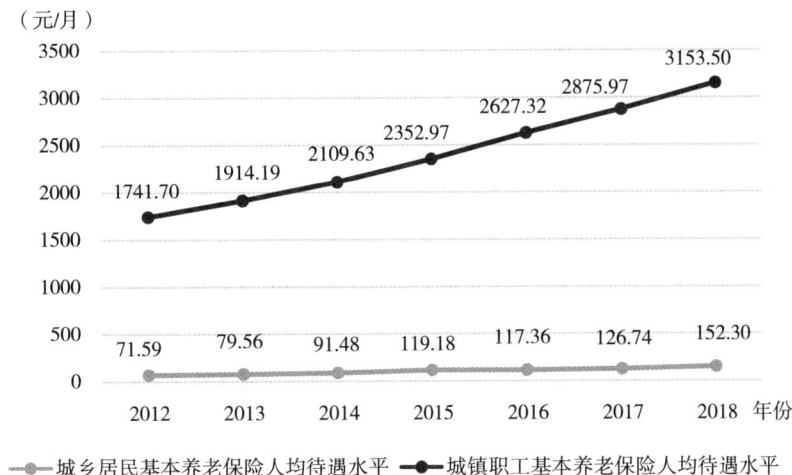

图 6-3　2012—2018 年基本养老保险人均待遇水平

注：根据国家统计局网站数据计算，并假设所有被统计的基金支出全部被用于发放相关养老待遇，且所有被统计的离退休者每年都领取了 12 个月的养老待遇。

相关业务。1991 年，政府提出鼓励企业实行补充养老保险，基金由社会保险经办机构管理，中国人民保险公司已办理的相关业务维持现状。2000 年的国务院《关于印发完善城镇社会保障体系试点方案的通知》将企业补充养老保险名称规范为企业年金。2004 年的《企业年金试行办法》和《企业年金基金管理试行办法》则进一步规范了企业年金的发展。然而，尽管各方都在不断呼吁加快企业年金的发展，政府也已经出台了不少政策法规，经过这么多年发展之后，企业年金的现状却不尽人意。到 2018 年底，全国只有 8.74 万户企业建立了企业年金，参加职工总数也只有 2388 万人；[1]而 2017 年我国的企业法人数已经超过了1800 万个，2018 年城镇就业人数有 4.34 亿人。[2] 这说明企业年金的

---

[1]　人力资源和社会保障部：《2018 年度人力资源和社会保障事业发展统计公报》，人力资源和社会保障部网站。

[2]　数据来源于国家统计局网站。

覆盖面还是太低了。即使机关事业单位职工全部建立了职业年金，两者所覆盖的总人数占城镇就业人数的比重仍然很低，从而使得第三支柱的养老支撑作用也比较有限。

第四支柱是个人和家庭储蓄性养老准备。这个支柱包含了太多的内容，不仅总规模难以判断，而且在不同的个人或家庭之间的分布极其不均。凡是个人和家庭用于养老目的的各种准备，都可以归入这一类，可能包括银行存款、房产、债券、股票等众多类别。而且，除了个人购买的商业养老保险等少数明确了养老目的的资产外，个人和家庭的其他资产都可能根据个人实际情况被灵活使用，我们通常很难将其中用于养老的部分与其他部分区分开，因此，个人和家庭的第四支柱养老准备的规模难以估算。但是，从见诸报端的各种信息就可以发现，这方面的资产准备在不同个人和家庭之间的分布极其不均。这也就意味着，有相当大一部分个人和家庭在这方面的准备并不多。

（二）从现收现付制向混合制度的转变难言成功

从理论上讲，中国职工基本养老保险制度在 20 世纪末保留传统的现收现付制度看上去更为合理一些。即使是到了现在，职工基本养老保险制度仍有必要坚持现收现付制度。

首先，从城镇职工基本养老保险制度自身所能提供的养老金水平来看，从 20 世纪末一直到现在，现收现付制度都看上去更有优势。当"生物回报率"（即工资增长率与人口增长率之和）大于利率（或投资回报率）时，同样的缴费水平下，现收现付制度所能提供的养老金水平要高于基金积累制度所能提供的养老金水平。在 1998—2019 年的 22 年间，中国城镇单位就业人员平均工资的年均增长率大约为 12.38%。即使不考虑人口增长率因素，想在这么长的时间内获得如此高的投资收益率也是很困难的。如果考虑职工基本养老保险基金所实际获得的收益率，那么差距就更大了，因为它曾经长期只能获得银行存款利率。最近几年，中国政府开始给基本养老保险个人账户提供更高的记账利率，例如 2018 年和 2019 年分别为 8.29% 和 7.61%，但仍然低于同期的城镇单位就业人员平均工资增长率。

其次，中国城镇职工基本养老保险制度可以也应该借助代际资源优化配置以改进各代人的福利。由于中国自古就有"养儿防老"等代际互相支持传统，而现收现付制度主要是用公共计划的代际转移代替私人代际转移，因此，中国职工基本养老保险制度可能会带来一定的代际冲突问题，但不应该被过分担心。更重要的是，中国已经经历了剧烈的经济社会转型和快速的经济发展过程，在这一过程中，前面几代人的艰苦奋斗，为后面的经济快速发展打下了很好的基础，储备了"后劲"，但他们自己却因为当时的"低工资"政策等原因而没有积累太多的养老资产，因而他们有足够的理由从后来的经济快速发展中获得养老支持。在这种情况下，实行现收现付制度，将后面工作人的缴费用于向前面退休的人发放养老金，刚好能够反映这几代人之间的"施恩与报答"的关系，有助于构建更加和谐的社会代际关系。

再次，从经济增长的角度看，城镇职工基本养老保险制度实行现收现付制也是可取的。与基金积累制度相比，现收现付制度确实有可能因资源错误配置而阻碍经济增长，错误配置的原因有可能是代际资源再分配使得经济偏离了最优增长路径，也可能是政府的干预妨碍了市场对资源的配置。但是，这种代际资源的再配置也可能使经济增长更靠近经济增长路径。例如，在改革开放初期，中国确实像许多国家一样缺少资金，所以，发展经济的一个基本思路就是：引进外资，利用自己比较低廉的劳动力生产出产品，然后再出口创汇。但是，随着经济的发展,局面逐步发生了变化:一方面,随着产能的不断扩大,除了继续开拓国际市场外,开发国内市场日益重要;另一方面,中国的国内储蓄一直在快速增长,增长速度快于经济增长速度。这一点,可以通过比较以下数据得到证明:1980 年,中国的 GDP 和金融机构资金来源各项存款分别为 4587.6 亿元和 1689.66 亿元;1998 年,这两个指标分别为 8.38 万亿元和 9.60 万亿;2019 年,这两个指标分别为 98.85 万亿元和 192.88 万亿元。① 因此,基本上可以判断,总体上看,储蓄相对于经济增长的需要早已经不再是偏少,而是偏多了。也就是说,中国的储蓄率可能早就高于最优储蓄率。如果现收现付制度真的能够在一定的程度上降低储蓄率,那么,这对经济增长而言也可能是一件好事。另外,政府所进行的相关干预确实可能会影响市场对资源的配置,但也可能起到弥补市场失灵等积极作用。考虑到中国政府在宏观干预上所拥有的丰富经验以及不错的业绩,可以大致推定:只要具体的政策得当,虽然现收现付制度会对市场资源配置产生负面影响,但这种负面影响不仅不应该被过分夸大,而且可能会被相关积极影响所抵消或者被抵消掉一部分。

最后,城镇职工基本养老保险制度实行现收现付制确实会遇到一些其他问题,但并非无法克服。例如,如果相关资源准备不足,会给政府财政带来很大的压力,但中国政府掌握着足够的资源,只要制定科学合理的计划,应该能够应对;在中国这样的人口众多且情况复杂的大国,现收现付制度的费率厘定与调整的难度确实会很大,不恰当的费率政策会带来恶果,但主要是技术层面的问题,可以逐渐调适。

但是,中国城镇职工基本养老保险制度最终选择转向一种现收现付与基金积累相结合的混合财务制度。但是,这种转轨看上去并不成

---

① 数据来源于国家统计局网站。

功。其突出表现在于：

第一，没有在新制度推行时解决隐性债务问题，留下了后遗症。在传统的现收现付制度中，上一代人所积累的养老金权益主要依靠下一代人的缴费来兑现，从而使得养老金权益这一"债务"处于"隐性"状态。但如果现收现付制度向积累或部分积累制度转轨，下一代人的缴费将全部或部分储存起来，从而无法全部兑现转轨前已经积累的养老金权益，隐性债务就会显现出来，形成转制成本。对于中国城镇职工基本养老保险制度的转制成本的规模，我们始终没有得到一个哪怕是大致接近的一致性答案。在比较早的较权威的估算中，国务院发展研究中心社会保障课题组（2000）认为，转轨后最初的养老金年支付规模大约在 2000 亿元左右①；而孙祁祥（2001）认为转轨成本估计在 3 万亿—4 万亿元②。随着时间的推移，对转制成本的估计数额在快速上升。李丹等（2009）认为 2008 年我国实际承担的隐性债务超过 28 万亿元③；而曹远征、马俊等所著的研究报告《化解国家资产负债中长期风险》中指出，到 2013 年中国养老金的缺口达到 18.3 万亿元。这主要是因为，新、旧制度下养老金权益的计算方法不同，而且计算还受到一系列不断变动的指标的影响，因而隐性债务数额的计算十分复杂；但学术界还需要继续加强对养老金缺口规模及其成因的研究。④　无论如何，在新制

---

① 国务院发展研究中心社会保障课题组：《分离体制转轨成本，建立可持续发展制度——世纪之交的中国养老保障制度改革研究报告》，《管理世界》2000 年第 6 期，第 63—69 页。

② 孙祁祥：《"空账"与转轨成本——中国养老保险体制改革的效应分析》，《经济研究》2001 年第 5 期，第 20—27 页。

③ 李丹、刘钻石、章娅玲：《中国养老金隐性债务规模估算》，《财经科学》2009 年第 5 期，第 17—24 页。

④ 彭浩然、申曙光、宋世斌：《中国养老保险隐性债务问题研究——基于封闭与开放系统的测算》，《统计研究》2009 年第 3 期，第 44—50 页。

度推行时,一般需要采取专门的政策解决这个问题,才能使新制度可以"轻装上阵",例如,智利等国家通过政府发行认可债券的方式对旧制度的债务加以确认和偿还。国内学术界也对转制成本以及随之而来的养老金"缺口"问题给予了极大关注。国务院发展研究中心社会保障课题组(2000)认为,通过调整制度设计、多渠道筹集资金等措施,可以分离并解决转轨成本问题。[①] 而孙祁祥(2001)认为可以在转轨后的50 年左右的时间内逐渐消化。[②] 王燕等(2001)提出使用个人所得税支付转轨成本能最好地促进经济增长和减少收入的不平等,并使改革后较小规模的公共养老金体系在财务上变得可持续;[③]郭席四(2003)指出,弥补资金缺口需要从"增收"和"节支"两方面双管齐下,方能奏效;王增文、邓大松(2009)强调企业缴费率已经超出了能够承受的水平,需要加大财政对基本养老保险的补贴力度;徐晓华(2012)也提出了有效控制甚至解决养老金缺口问题的一系列对策。但这些对策还需要进一步论证,进一步系统化、战略化。但是,中国最终还是保持了模糊化处理的政策,即通过新制度确认并逐步消化老制度下所积累的养老金权益,却没有明确提供额外的资产保证,特别是旧制度下劳动者的隐性缴费实际上已经变成了国有资产等国民财富。其结果是,虽然将法定名义费率规定得很高,但很多地方的统筹账户资金很快被耗尽,不得不挪用个人账户资金,从而形成了空账;接下来,一些地方整体上开

---

① 国务院发展研究中心社会保障课题组:《分离体制转轨成本,建立可持续发展制度——世纪之交的中国养老保障制度改革研究报告》,《管理世界》2000 年第 6 期,第 27—35 页。

② 孙祁祥:《"空账"与转轨成本——中国养老保险体制改革的效应分析》,《经济研究》2001 年第 5 期,第 20—27 页。

③ 王燕、徐滇庆、王直、翟凡:《中国养老金隐性债务、转轨成本、改革方式及其影响——可计算一般均衡分析》,《经济研究》2001 年第 5 期,第 3—12 页。

始出现收不抵支问题,养老金"缺口问题"越来越严重。

第二,如前文所述,基金管理一直无法跟上改革的步伐,基本上破坏了基金积累制度的根基。基金积累制度的优势集中体现在:它可以建立庞大的基金储备,这种基金如果形成有效的投资,就既可以促进经济发展,又可以获得不错的收益,从而为养老金的发放提供有力的支持。在新的中国城镇职工基本养老保险制度最初的设想中,基金迅速积累并通过投资获得合理收益,应该是基本假定之一。然而,新制度推行之后,城镇职工基本养老保险基金却长期躺在银行账户中拿可怜的利息,错过了利用中国经济快速增长的机会获取适当收益的历史机遇。与此同时,政府需要不断地采取行动去补充城镇职工基本养老保险基金的收入,突出表现是:不仅已经设立了全国社会保障基金,而且不断加大对城镇职工基本养老保险基金的补贴力度。至于政府对城镇职工基本养老保险制度的补贴数额,在1998年还只有24亿元, 占GDP的比重为

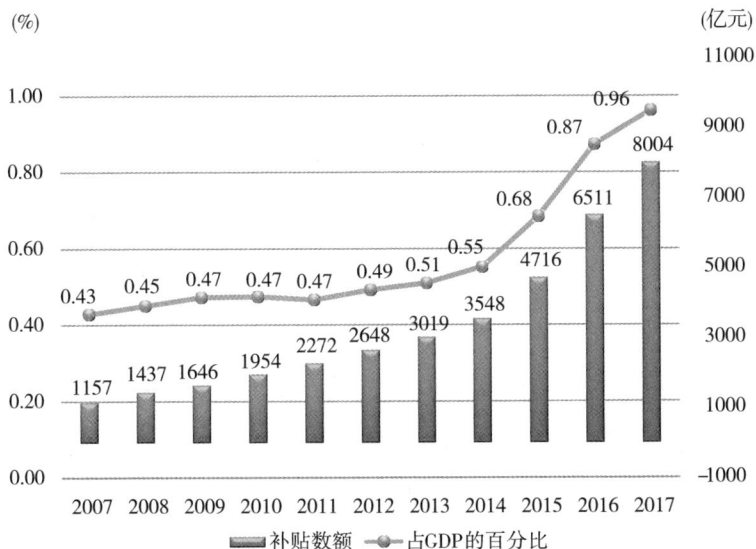

图6-4　2007—2017年政府对城镇职工基本养老保险制度的补贴

资料来源:国家统计局网站。

0.03%,①但到2017年,已经分别高达8004亿元和0.96%,分别大约为1998年的333.5倍和32倍(参见图6-4)。这种快速增长的势头,确实令人担心:政府以这种方式提供的支持将来还能不能保证城镇职工基本养老保险基金平稳运行,这样的财政补贴在未来是否具有可持续性。

(三)"统账结合"变成了"混账"运行

统筹账户与个人账户相结合一直被认为是城镇职工基本养老保险制度的主要特色,主要是考虑到两类账户的分工与协作:

统筹账户既便于对同代人进行横向再分配,也便于在几代人之间进行代际再分配,因而被认为可以更好地促进社会公平。向尽可能多的符合特定条件的退休者及时发放养老金,是中国城镇职工基本养老保险制度的基本目标,而统筹账户制度在这方面更具有优势。在计划经济时代,中国建立了以用人单位为基础的社会保障体系。在这个体系中,城镇职工退休后的养老金由所在单位发放,发放标准由国家统一规定。由于几乎所有用人单位都是处于政府计划之中,所以,由用人单位发放养老金近乎于由政府发放养老金。但是,绝大部分人口在农村等客观情况决定了当时能够领取养老金的退休者占全体老年人的比重并不高,特别是在农村地区,人们的养老问题主要依靠家庭和村集体来解决。在改革开放之后,一方面,原本依托于计划经济体制的单位保障制度无法适应新的经济形势,亟须建立新的职工基本养老保险制度以替代原有的制度;另一方面,城镇化进程不断加快,新的经济成分不断产生,越来越多的城镇就业人员因失去了来自集体或单位(比如村集体)的养老支持而期盼加入新的养老保障制度。在这种情况下,建立

---

① 郑秉文:《中国基本养老保险制度可持续性面临五大风险》,载于社保财务丛书编委会主编:《社保财务理论与实践》,中国财政经济出版社2011年版,第16—31页。

新的职工基本养老保险制度需要把扩大覆盖面从而使尽可能多的城镇就业者从中受益放在重要位置。而要扩大覆盖面,关键是将中低收入就业者拉入制度之中,这需要相应采取一些倾斜性政策。统筹账户制度看上去比个人账户制度更适合推行这种政策。与此同时,在中国改革开放的过程中,初次收入分配的差距不断扩大,这使得政府在诸如城镇职工基本养老保险这样的社会保险制度中不能轻易弱化再分配功能。再加上现收现付制度传统上总是依托于统筹账户,使统筹账户自然承载了代际资源再分配的功能。这一切就决定了统筹账户的规模将会比较大。

个人账户被认为便于个人进行纵向积累,它以"自己存钱养活自己"的个人主义式的旗号鼓励个人对自己负责,从而对个人形成激励或约束,因而被认为能够更好地提高效率。在城镇职工基本养老保险制度中,个人账户确实能够对职工起到激励作用,因为缴纳更多费用和(或)工作更长时间,将有助于职工在退休后拿到更多的养老金。然而,一些现实情况决定了这种激励作用不应该被夸大,例如,在是否加入城镇职工基本养老保险制度上,很多时候一般职工(比如小微企业)并没有太大的发言权,而是主要由用人单位决定;在缴费上,由于征缴机构能力有限等原因,最终数额有些时候也在很大程度上由用人单位决定;在基金投资管理上,考虑到金融市场不完善、职工个人通常投资管理能力有限等因素,职工个人也基本上没有被赋予参与权。

然而,理论上的统筹账户与个人账户的优势互补在实践中却走了样。如前文所述,统筹账户需要承担很大的责任,因而它的规模被设计得比较大,其法定名义费率一开始就被设定为20%。即便如此,许多省份的统筹账户资金很快就不够用了。为应对财务危机,一些省份不得不继续提高对统筹账户的缴费费率，有的地方甚至提高至24%。缴费水平的提高加重了参保单位和职工的负担，并严重制约城镇职工基本养老保险制度的扩面工作，最终迫使中央政府出手干预以控制费率。而且，即使统筹账户的规模被扩大，在许多地方也未能承受那种重担，最终，一些地方的统筹账户资金被耗尽，个人账户资金被挪用，从而形成"空账"。这样，统筹账户资金与个人账户资金实际上已经被混用。我国政府曾尝试做实个人账户，先是在辽宁省试点，接着试点范围扩大到东北三省，最后又扩大到其他一些省份。但是，尽管中央和地方都付出了巨大的努力（当然，双方之间也存在博弈，各地都想在做实个人账户的过程中从中央政府获得更多的支持），但试点省份每年做实账户的资金规模小于个人账户记账额增加值，也就是说，空账规模仍然在继续扩大。在这种情况下，做实个人账户的政策难以为继，最终被放弃。

（四）养老风险分担问题会日益显著

从风险责任分担来看，中国城镇职工基本养老保险制度力求在确定收益制（Defined Benefit）与确定缴费制（Defined Contribution）之间寻求一种平衡，从而将养老风险在制度与个人之间进行分摊。在最初的制度设计中，"老人"（即新制度开始实施前已经退休的人）实行老办法，就是沿用传统的确定收益制。"新人"（即新制度开始实施之后才开始工作的人）实行新办法，也就是说，养老金包含基础养老金和个人账户养老金：基础养老金是实行确定收益制的，数额相当于当地上一年职工平均工资的20%；个人账户养老金是根据个人账户积累额计算出来的，也就是实行确定缴费制。"中人"（即新制度开始实施时已经工作但尚未退休的人）的养老金除了包含基础养老金和个人账户养老金之外还有"过渡性"养老金。这样一种安排,考虑了不同年龄段的人在养老准备上的客观差异,对养老风险分摊做出了不同的安排:通常情况下,"老人"已经基本上没有时间再为自己的养老做准备,其养老风险就主要由制度承担;"中人"还多少有一些时间为自己的养老做准备,但需要为其已经做出的贡献或失去的为自己养老做准备的机会给予相应的补偿,因而制度与个人之间的养老风险分担取决于他们已经工作的时间、距离退休的时间等因素;"新人"有比较充足的时间为自己的养老做准备,因而,也可以承担更多的养老风险。在后来的制度变革中,基础养老金的计算也被加入了个人因素(如缴费时间),从而被认为具有了更强的激励性。

这样的风险分摊思路看上去似乎无可厚非,但是,从城镇职工基本养老保险制度所提供的养老金水平看,养老风险分摊已经出问题了,未来的问题可能更严重。在1998年新制度开始实施的时候,养老金替代率超过70%,但5年之后的2003年养老金替代率已经下降至不足60%。尽管中央政府从2005年开始连续11年每年都将养老金水平提高10%,但2008年的养老金替代率还是下降至48.22%,5年之后的2013年又进一步下降至44.62%,此后才基本稳住(参见表6-1)。

表6-1　特定年份城镇职工基本养老保险的养老金水平及其替代率

年份	养老金(元/月)	替代率(%)
1998	461.87	74.11
2003	673.99	57.90
2008	1161.10	48.22
2013	1914.19	44.62

年份	养老金（元/月）	替代率（%）
2018	3153.50	45.92

注：假设职工基本养老保险基金的支出全部用于养老金发放，可以算出人均养老金作为分子；分
　　母为全国城镇单位就业人员平均工资（1998年为全国城镇职工平均工资），可以算出养老金
　　替代率。由于职工基本养老保险基金的支出中有一部分并不是用于发放养老金，所以，真实
　　的养老金替代率会更低一些。
资料来源：国家统计局网站。

然而，按照国际上通行的标准，在没有其他重要收入支持的情况下，养老金替代率需要达到大约60%，劳动者退休后的生活水平才不至于大幅度下降。以目前城镇职工基本养老保险所提供的养老金水平，还有替代率大约15%的养老金缺口需要补上。而我国目前企业年金的覆盖面还比较窄，大部分劳动者除了城镇职工基本养老保险所提供的养老金外基本上没有其他养老金来源，这意味着他们需要承担额外的养老风险。这里需要注意的是，目前"新人"基本上还没有进入退休状态，他们的问题在于：绝大部分的缴费都被用于偿还历史债务和兑现替代率大约20%的基础养老金，只剩下8%的个人缴费来实现替代率接近40%的个人养老金。而长期以来，城镇职工基本养老保险基金只是躺在银行账户中获得利息，未来是很难提供那么高替代率的个人养老金的，因而个人将不得不承担更大的养老风险。

（五）基金管理严重滞后

前文已经阐述，要实现基金积累制度的优势，职工基本养老保险基金必须获得恰当的收益。特别是在制度最初的设想中，以费率8%的缴费支撑发放替代率接近40%的养老金，基金的投资收益率必定不低。然而，中国城镇职工基本养老保险基金事实上却是长期躺在银行

账户中只能获得可怜的存款利息。回顾这一段历史,除了为其错过中国经济快速增长所提供的机遇而可惜外,还需要分析其中的原因。首先,制度最初的统筹层次仅为县市级,使得城镇职工基本养老保险基金被分割存放在众多的县市,不仅不利于规模化投资,而且使得基金监管变得十分困难;其次,转制成本问题没有解决,导致许多地方统筹账户资金很快被花光,个人账户资金被挪用,形成空账,使得可用于投资的资金被大幅度减少;再次,当时的中国金融市场还发展得比较滞缓,存在很多问题,使人们担心职工基本养老保险基金大规模进入资本市场会面临较高的风险,而其他比较合适的投资手段也比较匮乏;最后,职工基本养老保险基金的监管制度还不完善,出现了一系列的社保基金被挪用、盗用的问题(如上海市社保基金大案),可能使决策者认为职工基本养老保险基金大规模投资的时机还不成熟。因此,尽管许多地方的职工基本养老保险基金出现了快速增长趋势,产生了很多累计结余,但是,这些资金长期被放在银行里,只能获得可怜的利息收益,例如2010 年的利息收入仅占总收入的 2.04%。[1]

这种状况一直持续到 2015 年 8 月,国务院才颁布了《基本养老保险基金投资管理办法》,允许各省、自治区、直辖市人民政府作为基本养老保险基金委托投资的委托人,委托专业投资管理机构开展基本养老保险基金投资运营活动。此后,又经过了一年多的准备,有资格的基本养老保险基金投资管理人才得以产生。2016 年 12 月底,一些省份开始将基本养老保险基金委托给全国社会保障基金理事会投资运营,但真正大规模的资金投资到 2017 年下半年才开始。当年 6 月底,北京、上海、河南、湖北、广西、云南、陕西、安徽 8 省份都已经与全国社保

---

[1] 郑秉文:《中国养老金发展报告 2011》,经济管理出版社 2011 年版,第 25 页。

基金理事会签署了委托投资合同，合同总金额 4100 亿元，其中的 1721.5 亿元资金已经到账并开始投资，剩余其他资金将按照合同约定分年分批到位。此后，有更多的省份将更多的基本养老保险基金委托给全国社会保障基金理事会进行投资。到 2018 年末，委托全国社会保障基金理事会进行投资管理的基本养老保险基金资产总额达到 7032.82 亿元，其中直接投资资产 2456.13 亿元，占基本养老保险基金资产总额的 34.92%；委托投资资产 4576.69 亿元，占基本养老保险基金资产总额的 65.08%。① 从投资业绩看，全国社会保障基金理事会以往的高收益率将很难再现，②2018 年基本养老保险基金权益投资收益额为 98.64 亿元，投资收益率为 2.56%。③ 但这也比存在银行中拿利息好得多。

然而，即使经过这么多年的反复讨论，社会的普遍反映仍然是兴奋与担忧并存。其中一个重要担忧就来自监管体系。按照《基本养老保险基金投资管理办法》，基本养老保险基金监管仍然沿用了多方共同监管的模式，即人力资源和社会保障部、财政部依法对受托机构、托管机构、投资管理机构及相关主体开展的养老基金投资管理业务情况实施监管，人民银行、银保监会、证监会按照各自职责，对托管机构、投资管理机构的经营活动进行监督。将这种监管模式运用于基本养老保险基金投资运营，需要解决以下四个难题：

第一，作为业务监管主体的人力资源和社会保障部、财政部面临进

---

① 受托管理基本养老保险基金风险基金是社保基金会对于承诺保底收益的委托资金按委托投资合同的约定，对其超额收益的 10% 的分成，用于弥补委托资金到期结算投资收益额与保底收益额不足的部分，不属于委托省份的权益。

② 本书下文还将阐述这个问题。

③ 数据来源于《全国社会保障基金理事会基本养老保险基金受托运营年度报告（2018 年度）》。

一步提升监管能力的压力。虽然由人力资源和社会保障部、财政部负责监管的各类社会保障基金已经很多，特别是在对全国社保基金和企业年金基金的投资运营监管上积累了比较丰富的经验，但是，考虑到各地分别委托专业机构进行基本养老保险基金投资运营的复杂性，他们的监管能力需要进一步提升，特别是在引进专业人才上。然而，作为政府部门，他们在人员编制、经费预算等方面面临较强的约束，制约其监管能力的大幅提升。

第二，各类监管机构之间的协同作战能力将面临考验。在这种监管体系下，人力资源和社会保障部熟悉基本养老保险政策法规，财政部熟悉相关的财政事务，人民银行、银保监会、证监会熟悉各自领域的经营活动，共同构筑了基本养老保险基金投资的监管网。这种监管网要很好地发挥作用，需要各个监管机构具备较强的协同作战能力。这要求在这些机构之间建立更为顺畅的沟通与信息共享机制，以及协同解决具体问题的常规性制度安排。

第三，基本养老保险基金投资委托人的监督能力亟待提升。在这种多头监管体系下，基金投资委托人通常会被置于中心位置，肩负起甄选投资管理人、评估投资管理人业绩等一系列重要使命。按照《基本养老保险基金投资管理办法》，作为基本养老保险基金投资的委托人，省、自治区、直辖市人民政府可指定省级社会保险行政部门、财政部门承办具体事务，也就是说，是这两个省级政府部门在实际履行委托人的主要职责。然而，从目前情况看，这两个省级政府部门在监督基本养老保险基金投资运营上面临着与他们的上级部门类似的难题，而且，他们在专业人才、监督经验等方面可能存在更大不足。

第四，基本养老保险基金投资限制政策应该及时适当调整。对养老基金投资实行严格监管需要专门监管机构；对养老基金投资实行审慎监管，一般不需要专门监管机构，而会形成多方共同监管的局面。而我国基本养老保险基金的投资监管虽采用了多方共同监管模式，但又实行了比较严格的投资限制，例如，投资股票、股票基金、混合基金、股票型养老金产品的比例，合计不得高于养老基金资产净值的30%。这些投资限制，从短期看也许更有利于保障基金的安全，但从长期看，可能会严重影响基金资产的优化配置，需要根据环境变化及时做出调整。

（六）名义上强制性与实际上灵活性并存

从名义上看，城镇职工基本养老保险是强制性的社会保险项目，所有符合条件的单位和劳动者都应该参加，也都应该按照法定的标准履行缴费义务。但是，用人单位和劳动者会不会参加以及会不会按照法定标准缴费，却受到太多的现实因素影响，比如企业的运营状况、劳动者的就业流动性、劳动者是否属于自由职业者等。

实际上，正如本书其他章节所述，扩大覆盖面一直是政府在职工基本养老保险上的工作重点，也取得了十分突出的成果。但是，一般认为，扩面短期内有助于提升制度财务可持续性，但长远看会增加未来的支付压力。更重要的是，城镇职工基本养老保险制度试图将所有城镇就业者都纳入其覆盖范围，反而削弱了其强制性。因为，扩面的过程在一定的程度上讲是将覆盖面从大中型企业向小微企业、从正规就业者向灵活就业者的延伸，但是，考虑到生存压力等因素，政策对小微企业的执行难度时常会比较大；至于灵活就业者，通常是自愿参加的。实际上，很多灵活就业者是在做选择题：参加城镇职工基本养老保险还是城乡居民基本养老保险，或者上述两者都不参加？

那么，参保单位和职工是不是会严格按照法定标准去缴费？这一点强制执行的难度也很大。多年以来,我国城镇职工基本养老保险基金收入实际上一直处于被缩水的状态,其主要原因有以下几个:第一,由于职工劳动收入的非工资化、非货币化程度很高(即劳动收入既有货币收入也有实物收入,而货币收入又包括政府统计口径的工资总额和非工资收入),据保守估计,就社会平均而言,职工工资外的工资性收入至少相当于工资收入的 30%。[1] 也就是说,即使按照政府统计的工资总额缴费,征缴收入也会被缩水大约 23%。第二,虽然我国规定城镇单位职工基本养老保险的缴费基数是工资总额,但却采取自行申报的方式。相当一部分用人单位从自身利益出发,巧借用人单位职工的复杂性,瞒报、少报职工总人数,利用收入分配方式的多样性瞒报、少报职工个人工资,这就使社会保险机构核定缴费工资总额小于统计工资总额。据推算,社会保险经办机构核定的缴费工资总额约为统计工资总额的 90%,也就是说,缴费工资总额又比统计工资总额缩小了 10 个百分点。[2] 第三,虽然法定名义缴费费率保持不变(即 28%),但实际缴费费率逐步下降。有研究发现,在 1997—2008 年,总体缴费费率从 23.8% 下降到 20.1%,下降了 3.7 个百分点;而国有企业平均缴费费率从 22.7% 下降到 18.9%,下降了 3.8 个百分点。[3] 这其中的原因有很多,例如:城镇灵活就业人员的比重逐渐加大,而其缴费费率为 20%,比单位职工的 28% 少了 8 个百分点;由于法定费率相对于法定基础养老金的替代率(即社会平均工资的 20%)而言显得太高,而制度为了内

---

① 张永清:《正确认识当前企业基本养老保险费率和工资替代率》,《中国劳动》2000 年第 12 期,第 14—15 页。

② 张永清:《正确认识当前企业基本养老保险费率和工资替代率》,《中国劳动》2000 年第 12 期,第 14—15 页。

③ 郑秉文:《中国养老保险制度的可持续发展》,2010 年 10 月第五次中欧社会保障高层圆桌会议上的报告。

置再分配功能又弱化了多缴多得的对等原则，单位和职工的缴费积极性受到打击，逃费、断保等事情时有发生，导致遵缴率（即实际缴费人数与登记参保职工人数之比）下降等。如果把上述因素都考虑进去，估计城镇职工基本养老保险基金的征缴收入可能被缩水超过30%。这种征缴收入不断缩水的状况这些年不断恶化，还表现为参保单位和职工的人均负担占城镇就业人员平均工资的比例呈下降趋势。这种趋势虽然整体上可能会减轻企业和职工的负担，但是也会使得他们的负担畸轻畸重，也就是说，越是"善于逃费"的单位和个人，越是能够更多地从中获益。这不仅会形成越来越严重的不公平，而且会对法定名义费率形成倒逼，产生恶性循环。在这样的情况下，考虑到经济下行给企业造成的压力，出于为企业减负的需要，国务院决定将城镇职工基本养老保险单位缴费比例从原规定的20%降至16%，并核定调低了社保缴费基数，必然会对制度的财务可持续性产生冲击。

第七章　影响中国城镇职工基本养老保险制度财务可持续性的几个政策因素

影响城镇职工基本养老保险制度财务可持续性的因素有很多,下一章对此进行模拟分析。在此之前,本章将分析几个重要的政策性因素及其影响,主要是因为,无论是覆盖面、法定退休年龄,还是统筹层次,都是既与城镇职工基本养老保险的制度设计密切相关,又对制度的财务可持续性产生了重要影响。

一、覆盖面与制度财务可持续性

不断扩大城镇职工基本养老保险制度的覆盖面,既是制度发展的客观需要,更是一种政治需要。在 1998 年新制度推广之后,它既要解决历史负担问题,又要遏制制度赡养率快速上升的势头,加之被赋予为更多的劳动者提供基本养老保险的使命,因此,扩大覆盖面就成为了城镇职工基本养老保险制度发展的核心任务。国内学术界对城镇职工基本养老保险制度的覆盖率以及扩面问题已经进行了许多相关的研究。例如,王洪才(2012)从我国城镇职工基本养老保险覆盖面的现状出发,分析了扩大养老保险覆盖面的必要性和合理性,剖析了影响扩面工作开展的因素,主张从立法、明确政府责任、加强养老保险基金的管理运营以及事业单位改革等几个方面着手,并以非公有制企业、城镇个体工商户和灵活就业人员参保工作为重点,推进扩面工作的开展。① 朱冬梅(2005)基于养老基金收支平衡的视角,运用精算学原理,测算出解决收支缺口对扩大覆盖面的人数需求,论证了扩面的可行性;从企业、政策执行机构和职工个人三方面分析了扩大覆盖面中遇到的实际问题,提出了解决扩面难题的建议及应对策略。② 虽然在目前的相关研究中,分别探讨城镇职工基本养老保险制度的扩面问题与财务风险问题的成果比较多,但将两者结合起来的研究还不多。

随着扩面的持续进行,城镇职工基本养老保险参保人数也实现了长期持续增长。1998 年的参保人数还只有 11203.1 万人,到 2018 年已经增长至 41901.6 万人。③ 城镇职工基本养老保险制度覆盖面的扩大,不仅使越来越多的劳动者被纳入该制度的覆盖范围,从而能够享有基本养老保障,而且将在一定的时间内增加征缴收入,从而缓解制度的养老金支付压力,尽管同时也会增加未来的养老金开支。

(一)城镇职工基本养老保险制度扩面及其积极意义

从全国范围看,扩面短期内也确实提高了城镇职工基本养老保险制度的财务可持续性。这主要体现在以下两个方面:

---

① 王洪才:《我国城镇基本社会养老保险"扩面"工作的现状和措施》,《经济研究导刊》2012 年第 11 期,第 66—68 页。

② 朱冬梅:《从基金收支平衡看养老保险扩面需求以及应对策略》,《经济与管理研究》2005 年第 12 期,第 33—36 页。

③ 数据来源于国家统计局网站。

1. 在一定时期内改善了制度参保结构，稳住了制度赡养率

在 1998 年新制度推广之前，城镇职工基本养老保险制度主要覆盖了国有企业、集体企业等大中型企业，而这些企业在养老上的历史负担较重，员工年龄结构偏老，所以制度赡养率在 1989—1998 年之间是快速上升的。然而，由于新制度的政策安排，城镇职工基本养老保险制度赡养率上升的势头暂时遏制住了，并呈现出明显的波动性。这种变化与扩面是密切相关的。

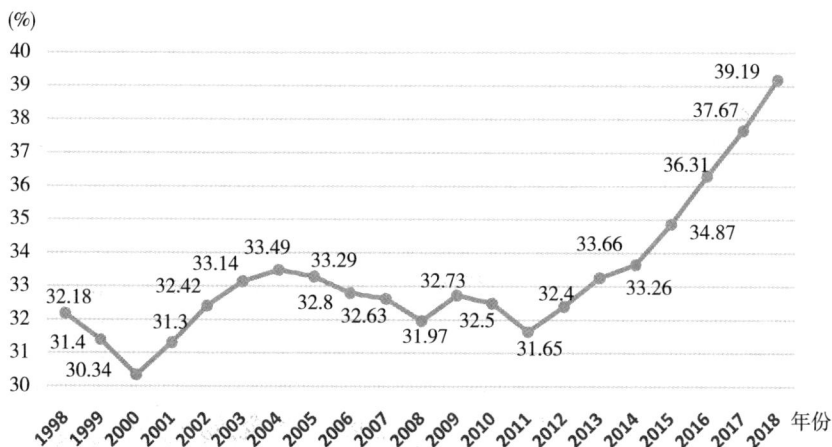

图 7-1　1998—2018 年城镇职工基本养老保险制度赡养率

资料来源：根据国家统计局公布的数据整理、计算。

首先，从城镇职工参保状况看，从 1998 年到 2011 年，制度赡养率一直在 30% 至 34% 之间波动，这与当时覆盖面的扩大是有关的。例如，从 2004 年到 2011 年，除 2009 年制度赡养率有所反弹以外，其他年份的制度赡养率都在下降（参见图 7-1），与参保人数在此期间一直保持了快速增长趋势有关，因为这期间只有 2004 年和 2009 年参保职工人数增长率低于离退休人数增长率。然而，此后 4 年的扩面工作并没有产生同样的效果，而 2012—2016 年制度赡养率连续 4 年从 32.40%

上升到36.31%（参见图7-1），主要原因是参保职工人数增长率快速下降，比同期离退休人数增长率低超过2个百分点。[1]

其次，城镇职工基本养老保险制度覆盖面从企业部门向其他部门的扩展，曾经也有助于降低整个制度的赡养率。在2010年，企业的制度赡养率为36.10%，远远高于事业单位、机关单位和其他人员的制度赡养率，特别是其他人员的制度赡养率只有21.31%。[2] 在这种情况下，向其他部门大力推进扩面工作，有助于稳住制度赡养率。特别是，个体身份参保人员的数量增长十分迅猛，到2013年底已经达到7258.12万人，占参保职工总人数的22.53%，[3]这对于促进整个制度的赡养率在近些年来在一直保持大致稳定发挥了积极作用。然而，在2014年和2015年，其他人员的制度赡养率已经分别达到了新的高点：38.84%和43.84%，超过了企业和事业单位的制度赡养率；[4]事业单位的制度赡养率在2012年就超过了企业，只有机关单位制度赡养率低于企业。[5] 但是，2012—2015年，机关单位的制度赡养率已从28.35%上升至31.84%，这说明，扩面工作将来可能不会再产生抑制制度赡养率上升的作用。

最后，从企业部门看，最初的参保群体主要是国有企业正式职工，接着是集体企业职工，最后是港澳台及外资企业职工和其他各种经济类型企业职工。到2015年底，国有企业参保人数为8214.64万人，其

---

① 根据国家统计局网站相关数据计算而来。

② 郑秉文：《中国养老金发展报告2014》，经济管理出版社2014年版，第15—16页。

③ 郑秉文：《中国养老金发展报告2014》，经济管理出版社2014年版，第13页。

④ 郑秉文：《中国养老金发展报告2016》，经济管理出版社2016年版，第25—26页。

⑤ 郑秉文：《中国养老金发展报告2014》，经济管理出版社2014年版，第16页。

他各种经济类型企业的参保人数达到 1.21 亿人,已经比国有企业参保人数多接近 3885.36 万人。港澳台及外资企业的参保人数也不断增加,总体规模已经接近城镇集体企业,总体参保状况已经发生结构性变化。[①] 而从参保人员的年龄结构来看,国有企业和集体企业参保人员的制度赡养率长期处于高位,在 2010—2015 年,国有企业的制度赡养率也一直处于第二位,且一直处于上升之中,到 2015 年达到了 70.85%;而集体企业的制度赡养率一直处于第一位,先是在 68% 左右徘徊,从 2013 年开始快速上升,到 2015 年已经达到了 77.07%。[②] 与此相比,其他各种经济类型企业、港澳台及外资企业参保职工的制度赡养率仍然处于较低的水平,在 2010—2015 年,港澳台及外资企业的制度赡养率一直是最低的,保持在 3% 至 4% 之间;其他各种经济类型企业的制度赡养率也一直保持在 15% 左右。[③] 这可以在很大的程度上解释为什么在人口老龄化加剧的背景下企业部门基本养老保险制度赡养率近些年来仍然处于下降趋势。

2. 参保职工人数快速增长,推动养老基金的当期结余和累计结余快速增长,基金的可支付月数逐年提高

在政府大力推进扩面工作的情况下,城镇职工基本养老保险的参保职工人数一直保持了快速增长。伴随着缴费人数的快速增长,再加上社会平均工资不断上涨带来的缴费基数的快速提高,作为养老保险基金主要来源的征缴收入快速增长。在 1989 年,我国城镇职工基本养老保险基金收入大约只有 146.75 亿元,而到 2018 年底,基金收入已经

---

① 郑秉文:《中国养老金发展报告 2014》,经济管理出版社 2014 年版,第 16 页。
② 郑秉文:《中国养老金发展报告 2016》,经济管理出版社 2016 年版,第 28 页。
③ 郑秉文:《中国养老金发展报告 2014》,经济管理出版社 2014 年版,第 18—19 页。

增长到 51167.6 亿元。① 在这期间，除了 1998 年收不抵支外，其他年份都存在一定的当期结余。与此同时，我国城镇职工基本养老保险基金累计结余的增长更为迅速，在 1989 年只有大约 68.99 亿元；到 2018 年底，城镇职工基本养老保险基金累计结余已经达到了 50901.3 亿元。② 累计结余的快速增长保证了城镇职工基本养老保险制度支付能力的不断提高。如图 7-2 所示，从 1998 年到 2011 年，城镇职工基本养老保险基金的可支付月数一直在上升之中，从 4.57 个月上升到 18.46 个月。此外，一些省份的可支付月数更是令人吃惊，例如，2015 年，广东省可支付月数高达 53.13 个月，北京、新疆和西藏的可支付月数也都超过 30 个月③。

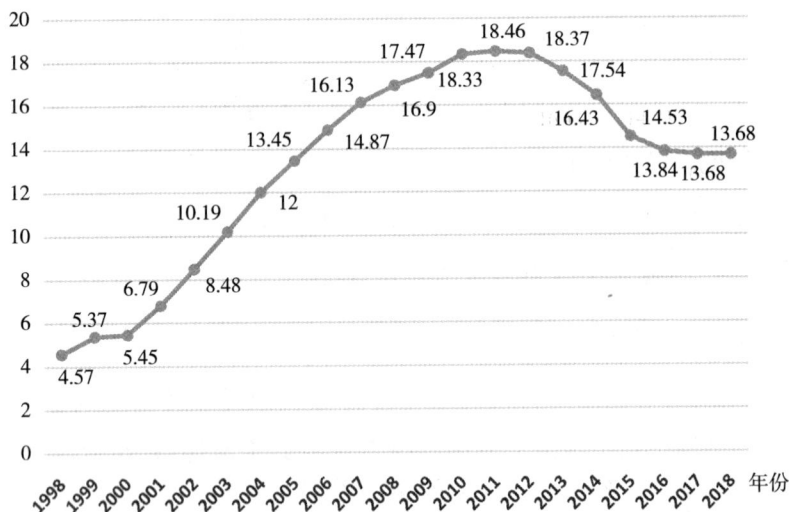

图 7-2 1998—2018 年城镇职工基本养老保险基金可支付月数

资料来源：根据国家统计局公布的数据整理、计算。

---

① 数据来源于国家统计局网站。
② 数据来源于国家统计局网站。
③ 郑秉文：《中国养老金发展报告 2016》，经济管理出版社 2016 年版，第 86 页。

（二）扩面对制度财务可持续性产生了深远影响

尽管未来一段时间内扩面仍将是政府工作的重点，但是，扩面工作对财务可持续性的正面效应会逐渐变小，并在未来某个时点变成负面效应。这一转变过程具有以下几个特点：

1. 制度的扩面潜力会越来越小，难度也会越来越大

经过这么多年的扩面，目前各类大中型企业职工都已经基本上参加了城镇职工基本养老保险制度，许多有较强缴费能力的小型企业职工、个体工商户和自由职业者也逐渐加入，使得城镇就业者中参加城镇

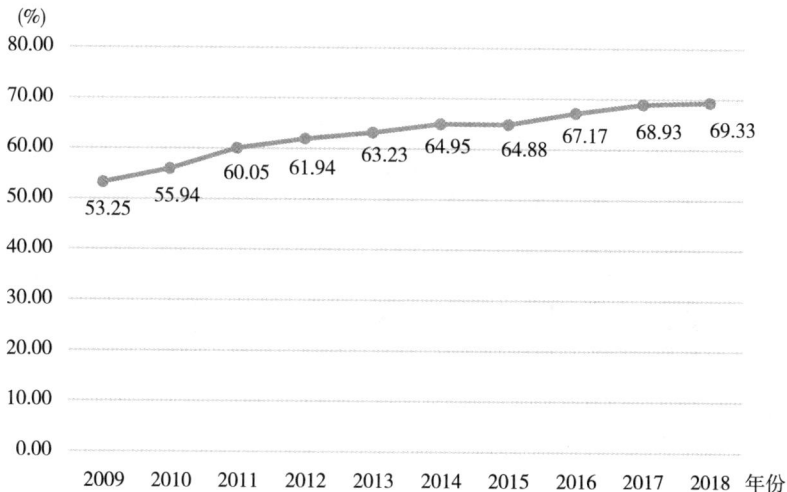

图 7-3　2009—2018 年参保职工人数与城镇就业人数之比

资料来源：国家统计局网站。

职工基本养老保险者所占比例持续上升。如图 7-3 所示，在 2009 年至 2018 年期间，参保职工人数与城镇就业人数之比从 53.25% 上升至 69.33%。虽然还有大约 30% 的城镇就业人员没有加入城镇职工基本养老保险，但他们大多是缴费能力较差、参保意愿不强的劳动者，因而

基本上都属于扩面工作"难啃的骨头"。而且,其中还有一部分人会选择加入城乡居民基本养老保险。这就意味着,城镇职工基本养老保险未来扩面的潜在空间在不断萎缩,从长远来看,扩面总有到头的一天,扩面的"机会窗口"也会逐渐闭合。

2.潜在扩面对象也在快速老化,扩面已不再能够起到抑制制度赡养率上升的作用

随着20世纪五六十年代人口出生高峰期的人越来越多地进入退休年龄,我国的人口老龄化将呈现加速趋势。2009—2018年,中国0—14岁人口和15—64岁人口占总人口的比重都在下降,只有65岁及以

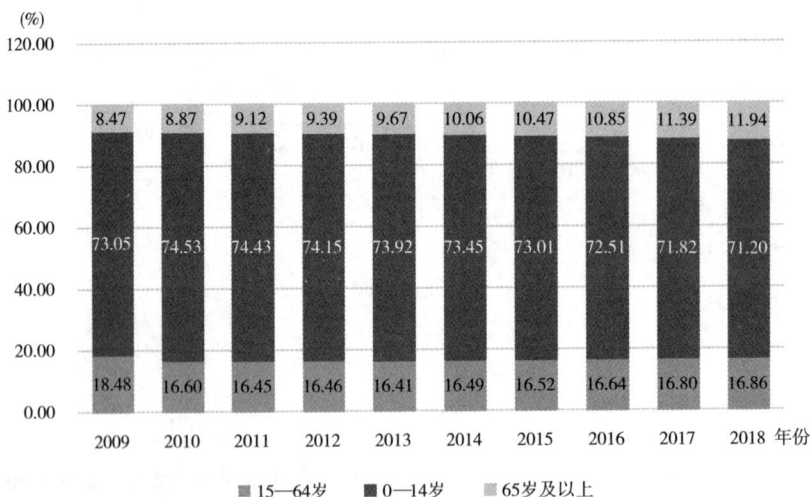

图7-4 2009—2018年中国人口年龄结构变化

资料来源:国家统计局网站。

上人口所占比重在持续上升(参见图7-4)。这里尤其值得注意的是,即使是国家采取了全面"二孩"政策之后,少儿抚养比(0—14岁人口占15—64岁人口的比例)也只是小幅度反弹,这意味着未来进入劳动力队伍的人数将急剧减少。在这样的背景下,潜在的扩面对象也在快速

老化,扩面已不再有抑制制度赡养率上升的作用。例如,在 2011—2015 年,企业的制度赡养率在连续四年下降之后开始上升,达到 31.9%;而其他人员的制度赡养率在 2014 年上升至第一位以后继续上升,2015 年达到 43.84%;2015 年机关事业单位的制度赡养率虽然最低,但此前 5 年一直处于上升之中;其他行业的制度赡养率也处于上升之中,2015 年银行和事业单位的制度赡养率分别处于第二位和第三位,分别为 41.00%和 38.22%。① 可以预见,不管是否继续大力扩面,今后一段时期内,城镇职工基本养老保险制度赡养率快速上升的趋势会继续下去。

3. 扩面工作将强化未来的养老金支付责任

目前的扩面工作显然能够增加当前的征缴收入,但是,当前征缴收入的增长意味着未来养老金支付责任的更多增长。其理由有三:第一,任何新加入的群体将来都会领取养老金,其中他们将会领取的基础养老金是基本养老保险制度的净负债,因为他们所交的相应费用已经被用于发放比他们更早退休的人的养老金;他们将要领取的个人账户养老金也可能没有足够的资产积累,因为个人账户资金被挪用而形成的空账不一定能及时补上,而且,基金投资渠道不畅,难以实现保值增值。第二,经过强力扩面工作才加入城镇职工基本养老保险的群体通常是平均收入水平较低的中下层劳动者,他们往往是收入再分配的受益者,也就是说,加入的群体越多,国家需要投入的再分配资金就越多。第三,为了推进扩面工作,一些地方政府采取了增强制度吸引力的优惠措施,如降低特定群体的缴费费率等,这会减少制度的征缴收入却没有相对应地降低未来养老金支付责任。当然,这里不是强调因恐惧未来的

---

① 郑秉文:《中国养老金发展报告 2016》,经济管理出版社 2016 年版,第 25 页。

养老金支付责任而反对扩面，而是提醒不要为了暂时的"好处"而忽视未来的风险。这种情况说明，城镇职工基本养老保险制度从企业向其他行业的扩面已经无助于抑止整个制度的制度赡养率，特别是向其他人员的扩面将抬高整个制度的制度赡养率。因此，继续向其他人员（尤其是缺乏一定缴费能力者）进行扩面应该十分慎重，否则将对整个制度未来的财务可持续性产生不利的影响。①

二、法定退休年龄与制度财务持续性

多年以来，随着政府主管部门不断透露提高法定退休年龄的改革意向，延迟退休问题引起了越来越大的社会争议，官员、研究者乃至普通民众都纷纷加入了这场大讨论。客观上讲，法定退休年龄改革有其必要性，因为我国目前的退休年龄规定来自 1978 年国务院通过的两个办法，这些规定已经难以与当前社会经济（特别是人口年龄结构）的客观情况相协调。特别是，随着人口老龄化加速，养老金支付压力将不断增大，政府主管部门提出提高法定退休年龄的改革意向，当属意料之中的事情。然而，处于不同背景下的社会大众会基于各自利益对这一改革持有截然不同的立场。即使是在学术界，对这个问题也有不同的声音：一部分研究者大力支持延迟退休年龄，最主要的理由是可以减轻制度的债务压力。有研究者测算发现，如果提高法定退休年龄，到 2020 年我国养老金隐性债务会降低。② 还有研究者认为，提高退休年龄对我国二元劳动力市场的人力资本的传导有重要作用，会带来人力资源

---

① 郑秉文：《中国养老金发展报告 2016》，经济管理出版社 2016 年版，第 25 页。
② 林宝：《提高退休年龄对中国养老金隐性债务的影响》，《中国人口科学》2003 年第 6 期，第 48—52 页。

存量的增加和人力资源质量的改善。不过,提高退休年龄会改变同一代以及不同代的劳动力之间的利益分配格局,进而会影响社会公平,因此在具体实施的时候应该慎重。[1] 有研究者分析了欧债危机下西方福利国家养老金改革趋势,强调西方国家提高法定退休年龄的政策改革的有效性,并且认为,我国目前的法定退休年龄偏低,需要提高法定退休年龄来对我国养老金制度中的各项参数进行调整,使我国养老金制度的财务问题得到改善。[2] 另外一部分研究者反对提高法定退休年龄。一些研究者质疑我国学术界支撑提高退休年龄的诸多理由,认为这些理由有内在的缺陷,我国提高法定退休年龄尚不可行。[3] 还有一些研究者分析了提高法定退休年龄可能带来的不利影响。例如,在《中国经济周刊》推出的一个专论中,有研究者指出,提高法定退休年龄对大学生就业的影响比较严重,因为大学生的就业取向主要偏向于正规部门,延迟退休年龄会导致正规部门人员更新变慢,大学生进入正规部门系统会很难;还有研究者认为,我国当前还处在人口红利时期,活跃的劳动力资源比较丰富,让这些处于黄金时期的劳动力就业对社会经济发展有巨大推动作用,延迟退休年龄会将这种劳动力的优势转化为一种就业负担,对中国经济的发展不利。[4] 不过,学术界从社会分层的角度分析退休年龄问题的研究还不多。基于这样的考虑,本章通过个人效用模型得出个人效用最大化下的退休年龄区间,分析不同阶

---

[1]　袁廿一:《延长退休年龄影响人力资本的传导机制研究》,《人口与经济》2011年第4期,第29—34、57页。

[2]　郑秉文:《欧债危机下的养老金制度改革——从福利国家到高债国家的教训》,《中国人口科学》2011年第5期,第2—15页。

[3]　姜向群、陈艳:《对我国当前推迟退休年龄之说的质疑》,《人口研究》2004年第5期,第69—74页。

[4]　穆易:《中国是否应该推出弹性退休制度》,《中国经济周刊》2004年第38期,第20—23页。

层在该区间内进行的不同的退休年龄选择，并针对不同阶层的退休年龄选择，提出了一些合理的政策建议。

（一）个人效用模型下退休年龄区间的计算[①]

1. 个人效用模型的引用及其调整

假设每个劳动者都在个人效用最大化的前提下选择适合自己的退休年龄，就可以计算出相应的退休年龄区间。适用的个人效用模型，学术界早已提出，这里借鉴其他研究者使用过的一个个人效用模型[②]。该模型的假设前提是个人的两种状态：完全工作状态和完全退休状态，并且不存在其他状态。该模型的主要变量是参加工作年龄 t_0，退休年龄 R，死亡年龄 T，名义利率 r，退休前死亡概率 p，个人效用 u。作者从个人的两种状态得出两个状态下的个人效用函数，进而得出个人的总效用函数，通过数学计算，得出在个人效用最大值处，退休年龄（此处认为是模型计算下的最佳退休年龄）与参加工作年龄、死亡年龄、名义利率的函数关系，其公式如下：

$$R^* = \frac{\ln\left[(1+r)^{1-t_0} + (1+r)^{-T}\right] + (T + t_0 - 1)\ln(1+r) - \ln2}{\ln(1+r)}$$

$$(7-1)$$

之所以选择这个模型，是因为它通过经济学模型，在退休年龄与相关的可得变量（即参加工作年龄、名义利率、死亡年龄）之间建立了定量的函数关系，使得退休年龄这一政策规定的设定具有了一定的精确性。

[①] 本部分的写作得到了我的学生杨祖昊的协助，在此表示感谢。

[②] 曲双石：《基于个人效用最大化的最优退休年龄分析》，《山东财经学院学报》2009 年第 3 期，第 57—63、73 页。

2. 相关参数取值的调整

为了利用上述模型进行分析,需要对相关参数的取值进行调整,使其更为合理。这主要涉及以下三个方面:

第一,参加工作年龄的选择。对于参加工作年龄,一些研究采用15 岁以上人口平均受教育年限加上假设的入学年龄计算得出,这种取值方法忽视了城乡差异。考虑到主要是城镇就业者受到法定退休年龄政策的影响,而农民所受到的影响较小,因此该参数的取值需要重新考虑。2013 年政府工作报告中指出当前中国 15 岁以上人口平均受教育年限为 9 年,假设 7 岁开始上学,那么,可以参加工作年龄为 16 岁。① 但是,由于城镇居民的受教育年限普遍高于农村居民,城镇居民平均参加工作年龄应该大于 16 岁。为了更准确地计算 15—59 岁人口的平均参加工作年龄,需要做出以下假定:学历在初中以下的人口均在 16 岁参加工作,因为我国劳动法规定最低就业年龄是 16 周岁;高中毕业就参加工作者的参加工作年龄为 18.5 岁,因为我国目前小学入学年龄大多在 6—7 岁之间;以此类推,大专毕业者、大学毕业者和研究生毕业者参加工作的年龄分别为 21.5 岁、22.5 岁和 25.5 岁。如表 7-1 所示,用2010 年 15—59 岁人口的学历构成与参加工作年龄的数据,经过加权,可以得到这个群体平均参加工作年龄大约为 18 岁。

第二,死亡年龄的选择。对于死亡年龄,一般采用官方公布的中国人均预期寿命,但这忽略了城乡地区差异。根据全国第五次人口普查的结果,2000 年我国人口平均预期寿命为 71.40 岁,但城镇居民人均预期寿命为 75.21 岁。根据全国第六次人口普查数据,2010 年我国人口平均预期寿命达到 74.83 岁,比 2000 年提高了 3.43 岁。如果城乡

---

① 温家宝:《政府工作报告——2013 年 3 月 5 日在第十二届全国人民代表大会第一次会议上》,人民出版社 2013 年版。

居民人均预期寿命同步提高，那么，2010 年城镇居民人均预期寿命将达到 78.64 岁。这里取城镇居民预期寿命作为死亡年龄更为合适，因此，$T = 78.64$。

表 7-1　2010 年城镇 15—59 岁人口学历构成与参加工作年龄

	初中以下学历	高中	大专	大学	研究生
人数(千万人)	25204	13955	5920	4260	402
所占比例(%)	50.67	28.05	11.90	8.57	0.81
参加工作年龄(岁)	16	18.5	21.5	22.5	25.5

注：在第六次全国人口普查数据中，有城市和镇的 6 岁及以上人口受教育程度的相关数据，也有城市和镇的 15 岁及以上人口的相关数据；由于 14 岁及以下的人口很少能够初中毕业，所以上述两个数据的差额基本上都是属于初中以下学历的人口数，将这个差额从 6 岁及以上人口初中学历以下人口数中扣除，就可以得到 15 岁及以上人口中初中以下学历的人口数。同样，在第六次全国人口普查数据中，也有城市和镇的 60 岁及以上人口的相关数据，但是没有这个群体的学历构成。幸运的是，在 2010 年达到 60 岁及以上的人，是属于 1950 年之前出生者；根据1964 年第二次人口普查数据，当时拥有高中学历和大学学历的人口仅仅占全国人口的1.84%，由此可以判断 2010 年达到 60 岁及以上的人口基本上都属于初中以下学历的人口。这样，可以从初中学历人口中直接扣除 60 岁及以上的人口数，尽管这样做不够精确。最后，就可以得到表中 2010 年城镇 15—59 岁人口学历构成。

资料来源：第六次全国人口普查数据来自网站 http://www.stats.gov.cn/tjsj/pcsj/rkpc/6rp/indexch.htm；第二次人口普查的数据来自网站 http://www.stats.gov.cn/tjgb/rkpcgb/qgrkpcgb/t20020404_16768.htm。

第三，名义利率的选择。对于名义利率，一般选择 1 年期存款利率。然而，从较长的时期看，1 年期存款利率会发生比较明显的波动，因此，如果选择较短的时间区间进行计算，将因缺乏稳定性而使可信度下降，因此，选择较长时间序列的数据进行计算更为有效。如表 7-2所示，在 1993—2012 年的 20 年间，1 年期存款利率存在较大的波动。如果取这 20 年间 1 年期存款利率的平均值作为名义利率，那么，$r = 4.41\%$。

表7-2　我国1993—2012年1年期存款利率

单位:%

年份	名义利率	年份	名义利率	年份	名义利率	年份	名义率
1993	9.24	1998	5.22	2003	1.98	2008	3.28
1994	10.98	1999	3.02	2004	2.12	2009	2.25
1995	10.98	2000	2.25	2005	2.25	2010	2.5
1996	9.21	2001	2.25	2006	2.39	2011	3.13
1997	6.57	2002	1.98	2007	3.33	2012	3.25

注:表中1年期存款利率是经过笔者重新计算得来的,即为当年分段计息利率的简单平均数。
资料来源:中国人民银行网站,《中国统计年鉴》。

3. 最优退休年龄区间计算

将上述三个数据代入到公式(7-1)中计算,得出最优退休年龄 $R^* = 64.14$。这个数值可以作为我国调整标准退休年龄的参考值。我国现行的法定退休年龄一般为60岁,明显低于这一模型计算的一般状态下的大多群体的最优退休年龄。这表明,延迟退休年龄似乎应该成为一种趋势。然而,对于不同的群体而言,最优退休年龄差异很大,因为,在计算最优退休年龄时,除了名义利率 r 的变动与个人无关外,每个个体的死亡年龄 T 与参加工作年龄 t_0 均有所不同。假定 r 和 T 不变,一个16岁参加工作的人,最优退休年龄为64岁;一个典型的博士研究生,参加工作年龄为28.5岁,最优退休年龄为65岁。如果以16岁参加工作的人的最优退休年龄为下限,以一个典型的博士毕业生的最优退休年龄为上限,可选择的最优退休年龄区间是64岁至65岁。这里需要强调的是,虽然这两个群体参加工作年龄相差12.5岁,但最优退休年龄仅仅相差一年。如果假定不同群体的预期寿命是不同的,则不同群体之间最优退休年龄的差异可能会发生变化。然而,不幸的是,几乎没有有关不同群体不同预期寿命的可靠的经验数据。不过,即使剔除这一因素，也可以从这个角度证明我国目前应该把法定标准退休年龄提高到64岁，并在将来进一步提高到65岁。

（二）不同群体的退休年龄选择分析

虽然前文以个人效用最大化模型为基础得出了一个弹性退休年龄区间，以便于不同群体选择适合自身特点的退休年龄，但是，整个社会对退休年龄的看法与选择已经超越了前文所研究的范畴，而是呈现出明显的社会分层特征，即不同的社会群体的立场和选择存在着显著差异。这里简单分析一下社会上几个主要群体可能的退休年龄选择。

首先，对于受教育程度较低，没有良好的技术或专门知识，主要依靠简单劳动获得较低的劳动报酬的群体，这个群体中的大部分人在达到一定的年龄之后继续工作所获得的劳动报酬将难以得到快速增长甚至会有所下降，与工作相伴的各种风险会加大，而再就业能力会急速下滑，因此，如果养老保险制度能够提供不错的养老金待遇，他们一般会选择较早退休。这个群体的退休年龄选择，还存在着其他一些影响因素：帮助子女照顾幼童以及处理家务的想法，会诱使他们较早退休；如果身体健康，另找一份工作的打算也会诱使他们较早退休，但这个阶层的人一旦退休另外再找到一份正式工作的难度较大；此外，这个群体中可能会有不少人无法根据自身情况做出理性选择，而是因一些意外或突发事件而随意选择退休时间。

其次，对于自身掌握专门知识或技术的人群，比如医务人员、工程师等，这个群体通常拥有较高的文化水平，能够比较理性地做出退休年龄选择。正是由于掌握有专门知识或技术，这个群体的再就业能力比较强，而且，只要身体健康，这种再就业能力通常不太受到年龄增长的束缚,而是更多地受到知识或技术进步的束缚。对于这个群体而言,收益最大化的一个可能选择是:只要政策允许就提前退休,一边领取退休金,一边再找一份工作获取工资收入。而且,存在两个因素强化他们做出这种选择的意愿:一是其中许多人有比较强的留遗产的意愿,这使得他们宁愿放弃退休后的闲暇享受;二是现行统账结合的财务制度有可能会使其中一部分人觉得缴费时间越长越不划算。不过,其中也有少数人在掌握专门知识或技术的同时掌握一定的权力,一旦离开原单位将丧失这种权力,因而会做更为仔细的权衡。其中还有一些人因为其他原因而不再就业,例如需要帮助工作压力大且收入不菲的子女照看幼童。

此外,还有一些拥有权力,掌握资源,能够制定政策或者具有一定的决策权的人群。这个群体往往比较理性,一般会考虑权力、收入和声望等因素,从而做出退休年龄选择。对于他们而言,虽然权力、收入和声望三者往往是相互关联的,有时候也是可以相互转化的,但权力处于核心位置。拥有权力,一般就会拥有相应的收入(甚至包括相当可观的灰色收入乃至黑色收入),也可以赢得相应的声望;而一旦不再拥有权力,收入和声望都有可能急速下降。虽然其中的一部分人可以通过再就业获得一定的收入补偿,或者从闲暇中获得快乐作为补偿,但是,对其中许多人来说,失去权力所带来的声望损失以及随之而来的巨大的心理落差,几乎是难以忍受的。因此,对这些人来说,提前退休意味着提前失去权力,而推迟退休则意味着继续拥有权力,支持推迟退休也就在情理之中。

总而言之,如果任由劳动者根据个人利益最大化选择退休年龄,那么拥有权力,掌握资源,能够制定政策或者具有一定的决策权的群体大多会选择较晚退休;自身掌握专门知识或技术的群体大多会选择较早退休;而受教育程度较低,没有良好的技术或专门知识,主要依靠简单劳动获得较低劳动报酬的群体大多会选择较早退休。这也就是当前大部分劳动者都反对延迟退休的基本原因。

(三)法定退休年龄与财务可持续性

从理论上看,在确定收益制下,法定退休年龄的变化一般会对养老保险制度的财务持续性产生显著影响,因为,它既会影响制度的收入,也会影响制度的支出。假设法定退休年龄提前1年,就意味着,参保者少交1年的费用,同时多领取1年的养老金。在这种情况下,如果确定收益制度下养老金待遇与缴费年限无关,那么,上述法定退休年龄变化带来的额外财务成本将完全由制度负担。如果确定收益制度下养老金待遇仍然是与缴费年限正相关的,那么上述法定退休年龄变化带来的额外财务成本仍然将完全由制度负担,但额外成本会相对小一些。而在确定缴费制下,法定退休年龄的变化一般不会对养老保险制度的财务持续性产生显著影响,因为,它会直接反映在劳动者的养老金水平上。也就是说,同样假设法定退休年龄提前1年,那么,参保者还是少交1年的费用,同时多领取1年的养老金,但养老金水平会随之降低。但是,在现实中,没有绝对的确定缴费制,如果确定缴费制附带了其他确定收益性因素,那么它也会为制度带来额外成本,从而影响制度的财务可持续性。比如,如果确定缴费制下对养老保险基金提供了最低收益率保证,由此产生的额外成本会因退休年龄而变化,但毕竟制度所要负担的相关成本要比确定收益制下小得多。如果确定缴费制下提供了最低养老金水平保证,制度也可能会因法定退休年龄提前而负担稍多的相关成本。

在中国城镇职工基本养老保险制度中,法定退休年龄变化对制度

财务可持续性的影响比较复杂,可以从以下几个方面来看:

从收入来看,法定退休年龄的变化会影响用人单位和劳动者的缴费时长,从而影响缴费总额,因而,无论是统筹账户基金还是个人账户基金,收入都会受到影响。

从养老金开支来看,中国在新制度推行时将参保者划分为"老人"(即新制度开始推行时已经退休的人)、"中人"(即新制度开始推行时正在工作的人)和"新人"(即新制度开始推行之后开始工作的人),分别实行不同的养老金计算办法。对"老人"实行的是"老办法","老办法"基本上就是确定收益制,但他们在新制度推行时就已经退休了,因而此后的法定退休年龄的变化基本上不会产生新的影响。"中人"的养老金包含三个部分:基础养老金、个人账户养老金和"过渡性养老金"。而"新人"的养老金只包括基础养老金和个人账户养老金。基础养老金是确定收益制的,一开始相当于当地上年度社会平均工资的20%,后来加入了个人缴费年限因素,因而法定退休年龄的变化仍然会对它产生一些影响。"过渡性养老金"是对"中人"在新制度推行前的劳动的一种补偿,因而此后的法定退休年龄的变化也不会对"过渡性养老金"产生新的影响。个人账户养老金是确定缴费制的,养老金待遇主要取决于缴费及其收益,因而法定退休年龄的变化显然会对个人账户养老金产生影响。

将收入和养老金支出相结合来看,法定退休年龄变化对统筹账户基金收入的影响十分显著,但对由统筹账户所支撑的养老金开支影响比较小,其中,对"老人"的养老金开支和"中人"的"过渡性养老金"开支几乎没有影响,对基础养老金开支的影响也比较有限。这意味着,法定退休年龄变化对统筹账户基金收支平衡具有重要意义。如果将法定退休年龄提高至前文所说的 64 岁,将很大地改善统筹账户基金的财务状况。但是，正如前文所述，由于统筹账户基金的基本问题是它承担了过多的支付压力，特别是来自转制成本的压力，因此，单靠提高法定退休年龄并不足以解决其财务问题，还需要通过国有股转持等方式另外筹集大规模储备基金。个人账户基金的养老金开支是与其缴费紧密相关的，如果个人账户基金的收益直接来自于市场化投资，而参保者又拥有投资决策权，那么，法定退休年龄变化所带来的财务冲击将主要由参保者个人承担。也就是说，如果将法定退休年龄提高至64岁，那些按照这个年龄退休的劳动者的个人账户养老金水平会被提高；反之则会被降低。但中国城镇职工基本养老保险的个人账户养老金显然不是这样的，不仅参保者个人从来没有被授予投资决策权，而且个人账户的收益一直是由国家政策决定的，先是银行存款利率，后来是记账利率。在这种情况下，法定退休年龄变化所带来的财务冲击也有一部分会由制度承担。

如果在规定法定标准退休年龄的同时，允许劳动者根据个人利益最大化选择退休年龄，又会产生什么结果？如前文所述，一些拥有权力，掌握一定资源的群体大多会选择较晚退休；拥有较高文化水平，掌握专门知识或技术的群体大多会选择较早退休，也有一部分会选择较晚退休；受教育程度较低，没有良好的技术或专门知识，主要依靠简单劳动获得较低劳动报酬的群体绝大部分都会选择较早退休。由于大部分劳动者是属于上面最后一类群体，所以，在这种情况下，为了避免对制度财务可持续性产生很大冲击，就需要改革制度，大幅度提高养老金待遇与缴费时长的关联度。但如果这样做的话，底层老年人贫困化问题又可能恶化。因此，政策选择需要在这两者之间权衡。

三、地区差异、统筹层次与财务可持续性

从 1998 年基本定型到现在,城镇职工基本养老保险制度已经走过了 20 个年头。在这个过程中,地区差异问题既是制度选择的必然结果,也是制度改进必须要考虑的核心要素之一。特别是近些年来,职工基础养老金全国统筹被提上了越来越重要的议事日程:2011 年 3 月发布的《中华人民共和国国民经济和社会发展第十二个五年规划纲要》提出了要实现基础养老金全国统筹;2013 年 11 月十八届三中全会《中共中央关于全面深化改革若干重大问题的决定》重申了要实现职工基础养老金全国统筹;2016 年 3 月发布的《中华人民共和国国民经济和社会发展第十三个五年规划纲要》又提出了要实现职工基础养老金全国统筹;2017 年 10 月党的十九大报告提出要尽快实现养老保险全国统筹;2021 年通过的《中华人民共和国国民经济和社会发展第十四个五年规划和 2035 年远景目标纲要》再次提出要实现基本养老保险全国统筹。而要分析职工基础养老金全国统筹问题,就避不开地区差异问题。而当前城镇职工基本养老保险制度财务出问题的一个突出表现就是地区差异。2013 年出现了第一个收不抵支的省份(即黑龙江),到 2015 年收不抵支的省份增加为 7 个(即黑龙江、西藏、辽宁、河北、吉林、陕西和青海);[①]与此同时,以广东为代表的一些省份基金累计结余仍然在以较快的速度增长。人们迫切地想知道:这么多年来,城镇职工基本养老保险制度的地区差异发生了什么样的变化? 这些变化是什么原因造成的? 它与全国统筹之间存在什么样的联系?

---

① 薛惠元、郭文尧:《城镇职工基本养老保险基金收支状况、面临风险及应对策略》,《经济纵横》2017 年第 12 期,第 74—84 页。

学术界一直很重视对城镇职工基本养老保险制度的研究，从最初的制度方案设计，到后来的扩大覆盖面、财务可持续性、制度公平性、统筹层次、基金管理等各个具体领域，都有不少优秀的研究成果。而其中许多成果都或多或少地提到了地区差异问题，如吕玉红等（2010）[1]、郑功成（2010）[2]、郑秉文等（2012）[3]。但是，专门深入剖析城镇职工基本养老保险地区差异的研究还比较少，分析其变化趋势的研究更是少见。下文将利用已有的资料，分析2010—2015年城镇职工基本养老保险的地区差异的一些变化，尽可能地展现出其动态与趋势，从而为回答前述问题提供一些参考。之所以选择2010—2015年这个时间段，主要是因为：第一，来自人力资源和社会保障部的比较翔实的数据正是这个时间段的数据；第二，在这个时期，城镇职工基本养老保险制度设计没有发生大的变化；第三，正是在这段时期内，地区差异问题因制度财务可持续性问题而进一步凸显出来。

（一）地区差异变化情况

考虑到几个关键指标基本上能够反映各地城镇职工基本养老保险发展的差异，而所能够获得的数据也可以支撑对这几个关键指标的分析，本小节从以下几个方面分析2010—2015年城镇职工基本养老保险地区差异的动态变化情况：

---

① 吕玉红、申曙光、彭浩然：《城镇职工基本养老保险制度的公平性研究——基于广东省行业视角的分析》，《学术研究》2010年第10期，第43—48页。

② 郑功成：《尽快推进城镇职工基本养老保险全国统筹》，《经济纵横》2010年第9期，第29—32页。

③ 郑秉文、孙永勇：《对中国城镇职工基本养老保险现状的反思——半数省份收不抵支的本质、成因与对策》，《上海大学学报（社会科学版）》2012年第3期，第1—16页。

1. 制度赡养率及其变化

制度赡养率(养老保险制度内离退休人数与在职职工人数之比)是衡量城镇职工基本养老保险制度负担的一个重要指标。在2010—2015年,全国城镇职工基本养老保险制度赡养率从32.50%上升至34.87%,上升的幅度也不是很大。但是,各个省份的情况却差异很大。例如,作为制度赡养率一直最低的省份,广东省2010年的制度赡养率仅为11.81%,到2015年又进一步下降至10.26%。而制度赡养率本来就高的黑龙江在此期间上升了11.23个百分点,达到72.83%。2010年,制度赡养率最低的五个省份的制度赡养率平均值为19.54%,制度赡养率最高的五个省份的平均值为57.88%,两者之间的差值为38.34个百分点。到了2015年,前五名省份的制度赡养率平均值为21.7%,后五名省份的制度赡养率平均值为62.69%,两者之间的差值扩大至40.99个百分点。从所有省份城镇职工基本养老保险制度赡养率的标准差和极差的变化看,也存在类似的情况。在2010—2015年,城镇职工基本养老保险制度赡养率标准差从12.24%上升至13.82%,极差从52.8%上升至62.57%(参见图7-5)。

图7-5　2010—2015年地区间城镇职工基本养老保险制度赡养率相关指标

资料来源:人力资源和社会保障部。

这表明,各个省份的城镇职工基本养老保险制度赡养率离散程度不断上升,差异不断扩大。

2.基金结余率及其变化

养老保险基金结余率(即养老保险基金当期结余额与养老保险基金当期收入之比)是可以反映城镇职工基本养老保险财务收支状况的基本指标之一。为了比较各地城镇职工基本养老保险基金结余率的差异及其变化,可以将全国各省份研究中不包括香港、澳门、台湾划分为四大地理区域:东部包括北京、天津、河北、上海、江苏、浙江、山东、广东、海南、福建,中部包括安徽、山西、河南、江西、湖北、湖南,西部包括四川、贵州、云南、西藏、重庆、陕西、甘肃、青海、宁夏、新疆、内蒙古、广西,东北包括辽宁、吉林、黑龙江。

首先看不同区域之间的城镇职工基本养老保险基金结余率差异及其变化。2010年,四个区域的城镇职工基本养老保险基金结余率均值最高的为西部的20.88%,最低的为东北的3.59%,两者相差17.29个百分点。到了2015年,结余率最高的为东部的15.94%,最低的为东北的-10.92%,两者之间的差值高达26.86个百分点。在2010—2015年,尽管所有区域城镇职工基本养老保险基金结余率均值都呈现先上升后下降的形态,但东部下降的幅度较小,中部和西部下降的幅度较大,而原本结余率最低的东北下降的幅度最大(参见表7-3)。这说明,各个区域之间城镇职工养老保险基金结余率的差异不仅依然存在,而且进一步扩大,特别是财务状况最糟糕的区域被抛得更远。

表7-3　2010-2015年各区划内城镇职工基本养老保险基金结余率相关指标

单位:%

		2010 年	2011 年	2012 年	2013 年	2014 年	2015 年
均值	东部	15.92	23.60	23.08	19.78	16.07	15.94
	中部	17.03	24.01	20.43	16.87	11.52	8.75
	西部	20.88	25.56	18.36	15.81	12.49	9.82
	东北	3.59	8.35	5.64	3.47	-2.47	-10.92
极差	东部	37.21	39.23	39.36	37.23	36.81	48.31
	中部	15.59	16.49	15.21	18.54	18.02	18.39
	西部	37.63	34.49	29.32	34.65	36.92	40.91
	东北	5.05	17.03	12.77	16.81	15.18	11.73

资料来源:人力资源和社会保障部。

再看各个区域内城镇职工基本养老保险基金结余率的差异及其变化。如表7-3所示,2010年,各个区域内城镇职工基本养老保险基金结余率的极差(即区域内结余率最高的省份与结余率最低的省份之间的结余率之差)有所不同,西部和东部分别高达37.63%和37.21%,而中部和东北分别为15.59%和5.05%。到了2015年,各个区域内的极差值均有所上升,西部和东部分别高达40.91%和48.31%,中部和东北分别为18.39%和11.73%。在2010—2015年,各个区域内城镇职工基本养老保险基金结余率的标准差也都有所上升,东部地区从12.10%上升到14.98%,中部地区从5.51%上升到6.64%,西部地区从11.89%上升到12.20%,东北地区从2.55%上升到6.71%。这表明,各个区域内城镇职工基本养老保险基金结余率的差异进一步扩大。

综上所述,从城镇职工基本养老保险基金结余率来看,不仅各个区域之间,而且各个区域内部各个省份之间都存在着巨大的差异。在2010—2015年,这种差异不仅没有缩小,反而在进一步扩大。与那些城镇职工基本养老保险基金财务状况本来就较好的地方相比,那些财务状况本来就较差的地方的差距进一步拉大。

3. 可支付月数及其变化

可支付月数(即基金累计结余除以基金月支出额)是衡量城镇职工基本养老保险基金支付能力的一个重要指标。在2010—2015年,全国城镇职工基本养老保险基金可支付月数从17.47个月下降至16.43个月,下降的幅度并不是很大。但是,各个省份的变化却存在显著不同。2010年可支付月数最多的5个省份的可支付月数平均值为34.27,到2015年上升至35.14;而2010年可支付月数最少的5个省份的可支付月数平均值为7.23,到2015年却下降至5.64。两者之间的差值从2010年的27.04个月变为2015年的29.5个月。这说明,可支付能力最强的5个省份在此期间可支付能力变得更强,而可支付能力最弱的5个省份在此期间可支付能力却变得更弱。从所有省份城镇职工基本养老保险基金可支付月数的标准差和标准差系数的变化看,也存在类似的情况。2010年各个省份可支付月数的标准差为9.08,而2015年上升至10.65。2010年各个省份可支付月数的标准差系数为0.53,到了2015年标准差系数上升至0.66(参见图7-6)。

图7-6 2010—2015年城镇职工基本养老保险基金可支付月数相关指标

资料来源:人力资源和社会保障部。

这说明,各个省份城镇职工基本养老保险基金可支付月数在此期间的离散程度上升,差异不断扩大。

(二)主要原因剖析

城镇职工基本养老保险的地区差异及其变动的成因十分复杂,但从 2010—2015 年的情况看,以下三个方面是最重要、最直接的原因:

1. 人口年龄结构地区失衡状况进一步恶化

人口年龄结构的地区差异早就存在,也是导致各地城镇职工基本养老保险的制度赡养率存在地区差异的一个基本原因。近些年来,从人口自然增长率和老年人口抚养比这两个核心指标看,我国快速的人口老龄化伴随着人口年龄结构地区差异的不断扩大,成为导致城镇职工基本养老保险的制度赡养率地区差异扩大的基本原因之一。

在 2010—2015 年,全国范围内都存在着人口自然增长率下降的趋势,接近一半省份人口自然增长率出现了负增长,尤其是黑龙江、吉林和天津的情况最为严重。更为重要的是,那些人口自然增长率本来就低的地方,人口自然增长率在此期间又出现了更大幅度的下降。在此期间,人口自然增长率最高的 5 个省份的人口自然增长率平均值一直维持在 9.4‰左右,它与最低的 5 个省份的人口自然增长率平均值之差从 7.45‰上升至 8.90‰。① 而人口自然增长率"凹陷"的地方,如东北三省以及川渝地区,往往又是城镇职工基本养老保险制度赡养率较高、基金收支不平衡状况较严重的地区。

在同一时期,全国范围内也存在着老年人口抚养比(65 岁及以上人数与劳动力人数之比)上升的趋势,到 2015 年安徽、江苏、四川、山东

---

① 数据来源:根据人力资源和社会保障部数据自行计算。

和湖南五个地区都已经在 15% 以上,而新疆、宁夏、西藏、广东和青海五个地区都在 8%—10%。[①] 不过,在 2010—2015 年,老年人口抚养比最高的五个省份的平均值与最低的五个省份的平均值之差并没有发生大的变换,而是一直维持在 6%—7%。[②] 但是,前述人口自然增长率的地区差异扩大预计会导致未来老年人口抚养比的地区差异扩大。而且,即使目前的老年人口抚养比地区差异状况不变,也意味着,与老年人口抚养比最低的五个省份相比,老年人口抚养比最高的五个省份每 100 名劳动年龄人口要多赡养 6—7 名老年人。更重要的是,一些经济较发达的地区老年人口赡养率并不高,而另外一些经济欠发达的地区老年人口赡养率反而较高。这些与前文所述城镇职工基本养老保险地区差异情况基本一致。

2. 劳动力流动"嫌贫爱富"

因为各地老龄化的变化程度不同,制度赡养率的地区差异在不断扩大,从而导致城镇职工基本养老保险基金结余的地区差异不断拉大。除了人口年龄结构,劳动力流动对制度赡养率的影响更为直接和明显。劳动力流动的方向和规模会直接造成各地城镇职工基本养老保险制度赡养率的变换差距。

从 2010—2015 年劳动力流动情况看,虽然西部省份的跨省人口流动频率有所增加,但是从整体上来看,前五名流入地基本上还是广东、浙江、上海、北京和江苏这些东部省份,这些省份的城镇地区流入人口合计达 4787 万人,占到全国总量的 66.9%。与此相匹配,浙江、上海、北京、江苏的人均地区生产总值排名均位于前五名,广东省亦排在前列;2010 年跨省流出人口规模超过 300 万人的省份有 8 个,依次为安

---

① 数据来源于国家统计局网站。
② 数据来源:根据历年《中国统计年鉴》数据自行计算。

徽、四川、河南、湖南、湖北、江西、广西、河北,合计流出人口达到4515万人,占全国总量的63.1%。① 以上8个省份中,一半省份的人均地区生产总值排在全国后8位,余下省份的排位也靠后。到了2015年,人口流出数最多的安徽、河南、四川、江西四省②的人均地区生产总值均排在全国后十名。现实结果是,在劳动力流动的作用下,经济发达地区的老龄化程度得到了缓解,经济落后地区的老龄化程度更加严重。③

其中人均地区生产总值是衡量一个地区经济发展水平的重要指标,可见,劳动力的流动方向与地区的经济发展水平呈正方向变动的关系,即经济越发达,流入的人口数越多。2010—2015年的劳动力流动类似资本逐利的动态趋势,表现为人力资源向经济发达地区流入,从经济落后地区流出。如此一来,经济发达地区城镇职工基本养老保险运作状况本就良好,企业与个人的养老压力相对较小,加之大量年轻劳动力的流入,更是锦上添花,进一步降低制度赡养率;反观主要的人口流出地,经济比较落后,企业与个人都要承受巨大的养老压力,加之大量青壮年劳动力的流失,无疑是雪上加霜,缴费人数减少,领取人数增加,增加制度负担。由此,地区之间的差异在快速的劳动人口流动中不断拉大。

3. 工资水平的地区差异未见缩小

中国经济社会发展水平的地区差异由来已久,使得工资水平的地区差异也长期存在。在2010—2015年,工资水平的地区差异不仅没有

---

① 王培安:《中国流动人口发展报告2011》,中国人口出版社2011年版。

② 数据来源:流动人口数据平台,"2010—2016各省市人口净流入数据",见 http://www.chinaldrk.org.cn/wjw/#/data/classify/visualization,2018-07-03。

③ 房连泉:《流动人口对省际城镇职工基本养老保险基金收支的影响——基于第六次人口普查数据的测算分析》,《社会科学辑刊》2017年第5期,第81—88页。

缩小,反而有扩大的趋势。从各个省份城镇职工平均工资的前五名平均值与后五名平均值的对比来看,2010 年前五名的平均值为 54660元,后五名的平均值为 28698 元;到了 2015 年,前者的平均值为 93034元,后者的平均值为 49539 元。虽然后者占前者的比例从 52.50%上升至 53.25%,但两者之差的绝对值从 25962 元上升至 43495 元。从各个省份工资水平的标准差来看,2010 年为 9649,2015 年为 16265,上升了 68.57%。

在城镇职工基本养老保险制度下,工资水平不仅通过影响缴费基数进而影响征缴收入,也会通过影响养老金水平进而影响基本养老保险基金支出。因此,工资水平的地区差异会影响基本养老保险基金收支状况的地区差异,工资水平的地区差异扩大会带来基金收支状况地区差异的扩大。这又会进一步带来连锁反应。例如,基本养老保险基金财务状况较好的省份可能会降低基本养老保险缴费费率。从实际情况看,虽然大部分省份近些年执行的是统一的缴费比例,即参保单位缴费比例为 20%,职工个人缴费比例为 8%,但是少数财务状况较好的省份调低了缴费费率,例如广东省在 2015 年将缴费比例改为"13/15+8"模式,①浙江省改为"14+8"模式,②北京市改为"19+8"模式。③ 费率的降低又会进一步降低这些省份企业和劳动者的负担,从而使这些省份在与其他省份的经济竞争中具有比较优势。这样的

---

① 广州市地方税务局:《关于统一企业职工养老保险缴费工资下限和单位缴费比例的通知》,见 http://gz. gdltax. gov. cn/DS01/2. 1/2015 - 06/30/content _ 43929b14dcae41f9a21db51e00b08cad.shtml。

② 浙江省人民政府:《浙江省人民政府关于统一全省用人单位基本养老保险费缴费比例的通知》,见 http://www.zj.gov.cn/art/2013/1/4/art_13012_69329.html。

③ 《关于阶段性降低本市社会保险费率的通知》,见 http://www.bjrbj.gov.cn/csibiz/home/static/articles/catalog_75700/2016-06-01/article_ff808081529fc78e01550a9344f700ec/ff808081529fc78e01550a9344f700ec.html。

话,具有比较优势的省份将进入良性循环,而处于另一端的省份将陷入恶性循环。

（三）统筹层次与制度财务可持续性

前文的分析指出,由于人口年龄结构和工资水平的地区差异进一步扩大以及劳动力流动的"嫌贫爱富"等方面原因,城镇职工基本养老保险的地区差异在 2010—2015 年之间进一步扩大。这首先提醒人们,城镇职工基本养老保险的地区差异不会随着经济发展而自动缩小,相反,那些境况较差的省份的情况会进一步恶化,而那些境况较好的省份的优势会进一步扩大。这可以为中央政府直接进行强力干预提供比较充分的理由。其次,城镇职工基本养老保险的地区差异之所以产生,既有制度内因素,更有制度外因素。特别是,它在很大的程度上是由经济社会发展的地区差异所决定的。而经济社会发展的地区差异的产生,既有历史、地理等方面的客观原因,也有政策方面的原因。这也可以为中央政府直接进行强力干预提供另一个重要依据。从这个意义上讲,建立中央调剂金制度,推进基础养老金全国统筹,并不断加强中央财政、国有资产对城镇职工基本养老保险的支持,是中央政策的必然选择。其中,基础养老金全国统筹政策与职工基本养老保险地区差异之间的关系应该引起更多的重视。可以说,职工基本养老保险地区差异不断扩大,少数省份基本养老保险基金已经严重收不抵支,而另外一些省份则拥有大规模基金结余,是中央建立中央调剂金制度、推进基础养老金全国统筹的基本原因之一。然而,中央采取的政策应该着重强调养老金的按时与足额发放,并兼顾基金的更有效利用,而不是全面缩小城镇职工基本养老保险的地区差异。最后,需要强调的是,那种全国所有参保离退休人员领取同样水平的养老金的设想(即统一的国民年金设想)在相当长的一个时期内都难以实现,其基本原因是:经济社会发展的地区差异会在相当长一个时期内继续存在,导致城镇职工基本养老保险地区差异显著的客观因素也会继续存在,使统一的国民年金显得有些不切实际。

那么,提高统筹层次并实现全国统筹,对城镇职工基本养老保险制度的财务可持续性有什么影响?

首先,提高统筹层次有利于资金调剂使用,提高资金的使用效率,缓解目前的财务压力。由于各地历史欠债、制度赡养率、经济发展水平等方面的差异以及劳动力大规模跨区域流动等因素的影响,各地城镇职工基本养老保险财务状况差异巨大。如果只考虑征缴收入(不含财政补助等),2010 年全国企业部门[1]基本养老保险基金就已经有 14 个省份和新疆生产建设兵团收不抵支,缺口共计 679 亿元;另一方面,一些省份(如广东)已经积累了规模庞大的基金。[2] 到了近些年,黑龙江已经把累计结余耗尽,其他一些省份也会陆续进入这种状况,也就是说,没钱发养老金了。各个省份的制度负担与财务实力严重不对称,特别是制度赡养率与当期结余率呈明显的负相关,也就是说,越是制度赡养率高的省份,其当期结余率越低,制度的财务可持续性就越差。[3] 如果进一步考虑各个省份的财政实力,则可以发现,越是财力雄厚的省份,其养老金支付压力可能越小。这说明各地区城镇职工基本养老保险基金财务可持续性差异十分显著,各地城镇职工基本养老保险制度面临的财务风险的大小也不同,更重

---

[1] 本书中的企业部门参保职工指的是企业参保职工和以个体身份参保的人员。

[2] 郑秉文:《中国养老金发展报告 2011》,经济管理出版社 2011 年版,第 31 页。

[3] 郑秉文:《中国养老金发展报告 2011》,经济管理出版社 2011 年版,第 44—45 页。

要的是,各地城镇职工基本养老保险制度可能爆发财务危机的时间也不同。也就是说,随着人口老龄化高峰的来临,各地城镇职工基本养老保险制度财务危机将会渐次爆发。在这种情况下,只有采取扶强补弱的政策才能保证基本养老保险制度的平稳运行。因此,建立中央调剂制度,让有大量盈余省份上解一些资金用于支持已经收不抵支的省份,是缓解财务压力的最直接、最有效的方法。这样做的依据在于:那些养老问题比较严重的省份,基本上都曾经拥有老工业基地,曾经为国家发展作出了重要贡献,也曾经让其他地区受益;而那些养老压力较轻的省份,基本上都是从国家改革开放等方面政策中受益更多的省份。

其次,提高统筹层次有助于完善相关专项转移支付机制。上述建立调剂制度只能是一个过渡性方案,目的是解了燃眉之急,同时为国家层面建立相关储备和制度争取时间。因为,按照目前的发展趋势,将来会有越来越多的省份陷入收不抵支状态,整个制度也会陷入收不抵支状态,必须借助外力才能维持制度的可持续发展。这就要求国家积累更多的储备基金,财政提供更多的支持;要求进一步明确划分中央和地方的相关责任,完善专项转移支付机制。而提高统筹层次,会拉近中央与城镇职工基本养老保险基金的距离,减少转移支付的环节,简化有关程序,有助于提高转移支付的效率。

最后,提高统筹层次有助于完善城镇职工基本养老保险基金监管与投资运营体制。最初统筹层次为县市级,使得资金被高度分散在各地,既不利于监管,也不利于资金通过规模化运营获得恰当的投资收益,这是城镇职工基本养老保险基金长期躺在银行账户中的一个重要原因。目前,一些省份已经实现了真正意义的省级统筹,而其他省份也都建立了以调剂金制度为基础的省级统筹,这有利于许多省份集中一些资金进行投资，可以说是为近几年越来越多的城镇职工基本养老保险基金委托全国社会保障基金理事会进行市场化投资扫除了一个重要障碍。

第八章　中国城镇职工基本养老保险制度财务可持续性模拟分析[①]

目前,我国城镇职工基本养老保险制度面临的基本挑战之一:一方面,尽管我国已经连续多年大幅度提高养老金水平,但基本养老金的实际替代率不断下滑,已经跌破国际警戒线;另一方面,尽管基本养老保险基金收支结余规模继续扩大,但基金运行压力正在加大。在这种情况下,城镇职工基本养老保险制度改革正面临重大抉择:是对制度结构进行根本性的变革,还是继续进行参数调整? 改变制度结构需要修改《中华人民共和国社会保险法》等相关法律法规,而且面临太大的风险,因而,支持进行参数调整的观点看上去似乎已经占了上风。然而,仅仅进行参数调整是否能够应对上述挑战? 怎么进行参数调整才能应对上述挑战呢? 对这两个问题的解答,无疑具有重要的理论意义和现实价值。

从缴费费率的视角切入这两个问题,是分析这两个问题的重要路径。一方面,缴费费率是影响企业劳动力成本以及企业财务状况和市场竞争力的重要指标;另一方面,它又是决定城镇职工基本养老保险基金收入,影响基金收支平衡的重要因素。因此,缴费费率也是世界各国

①　本部分的写作得到了我的学生李娓翰的协助,在此表示感谢。

基本养老保险制度设计都必须重点关注的一个指标。特别是在制度财务可持续性面临挑战时，调整费率往往成为许多国家的一个重要政策选项。

国外学术界对这个问题的研究很多，例如，Sayan 和 Kiraci（2001）以土耳其养老金计划作实证分析，建议通过调整缴费费率、替代率、法定退休年龄等因素，消除养老金赤字，解决筹资困难问题。[①] 鉴于我国基本养老保险制度的特殊性，国外的这类研究主要在研究思路与方法等方面具有借鉴意义。

国内已经有不少学者对基本养老保险制度财务可持续性问题进行了大量的研究，但是这些研究成果主要集中在基金长期财务平衡、基金的保值增值以及空账问题的解决等方面，对缴费费率与城镇职工基本养老保险基金收支平衡之间的关系的研究还不够充分。

从已有成果的研究方法看，大部分学者从养老保险收支平衡等式出发，有的直接进行理论阐述，有的运用保险精算方法，通过对影响养老保险基金收支平衡的各因素的敏感度进行分析来研究缴费费率与城镇职工基本养老保险基金收支平衡问题；也有部分学者通过改进世代交叠模型建立符合中国国情的"统账"结合养老保险模型，运用求模型的均衡解的方法来研究缴费费率对城镇职工基本养老保险基金收支平衡的影响。

从已有研究成果的观点看，可以分为三种：第一种观点认为降低缴费费率有助于解决城镇职工基本养老保险基金收支平衡问题。例如，李珍（1999）通过对"统账"制度收支平衡等式的分析，认为高保费率是

---

① Sayan S.and Kiraci A., "Parametric Pension Reform with Higher Retirement Ages: A Computational Investment of Alternatives for A Pay - As - You - Go - Based Pension System", *Journal of Economic Dynamics & Control*, Vol.25(6-7), 2001, pp.951-966.

影响"统账"制度收支变量的关键,提出以降低企业缴费费率作为解决养老保险基金收支不平衡的突破口。[1] 王鉴岗(2000)通过建立养老保险基金平衡模型,认为缴费费率是平衡养老金收支时应放在首要考虑的因素,建议企业缴费费率控制在 18%—20% 以下。[2] 高建伟等(2006)运用生存年金理论,得出社会统筹缴费费率对基金缺口的影响较为敏感的结论,建议适当降低企业缴费费率,同时扩大养老保险覆盖范围,缩小基金缺口。[3] 展凯(2008)通过建立两期迭代的养老保险模型,认为提高社会保险费率会极大影响社保基金的持续稳定,最终可能导致养老保险体系的破产。[4] 第二种观点认为企业缴费费率对城镇职工基本养老保险基金收支平衡的影响是不确定的。例如,杨再贵(2006)用交叠世代模型测算出,提高企业缴费费率会使资本劳动比和个人账户本金减少,在满足一定条件下才能使养老金的社会统筹部分增加。[5] 蒋筱江等(2009)认为,虽然缴费费率高有利于基金收入的提高,但若缴费费率超出缴费者的承受能力,就会影响企业和个人的发展,最终影响基金收入。[6] 第三种观点认为提高企业缴费费率有助于解决城镇职工基本养老保险基金收支平衡问题。如俞璋等(1999)

---

① 李珍:《养老社会保险的平衡问题分析》,《中国软科学》1999 年第 12 期,第 10—23 页。

② 王鉴岗:《养老保险收支平衡及其影响因素分析》,《人口学刊》2000 年第 2 期,第 9—14 页。

③ 高建伟、丁克诠:《中国基本养老保险基金缺口模型及其应用》,《系统工程理论方法应用》2006 年第 1 期,第 49—53 页。

④ 展凯:《中国社会保障基金的平稳增长路径》,《财经理论与实践》2008 年第 3 期,第 30—33 页。

⑤ 杨再贵:《中国养老保险新制度的经济学分析》,《生产力研究》2008 年第 5 期,第 16—18 页。

⑥ 蒋筱江、王辉:《养老保险基金收支平衡的影响因素分析》,《开发研究》2009 年第 S1 期,第 34—36 页。

运用精算数学工具，建议在长时间里逐步调高企业贡献率以缩小养老保险基金缺口。①

纵观国内的相关研究成果，可以发现，缴费费率与基本养老保险收支平衡的关系还有待进一步深入研究，主要原因是：第一，许多研究是依托 1997 年《国务院关于建立统一的企业职工基本养老保险制度的决定》（国发〔1997〕26 号）的相关政策而做的定量分析，而 2005 年《国务院关于完善企业职工基本养老保险制度的决定》（国发〔2005〕38 号）对政策做出了重要调整，尤其是养老保险的缴费比例与记发办法；第二，用于量化分析的养老保险精算模型还有待改进。

本章将以《国务院关于建立统一的企业职工基本养老保险制度的决定》（国发〔1997〕26 号）和《国务院关于完善企业职工基本养老保险制度的决定》（国发〔2005〕38 号）为基础，构建精算模型，运用场景模拟方法，分析缴费费率变化对城镇职工基本养老保险制度财务可持续性的影响。其突出特点在于，不是就费率谈费率，而是将费率变化置于不同的场景中，分析不同的场景下城镇职工基本养老保险基金的运行轨迹，从而对参数调整对基本养老保险制度财务可持续性的影响这一重要命题做出解读。

一、模型构建

（一）基本假设

考虑到数据来源的有限性，为了简化分析，做出以下假定：

---

① 俞承璋、孙谦、俞自由：《影响我国养老保险收支平衡的因素分析及对策》，《财经研究》1999 年第 12 期，第 26—31 页。

第一,全国性总量指标适合于模型的测算,因而不考虑因城镇职工基本养老保险制度统筹层次过低而导致人口数据、经济数据等方面的地区差异。

第二,所有参保者在工作期间都是连续参保的,不存在退保、断保的情况。

第三,我国会逐步提高退休年龄,最终实现男女退休年龄一致,即所有参保者均65岁退休。

第四,基本养老保险制度的转制成本由政府通过其他渠道解决,而不是由制度下参保职工的缴费解决。

第五,职工基本养老保险缴费工资等于城镇单位就业人员平均工资。

在这五个方面的假定中,第一个假定对测算结果的影响难以确定;后边四个假定都可能会对测算结果产生弱化作用,也就是说,任何一个假定如果得以实现,都有利于增强基本养老保险制度的财务可持续性。

(二)精算模型

中国城镇职工基本养老保险制度采取社会统筹和个人账户相结合的运营方式。本研究精算的测算期间为2012—2050年。笔者将运用保险精算的方法,在考虑人口、工资、费率等因素的基础上,对城镇职工基本养老保险制度的社会统筹基金和个人账户基金进行收支预测。

1.城镇职工基本养老保险基金收入模型

(1)社会统筹基金收入模型

根据国发〔1997〕26号文和国发〔2005〕38号文两个政策文件,社会统筹基金实行现收现付式的筹资方法。所以,社会统筹基金收入可以根据缴费职工人数、缴费比例、缴费工资等估计而来。则 s 年社会统筹基金收入(I_S)为:

$$I_S = \sum_{x=a}^{b-1} cw_s l_{x,s} \mu \qquad (8-1)$$

式中 a ——就业年龄。

b ——退休年龄。

c ——统筹账户缴费比例。

w_s —— s 年养老保险缴费工资。

$l_{x,s}$ —— s 年末 x 岁参保职工人数。

μ ——养老保险征缴率。

(2)个人账户基金收入模型

根据以上两个政策文件,个人账户由个人缴费积累形成,个人账户实账运行。所以个人账户基金能根据缴费职工人数、缴费工资、缴费费率、个人账户投资收益率等估算而来。则 s 年后个人账户基金收入(I'_S)为

$$I'_S = c'w_{2012}l_{x,s} \sum_{i=0}^{s-1} (1+j)^i (1+r)^{s-i-1} \qquad (8-2)$$

式中 c' ——个人账户缴费比例。

w_{2012} ——2012 年养老保险缴费工资。

j ——社会平均工资增长率。

r——个人账户投资收益率。

$l_{x,s}$ —— s 年末 x 岁参保职工人数。

2.城镇职工基本养老保险基金支出模型

按照有关政策,不同群体的养老金计算办法不同,可以设计出不同群体的养老金支出:

（1）"老人"养老保险基金支出

本书中的"老人"，是指在《国务院关于建立统一的企业职工基本养老保险制度的决定》（国发〔1997〕26号）实施前，已经离退休的人员。根据政策规定，"老人"没有个人账户支出，只有统筹账户支出。"老人"养老保险金支出为退休时的工资标准乘以规定养老金替代率，并结合社会平均工资增长率的一定比例进行调整。则 s 年"老人"养老金支出（E_1）为：

$$E_1 = o_{x,s} w_{1997} \lambda \ (1 + jh)^{s-1997} \tag{8-3}$$

式中 $o_{x,s}$——s 年末 x 岁退休"老人"人数。

w_{1997}——1997 年城镇单位就业人员平均工资。

λ——养老保险规定替代率。

j——社会平均工资增长率。

h——养老金指数化水平。

（2）"老退休中人"养老保险基金支出

本书中的"老退休中人"，是指满足缴费年限要求，在《国务院关于建立统一的企业职工基本养老保险制度的决定》（国发〔1997〕26号）实施前工作，在国发〔1997〕26号文件实施后、《国务院关于完善企业职工基本养老保险制度的决定》（国发〔2005〕38号）实施前退休的人员。这类人员养老金的计发办法参考国发〔1997〕26号文件，社会统筹部分由基础养老金和过渡性养老金共同组成。基础养老金的数额为职工退休时当地上年社会平均工资的0.2倍。过渡性养老金是职工退休时城镇单位就业人员平均工资与缴费年限、计发系数的乘积。则 s 年"老退休中人"基础养老金（E_{2J}）、过渡性养老金（E_{2g}）分别为：

$$E_{2J} = 0.2 w_{s-(x-b)} \ (1 + j)^{x-b} m'_{x,s} \tag{8-4}$$

式中 $w_{s-(x-b)}$——x 岁"老退休中人"退休前一年城镇单位就业人

员平均工资。

j——社会平均工资增长率。

$m^1_{x,s}$——s 年末 x 岁退休"老退休中人"人数。

b——退休年龄。

$$E_{2g} = w_{s-(x-b)} \, Tm^1_{x,s} \, \varepsilon \qquad (8-5)$$

式中 $w_{s-(x-b)}$——x 岁"老退休中人"退休前一年城镇单位就业人员平均工资。

T——个人实际和视同缴费年限。

$m^1_{x,s}$——s 年末 x 岁退休"老退休中人"人数。

ε——过渡性养老金计发系数。

由于"老退休中人"的个人账户养老金用职工退休时缴费积累额除以 10 计算,而《国务院关于建立统一的企业职工基本养老保险制度的决定》(国发〔1997〕26 号)实施后,"老退休中人"个人账户缴费年限是很短的。为方便计算,这里笔者设"老退休中人"新加入养老保险体系的当年工资为一个单位,s 年后其退休时个人账户的积累终值(P_s)为:

$$P_s = c' \sum_{i=0}^{s-1} (1+j)^i (1+r)^{s-i-1} \qquad (8-6)$$

式中 c'——个人账户缴费比例。

j——社会平均工资增长率。

r——个人账户投资收益率。

则 x 岁"老退休中人"在第 s 年应领取的个人账户养老金(E_{2Z})为

$$E_{2Z} = w_{1997} P'_{60-x+s-1997} \, m^1_{x,s} / 10 \qquad (8-7)$$

式中 w_{1997}——1997 年城镇单位就业人员平均工资。

$m^1_{x,s}$——s 年末 x 岁退休"老退休中人"人数。

（3）"新退休中人"养老保险基金支出

本书中的"新退休中人"，是指满足缴费年限要求，在《国务院关于建立统一的企业职工基本养老保险制度的决定》（国发〔1997〕26号）实施前工作，在《国务院关于完善企业职工基本养老保险制度的决定》（国发〔2005〕38号）实施后退休的人员。这类人员养老保险金的计发办法参考国发〔2005〕38号文，统筹部分由基础养老金和过渡性养老金共同组成。与"老退休中人"不同的是，"新退休中人"的基础养老金由在岗职工平均工资和个人指数化工资综合而来，过渡性养老金与"老退休中人"的计发办法相同。则 s 年"新退休中人"基础养老金（ E_{3J} ）和过渡性养老金（ E_{3g} ）分别为：

$$E_{3J} = 1/2[w_i + w_{2005}(1+j)^{s-(x-b)-2005}]\alpha m_{x,s}^2 \qquad (8-8)$$

式中 w_i ——职工本人指数化缴费工资。

j ——社会平均工资增长率。

α ——缴费年限百分数。

$m_{x,s}^2$ —— s 年末 x 岁退休"新退休中人"人数。

b ——退休年龄。

$$E_{3g} = w_{s-(x-b)} T m_{x,s}^2 \varepsilon \qquad (8-9)$$

式中 $w_{s-(x-b)}$ —— x 岁"新退休中人"退休前一年城镇单位就业人员平均工资。

T ——个人实际和视同缴费年限。

$m_{x,s}^2$ —— s 年末 x 岁退休"新退休中人"人数。

ε ——过渡性养老金计发系数。

根据《国务院关于完善企业职工基本养老保险制度的决定》（国发〔2005〕38号），"新退休中人"个人账户基金月标准为个人账户存储额与计发月数的比值。则 s 年"新退休中人"个人账户（ E_{3Z} ）为：

$$E_{3Z} = m_{x,s}^2 \, w_{s-(x-16)} P_{30}/\chi \qquad (8-10)$$

式中 $m_{x,s}^2$ —— s 年末 x 岁退休"新退休中人"人数。

χ ——个人账户计发月数。

（4）"新人"养老保险基金支出

这里的"新人"是指，在《国务院关于建立统一的企业职工基本养老保险制度的决定》（国发〔1997〕26号）实施后参加工作、缴费年限累计满15年的员工。这类人员养老金的计发办法参考国发〔2005〕38号文件，其社会统筹基金支出由在岗职工平均工资和个人指数化工资综合而来，与"新退休中人"基础养老金的计发办法相同。则 s 年"新人"基础养老金（ E_{4j} ）为：

$$E_{4j} = 1/2 \left[w_i + w_{s-(x-b)} \, (1+j)^{x-b} \right] \alpha n_{x,s} \qquad (8-11)$$

式中 w_i ——职工本人指数化缴费工资。

j ——社会平均工资增长率。

α ——缴费年限百分数。

$n_{x,s}$ —— s 年末 x 岁退休"新人"人数。

b ——退休年龄。

"新人"个人账户养老金计发办法与"新退休中人"个人账户养老金计发办法相同。则 s 年"新人"个人账户（ E_{4Z} ）为：

$$E_{4Z} = n_{x,s} w_{1998} P_{30}/\chi \qquad (8-12)$$

式中 $n_{x,s}$ —— s 年末 x 岁退休"新人"人数。

χ ——个人账户计发月数。

3. 城镇职工基本养老保险基金收支测算模型

以上述精算模型为基础，假设第 s 年的城镇职工基本养老保险基金收支余额为 D_s ，则城镇职工基本养老保险基金收支测算模型为：

$$D_S = I_{S+} I'_S - E_1 - (E_{2J} + E_{2g} + E_{2Z}) - (E_{3J} + E_{3g} + E_{3Z}) - (E_{4j} + E_{4Z})$$

$$(8-13)$$

（三）参数设定与说明

1. 人口数据

本部分所使用的人口数据,包括参保在职职工人数、退休"老人"人数、"老退休中人"人数、"新退休中人"人数、退休"新人"人数,均以中国社会科学院世界社会保障研究中心齐传钧博士《2005—2070 年城镇分年龄参保在职职工人数测算表》和《2005—2070 年城镇分年龄参保退休职工人数测算表》为基础计算而来。该数据的研究假设为:假定研究期内平均就业年龄为 16 岁,2010—2020 年平均退休年龄为 60岁,2021—2022 年平均退休年龄为 61 岁,2023—2024 年平均退休年龄为 62 岁,2025—2026 年平均退休年龄为 63 岁,2027—2028 年平均退休年龄为 64 岁,2029—2050 年平均退休年龄为 65 岁。

2. 征缴率

自 2006 年以来,城镇职工基本养老保险的征缴率呈下降趋势,已经降到 90% 以下。鉴于 2011 年 7 月 1 日以后,《中华人民共和国社会保险法》的深入推行,笔者把研究期内的征缴率 μ 定为 90%。

3. 社会平均工资增长率

2011 年的城镇单位就业人员平均工资根据 2012 年《中国统计年鉴》公布的数据确定。综合近年来中国经济发展状况、人民生活水平、其他国家经济发展经验等因素,笔者把研究期内的社会平均工资增长率 j 定为 7%,此后各年份的社会平均工资依据此计算。

4. 个人账户投资收益率

当前,中国养老保险中的个人账户基金投资渠道有限,投资策略比较保守。出于基金安全性考虑,基金只能存到银行或购买国债。随着中国养老保险监管体制的不断完善和中国资本市场的日益发展,中国养老保险个人账户的投资渠道会不断扩宽,个人账户基金保值增值的效果会更加显著。参照 2002—2012 年中一年期银行存款利息,笔者将研究期内个人账户投资收益率 r 取值为 4%。

5. "老人"养老金替代率

在《国务院关于建立统一的企业职工基本养老保险制度的决定》(国发〔1997〕26 号)实施前,退休职工养老金替代其退休前一年工资的比例很高。这里笔者取"老人"养老金替代率 $\lambda = 75\%$。

6. 养老金指数化水平

养老金指数化水平为社会平均工资增长率的一定比例。根据对 2000 年以来实际平均工资增长率和实际养老金增长率的计算,在本部分中,养老金以社会平均工资增长率的 50% 进行调整,$h = 0.5$。

7. 过渡性养老金计发系数

对于"中人"过渡性养老金,人力资源与社会保障部现行的计发系数的标准是 1.0%—1.4%。本部分 ε 取值为 1.2%。

8. 退休时的个人缴费年限和视同缴费年限

国发〔2005〕38 号文件规定,职工参加工作、缴费年限(含视同缴费年限)累计满 15 年可发放养老金。考虑到人口预期寿命、退休年龄和实际工作情况等因素,本部分把缴费年限 T 统一为 30 年。

9. 职工本人指数化缴费工资

因缺乏相关数据,本部分把职工本人指数化缴费工资等同于城镇单位就业人员平均工资。

10. 个人账户计发月数

综合国发〔2005〕38 号文件、人口预期寿命、测算时期等因素,本部分将个人账户计发月数 χ 统一为 150。

二、三个场景的模拟分析

根据上述假设和模型,可以得到养老保险基金收入、养老保险基金支出、养老保险基金当期结余、养老保险基金累计结余、基金率等数据,进而估计 2012—2050 年城镇职工基本养老保险基金的收支情况(以 2012 年的价格为基准)。养老保险基金当年结余是当年收入与当年支出的差额。养老保险基金累计结余是各年度基金结余之和。基金率是年初积累基金与下年度支出基金的比例,基金率与年初基金的支付能力成正比。笔者将以这些数据为基础,模拟不同的场景,研究企业缴费费率对城镇职工基本养老保险基金收支平衡的影响。

(一)模拟场景 A

模拟场景 A 完全按照当前国发〔1997〕26 号文件和国发〔2005〕38 号文件中养老保险企业缴费费率(20%)和个人缴费费率(8%)进行估算。模拟结果如图 8-1 所示,2012—2050 年间,城镇职工基本养老保险基金的收入与支出均呈上升趋势。在 2020 年以前,收入的增幅略大于支出的增幅,2021—2036 年,收入的增幅基本与支出的增幅持平,2037 年以后支出的增幅明显超过收入的增幅。随着时间的推移,到 2021 年将出现收不抵支的状况,此后收支逆差逐年增大,直到 2030 年时,累计结余也无法弥补养老保险基金赤字。再来看城镇职工基本养老保险基金基金率的变动趋势,2015 年以后,基金率呈下降趋势,不过在 2025 年前后仍为正数,表明制度在这些年份具有偿付能力。在 2030 年前后,基金率出现负值,表明累计基金被消耗殆尽,如不采取增收节支的办法，城镇职工基本养老保险基金将难以为继。

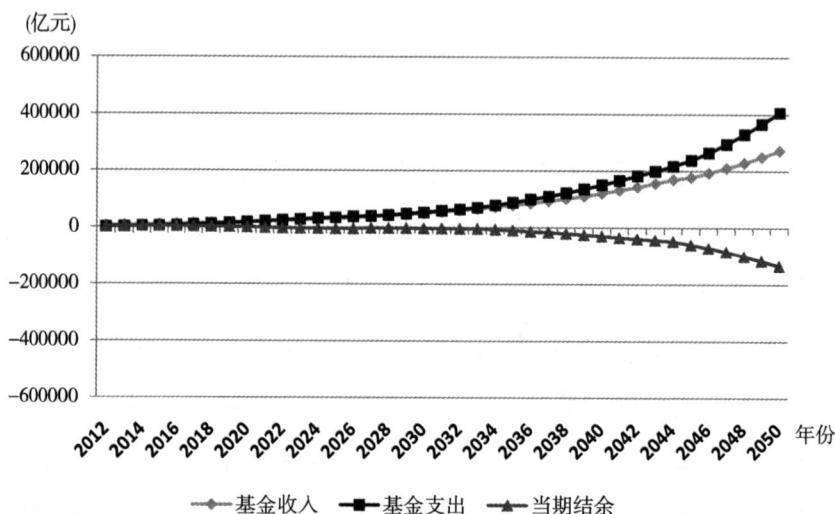

图 8-1　城镇职工基本养老保险基金收支状况趋势（模拟场景 A）

（二）模拟场景 B

在前文中，笔者曾从企业运行成本的视角对基本养老保险缴费中企业合理费率进行了测算，提出企业所能负担的真实合理费率应该在 12% 左右，因此，在模拟场景 B 中，企业缴费费率将被设定为 12%。而基本养老保险个人缴费费率将被设定为 10%，因为，有研究表明，在不影响职工现期消费的情况下，把个人缴费费率提高到 10% 不会对现期消费产生较大影响。① 缴费基数则为之前的缴费工资的 77%。在这种情况下，测算结果（参见图 8-2）表明，2012—2050 年间，城镇职工基本养老保险基金的收入与支出均呈上升趋势。在 2032 年以前，城镇职工基本养老保险基金收入和支出的增幅较为缓慢，2032 年以后支出的增幅明显

① 王增文、邓大松：《基金缺口、缴费比率与财政负担能力：基于对社会保障主体的缴费能力研究》，《中国软科学》2009 年第 10 期，第 73—81 页。

超过收入的增幅。随着时间的推移,到 2019 年将出现收不抵支的状况,此后收支逆差逐年增大,直到 2022 年时,累计结余也无法弥补养老保险基金赤字。再来看城镇职工基本养老保险基金基金率的变动趋势,2015年以后,基金率呈下降趋势,不过在 2021 年仍为正数,表明制度在这些年份具有偿付能力。在 2022 年,基金率出现负值,表明累计基金被消耗殆尽,如不采取增收节支的办法,城镇职工基本养老保险基金将收不抵支。

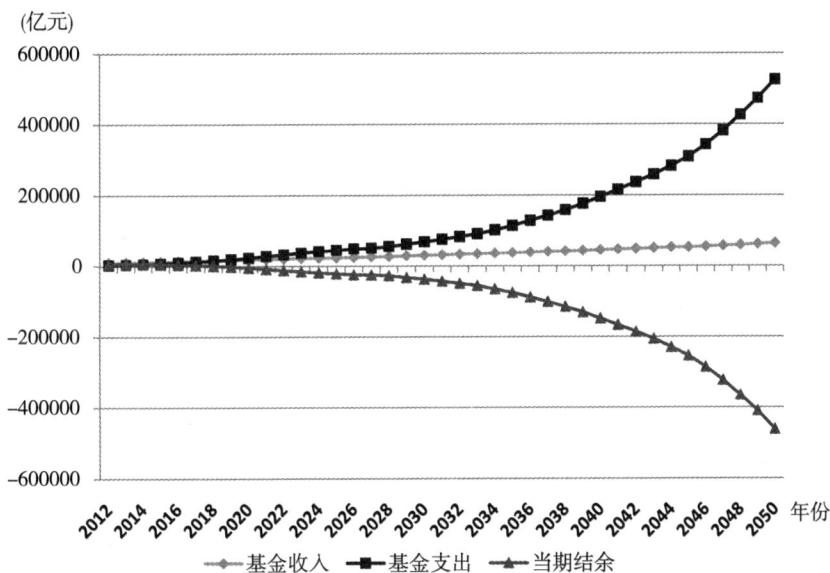

图 8-2　城镇职工基本养老保险基金收支状况趋势(模拟场景 B)

(三)模拟场景 C

一般情况下,降低企业基本养老保险缴费费率有助于提高制度覆盖率和费用征缴率。而 2010 年城镇职工基本养老保险制度的参保人数仅仅占城镇职工就业人数的 55.93%,近些年来制度费用征缴率也不是很理想。① 因此,在模拟场景 C 中,设想了制度覆盖率和征缴率都达

① 根据国家统计局网站数据计算而来。

到100%的理想状况。由于数据的不可获得性等方面原因,模拟场景C还假定了这些新加入城镇职工基本养老保险制度的职工尚未达到退休年龄,他们的缴费完全纳入城镇职工基本养老保险基金收入部分,在研究期内尚不存在支出。预测结果显示(参见图8-3),2012—2050年间,城镇职工基本养老保险基金的收入与支出均呈上升趋势。在2032年以前,城镇职工基本养老保险基金收入的增幅基本与支出的增幅持平,2032年以后支出的增幅明显超过收入的增幅。随着时间的推移,到2025年将出现收不抵支的状况,此后收支逆差逐年增大,直到2035年时,累计结余也无法弥补养老保险基金赤字。再来看城镇职工基本养老保险基金基金率的变动趋势,2015年以后,基金率呈下降趋势,不过数值远大于1,在2032年仍为正数,表明制度在这些年份具有偿付能力。在2035年,基金率出现负值,表明累计基金被消耗殆尽,如不采取增收节支的办法,城镇职工基本养老保险基金将收不抵支。

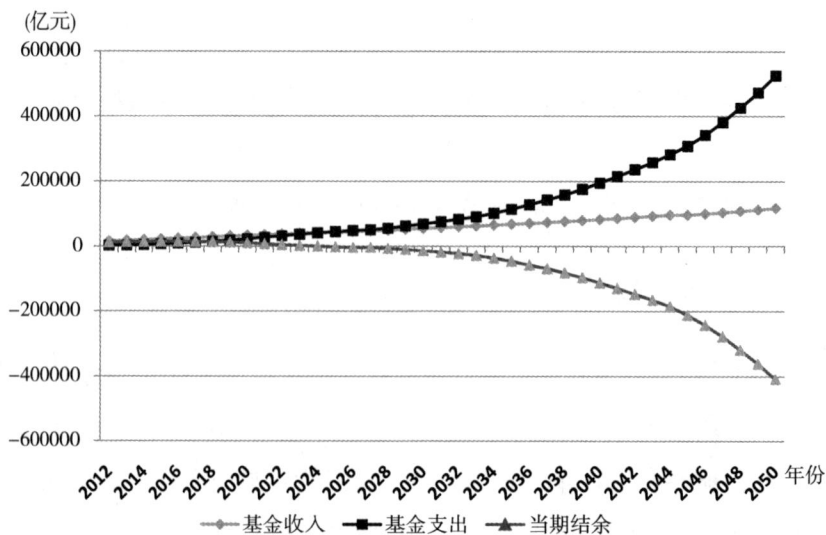

图8-3　城镇职工基本养老保险基金收支状况趋势(模拟场景C)

三、基本结论

通过上边三个场景的模拟分析,可以发现:

第一,与当前的费率及收支状况(模拟场景 A)相比,企业缴费费率和总体缴费费率降低后(模拟场景 B、模拟场景 C),养老保险基金收入增幅放缓,养老保险基金支出增幅变化不大,养老保险基金当年结余的变化十分显著。这表明,在城镇职工基本养老保险制度中,缴费费率是一个非常重要的指标,对平衡养老保险基金收支非常关键。确定养老保险缴费费率的确要考虑企业的承受能力,但如果缴费费率设置的不够科学,必将威胁到养老保险基金收入的稳固,影响养老保险制度的支付能力。大幅度降低缴费费率的直接后果是当期结余状况急剧恶化,逐步侵蚀已有的基金积累,最终导致基金收不抵支。

第二,对比模拟场景 C 和模拟场景 A 可以发现,如果调整城镇职工基本养老保险制度的费率之后,制度覆盖率和费用征缴率得以提高,将有利于改善基金收支状况。首先,从当年基金首次收不抵支现象出现的时间来看,模拟场景 A 中当年基金首次收不抵支的现象出现在 2021 年,而模拟场景 C 中这一现象则出现在 2025 年,也就是晚了四年。其次,从基金累计结余首先出现负值的时间来看,模拟场景 A 中基金累计结余首次出现负值的时间为 2030 年,而模拟场景 C 中基金累计结余首次出现负值的时间为 2035 年,晚了五年。最后,从基金率首次出现负值的时间来看,模拟场景 A 中基金率首次出现负值的时间为 2030 年,而模拟场景 C 中基金率首次出现负值的时间为 2035 年,也晚了五年。

第三,在三个模拟场景中,城镇职工基本养老保险基金收不抵支的现象均逐渐恶化。可以看到,模拟场景 A 中当年首次收不抵支的现象出现在 2021 年,模拟场景 B 中首次收不抵支的现象出现在 2019 年,模拟场景 C 中首次收不抵支的现象出现在 2025 年。在此之后,城镇职工基本养老保险基金缺口越来越大。这说明,仅仅依靠这三个场景中的参数调整,无法保证基本养老保险制度的财务长期可持续性。

根据上述结论,从政策调整的角度看,需要注意以下几点:

首先,调整基本养老保险缴费费率可以成为我国基本养老保险制度改革的一个重要选项,但大幅度降低费率将对基本养老保险制度的财务可持续性产生致命的伤害。如果把企业缴费费率降低到 12%,个人缴费费率提升到 10%,并扩大养老保险缴费基数、提高养老保险覆盖率和费用征缴率,当年首次收不抵支现象出现的时间将比现行政策晚四年,累计结余首次出现负值的时间将比现行政策晚五年。这说明,费率调整是存在操作空间的。这种调整将产生至少三个方面的积极作用:一是为夯实养老保险缴费基数、提高养老保险制度覆盖率与费用征缴率营造有利的环境;二是减轻企业负担,提高企业市场竞争力,促进经济增长,为应对人口老龄化挑战提供更好的物质条件;三是增加参保者个人的责任,增强对个人的激励。但是,这些积极影响并不能抵消基本养老保险基金收支状况急剧恶化的后果。比较图 8-1、图 8-2 和图 8-3,可以发现,图 8-3 中的基本养老保险收支状况虽然比图 8-2 中的基本养老保险基金收支状况有所改善,但它们都比图 8-1 中的基本养老保险收支状况恶化了很多。

其次,在坚持现行制度模式的前提下,如果既想降低费率,又想维持现行养老金待遇计发办法,基本养老保险制度就必须获得强有力的制度外资金支持。前文的分析尽管设置了比较有利的假设条件,也考虑了逐步提高法定标准退休年龄等因素,但是,在三种模拟场景中,制度的财务可持续性都难以避免地陷入危机。这说明,仅仅依靠基本养老保险制度自身的收入管理,难以保证制度的长期财务可持续性。剩下的政策选择还有:适当降低养老金水平和提供强有力的外力支持。有研究表明,尽管政府多年来一直在提高基本养老金水平,但养老金替代率一直在下降,已经远远低于制度最初设计的目标替代率。[1] 这说明,降低养老金水平的空间也十分有限。因此,如果要坚持现行制度模式,由政府主导下的各种力量向基本养老保险制度提供强有力的外部资金支持将成为制度可持续发展不可或缺的因素。

最后,如果不能尽快获得比较充足的外部资金以壮大基本养老保险基金,城镇职工基本养老保险制度将在不是很久远的将来难以避免地陷入债务危机,面临破除的风险。从这个角度讲,对现行制度模式进行检讨,尽快找到更适合中国国情的制度模式,也许是破解城镇职工基本养老保险制度危局的一个路径,尽管它也可能带来新的风险。

---

① 孙永勇:《尽快打破养老保险"双轨制"》,《中国证券报》2013 年 1 月 9 日。

第九章　养老保障制度改革回眸

一、四十多年来世界范围内养老保障制度改革回眸

（一）养老保障制度改革的起因

20 世纪 70 年代以来，无论是发达国家还是发展中国家，大部分先后走上了养老保障制度改革之路。虽然养老保障制度的改革逐步在世界范围内展开，但是，各国养老保障制度改革的起因既有相同之处，也有一定的差异。

对于许多国家来说，存在着两种养老保障制度改革基本原因：一是从制度设计来看，以凯恩斯主义等理论为基础的传统的养老保障制度存在着一系列缺陷：一是对社会福利的多元性认识不足，特别是没有充分考虑通过家庭和市场分配的福利，而这两方面一般来说是满足个人基本需要的主要收入来源，因而导致了国家提供的福利项目的急剧膨胀；第二，把政策重点放在国家如何提供福利以及提供什么福利上，对社会问题产生的根源或社会需要不能满足背后的结构性因素分析不够，因而导致了很多福利项目或者治标不治本，或者既没有解决旧问

题,又增添了新问题;第三,它具有浓厚的主观判断色彩或非理论倾向,缺乏一套以严密的实证分析为基础的理论来支撑,尤其是假设社会政策与国家本身的价值中立以及政府的绝对理性,忽视了政府缺陷以及政府寻租行为等问题。二是从外部环境来看,养老保障制度面临着新的机遇和挑战:第一,人口老龄化已经对西方发达国家的养老保障制度产生了越来越强烈的冲击,使得传统的以现收现付为基础的单一养老保险计划难以为继,在以后的几十年里,许多发展中国家也会逐渐步入老龄化社会,因而必须未雨绸缪,改进养老保障制度安排;第二,世界经济一体化的速度加快,既为养老保险基金获取更高收益提供了可能,又使其面临全球经济波动的风险,还通过影响国家的产品国际竞争力影响其养老保障制度设计;第三,随着苏东巨变,国际共产主义运动遭受沉重打击,以新自由主义为主导的代表富人利益的保守势力迅速崛起,削减雇员的各种福利成为一种趋势等。

不过,发达国家与发展中国家养老保障制度改革的起因也存在着显著差异。首先,从外部经济环境来看,西方发达国家从 20 世纪 70 年代陷入"滞胀"以后,经济增长速度明显放慢,使得其无法承担原有养老保险计划的巨额支出,这成为它们积极改革养老保障制度的重要原因;与此相反,许多发展中国家这一时期经济增长较快,国家的经济实力得到了增强,特别是中东的产油国,使得它们有能力建立或改进自己的养老保障制度。其次,从制度本身来看,发达国家,特别是西欧福利国家的养老保障制度几乎覆盖全体国民,给付十分慷慨,制度支出的增长速度已经远远超过了经济的增长速度,成为影响经济增长的重要因素,因而必须调整养老保障制度的收支机构和规模;与此相反,发展中国家养老保障制度的覆盖率通常比较低,许多国家的给付水平也相当低,成为这些国家贫富差距扩大和老年人贫困化的一个重要原因,因而这些国家必须扩大覆盖面和提供养老金给付。最后，从人口条件来看，西方发达国家人口老龄化问题已经相当严重，巨额财政赤字已经出现，因而很多国家不得不采取提高退休年龄等措施；而大部分发展中国家由于出生率高等原因人口年龄结构还比较年轻，还没有人口老龄化的压力，尽管它们也从发达国家看到了本国未来将面临的问题，但压力毕竟不大。

（二）养老保障制度改革的历程

1. 20 世纪 70 年代的养老保障制度改革

在西方发达国家，20 世纪 70 年代是国家干预主义与经济自由主义激烈交锋时期，也是左翼政党和右翼政党的激烈交锋时期。在这一时期，人们对于养老保险等社会福利制度的心情是十分矛盾的，正如弗里德曼所说，"谁也解释不了下面这样两个表面上相互矛盾的现象，一是人们对福利事业激增的后果普遍不满；一是人们继续施加压力要求进一步扩大福利事业"[①]。在这种情况下，养老保障制度改革的问题虽然被提了出来，但不可能取得什么重大进展。

在美国，坚守保守主义立场的尼克松总统提出了"新联邦主义"，旨在把权力和资源从联邦政府手中退回给州和地方政府，但在社会保障领域，却将支付社会保障费用的负担从州和地方政府转移到联邦政府，并在全国实行统一的支付标准。不过，又将联邦政府负责担保的"最低年收入标准，与一个精心制定的激励'受益人'工作动机的奖惩体制密切关联在一起"[②]。这说明，社会保障对劳动积极性的影响已经

---

① ［美］米尔顿·弗里德曼、［美］罗斯·弗里德曼：《自由选择》，张琦译，商务印书馆 1982 年版，第 98 页。

② 杨冠琼：《当代美国社会保障制度》，法律出版社 2001 年版，第 61 页。

受到美国政府的重视。不过,这一时期美国老年人从老年人保险制度中获取的收益还是大幅度增长,1972年增长了20%,1974年又增加了11%,1975年又将该收益与工资增长联系起来,随工资的增加而增加。

在英国,1973年保守党政府通过了社会保障法,还提出要取消已经实行了十几年的结构性养老金,基本养老保险完全按照普遍主义原则以固定数额发放,同时加强第二支柱的作用,在基本养老保险之外扩充强调权利与义务对应的收入关联的补充养老保障制度。但是,1974年大选,保守党落败。上台执政的工党于1975年通过新的社会保障法,中止原来的缴费性养老金制度,建立国家收入关联养老金制度。国家收入关联养老金制度对缴费、待遇计发和管理都有很详细的规定,使雇主和雇员的选择余地很小。虽然规定雇主可以订立"退出合同",但有合同的必须执行有关规定。这样,国民保险作为基本养老保障制度,不再提供收入关联待遇,而只提供定额养老金待遇,国家收入关联养老金制度成为国家经办的法定补充养老制度,再加上早已存在的职业年金制度,英国形成了三支柱养老保障制度的雏形。[1]

在瑞典,1976年社会民主党下台,中央党、自由党和保守党组成了联合政府。但是,新政府除了对退休年龄实行了比较灵活的安排外,对养老保障制度的其他方面并没有进行修改。

在发展中国家,养老保障制度处于发展与调整之中,一方面建立养老保障制度的国家增多,另一方面养老保险的覆盖范围和给付水平都得到了提高。

总之,这一时期的改革除了英国等少数国家发展了其他支柱养老保障计划外,大部分国家都只是对原有的国家管理确定收益的现收现

---

① 孙炳耀:《当代英国瑞典社会保障制度》,法律出版社2000年版,第51—52页。

付制养老保险计划做一些微调,因而只能算是养老保障制度改革的起步阶段。

2.20 世纪 80 年代养老保障制度改革

到了 20 世纪 80 年代,新自由主义影响开始逐步盖过凯恩斯主义,社会政策被理解为决定不同社会群体的资源、地位与权力的分配,即社会资源与社会关系(主要是地位和权利)的再分配。[1] 此时,一些国家的政府开始控制直接通过社会保障项目进行的收入再分配,倾向于主要通过调节社会部门(家庭、学校、社会福利、教育、社区等)与经济部门之间的关系来间接影响收入分配,重视依靠市场的力量来增进人民福利,强调社会保障政策对经济增长的积极意义与社会保障政策本身的内在价值的融合。在这种情况下,养老保障制度改革取得了新的突破,压缩公共养老金制度并拓展私营养老金计划成为西方发达国家养老保障制度的主导思想。

在英国,1979 年保守党大选获胜,推崇弗里德曼的货币主义思想的撒切尔夫人对英国福利制度进行了范围十分广泛的私有化改革。对于养老保障制度,撒切尔政府于 1980 年宣布年金只与物价挂钩,放慢年金待遇的调整速度。1986 年通过新社会保障法案,规定:对于国家收入关联养老金制度,养老金计发基础由“最好的 20 年”平均收入改为一生平均收入,21 世纪退休的该计划成员应享受的养老金最高比例由 25% 降低为 20%,2000 年以后丧偶的成员只能在本计划中享受其配偶的一半养老金。对于私营养老金计划,雇员参加后将享受一定的税收优惠;如果雇主提供一个最低保证养老金(GMP),雇主和雇员都可以按照一定的折扣率向国民保险计划缴费;如果雇员选择退出国家收

---

① Walker, A., *Social Policy*, Oxford: Blackwell, 1984, pp.39-40.

入关联养老金计划而加入职业养老金计划,该折扣将直接记入他(她)本人的养老金,鼓励私营企事业单位进一步改善和发展职业养老金制度。撒切尔政府实施了提高甚至取消雇员缴纳社会保险税的上限、降低雇主的缴税比率等措施。

在美国,信奉保守主义的里根于 1980 年秋入主白宫,开始推行供给学派的有关政策主张:削减政府的社会项目支出,增加国防预算,结束政府管制,削减税收等。里根政府大幅度削减社会福利开支,并紧缩待遇严格享受条件。例如,1984 年国会通过了全国社会保障改革委员会提出的在不根本改变现行制度结构基础上的一揽子改革计划:增加工薪税,将社会保险金随生活物价指数变动而调整的做法冻结半年;对领取老残遗属保险金而收入过高的人征收所得税,税款拨归保险基金;从 2009 年起,雇员退休年龄由 65 岁改为 66 岁;从 1990 年起,领取津贴的条件从具备 10 年纳税工龄改为 20 年。比利时、法国、荷兰等欧洲国家也在这一时期开始着手养老保障制度改革,旨在减轻国家的责任,相应地鼓励私营养老金计划的发展。

与此同时,一些发展中国家也开始改革和完善养老保障制度。1980 年,智利对原有的国家管理的现收现付养老保障制度进行了彻底的改革,建立了私营个人账户制养老保障制度,引起了世界各国和国际组织的高度关注。这些改革,特别是私营养老金制度在许多国家的建立与发展,开创了养老保障制度改革的新局面,因而这一时期可以称为养老保障制度改革的发展时期。

然而,这一时期的一些改革也存在着显著缺陷:首先,它过于强调个人自由的传统,强调政府只有在市场失效时才对社会部门内的不能自助者加以援助,因而养老保险等社会保障政策的目标集中于维持最低社会需要的满足和社会机会的平等,但是,由于存在着先天的不平等

(如天赋、遗产等)和后天遭遇的巨大差异(如天灾人祸或偶然机遇),这种政策必然会导致贫困陷阱以及其他一系列社会问题。事实上,除非政府能承担起对经济主体间财产再分配的重大责任,否则在任何时候、任何市场经济下,收入不均永远会作为公理而存在。① 其次,人们强调养老保障制度的经济意义的美好愿望并不一定会带来良好的结果,相反,人们对养老保障危机的过分渲染以及随之而来的普遍的心理恐慌不仅导致了社会对政府的普遍不信任,降低了政府解决社会问题的能力,而且使得养老保障制度改革更为艰辛。最后,关于养老保障制度对经济的影响的讨论还没有定论,在这种情况下大规模削减社会保障项目带来了不良的社会经济后果,在欧洲,人们称那个时期为"不道德的 80 年代",特别是撒切尔提高市场竞争力的改革付出了高昂的社会代价,而美国那个时期则因为社会问题严重而受到广泛的批评。②

3. 20 世纪 90 年代养老保障制度改革

20 世纪 90 年代,西方发达国家的政治局势开始出现左转的趋势,在瑞典、英国、德国、法国等国,左翼或"中间偏左"政党纷纷上台执政,以"第三条道路"为代表的社会民主主义开始在欧洲复兴;在美国,推崇新凯恩斯主义的克林顿当选为美国总统,提出了著名的"克林顿经济学"。在这种情况下,人们进一步深化了 20 世纪 80 年代有关资源、地位及权利分配的理念。

戈夫(Gough,I.)认为,社会政策是政府输出的一个环节,是国家影

---

① 大卫·怀恩斯(David Whynes):《贫困陷阱》,载尼古拉斯·巴尔和大卫·怀恩斯(Nicholas Barr and David Whynes)主编:《福利经济学前沿问题》,中国税务出版社和北京腾图电子出版社 2000 年版,第 75—99 页。

② Brezinski,*Out of Control:Global Turmoil on the Eve of the 21ˢᵗ Century*,New York:Macmillan Publishing Company,1993,pp.124-129.

响劳动力及住户再生产,而最后的结果是个人及社群的社会福利。①
拉特里迪斯(Iatridis,D.)则认为,社会政策是一种社会、经济和政治制
度的安排,其背后理念是理想社会的意识形态,但结果同样是社会福
利。② 在这种理念下,政府社会保障政策的目标是社会问题的控制、社
会需要的满足和社会机会的保障,③并开始把着眼点放在减少社会排
斥、增加社会融合,特别强调政治民主与经济民主的融合,其目标驱动
力来自各种社会平等(性别、种族、年龄、能力、阶级及教育等)观念和
社会民主主义意识形态。学术界对社会保障问题的探讨也开始从具体
的社会保障内容转至社会素质的研究,主要是社会需要的界定和量度,
社会机会、增权或能力提升的界定和量度,社会融合概念的界定和量
度,以及基本社会经济保障的界定和量度等。④

　　在这种情况下,西方发达国家开始跨越新自由主义盲目削减福利
的政策,推行积极的福利政策,养老保障制度改革进入了一个新的时
期。这一时期改革核心内容是:进行渐进改革以完善原有的现收现付
的国家养老保险计划,主要是提高退休年龄,在更广泛的工薪收入者中
建立养老金收益与缴费之间的适度联系,规定更严格的准则,增强养老
保险计划的融资能力和支付能力,同时积极发展其他支柱,特别是积累
制的养老金计划,以应付日益严峻的人口老龄化的挑战。在英、美等
国,国家养老保障制度的规模被限制在"基本保障"的水平上,同时,私
营养老保障制度获得了长足发展。在瑞典、丹麦等北欧国家,确定收益

---

① 　Gough,I.,"Social Welfare and Competitiveness",*New Political Economy*,Vol.1,
No.2,1996,pp.212-213.

② 　Iatridis,D.,*Social Policy*,California:Brooks/Cole,1995,p.87.

③ 　Midgley,J.,*Social Welfare in Global Context*,London:Sage,1997,pp.4-5.

④ 　Beck,W.,Van der Maesen,L.& Walker,A.,(eds.)*The Social Quality of Europe*,
Kluwer International,Amsterdam,1997.

的积累制养老金计划得到了加强和发展。在德、法等欧洲大陆国家，职业养老金计划的作用也开始受到重视。

此外，瑞典、意大利、波兰、拉脱维亚、蒙古和吉尔吉斯斯坦六个国家于 20 世纪 90 年代中后期引入了一个新模式——名义账户制度。该制度最突出的特点是把现收现付计划建立在具有个人账户的确定缴费制度的基础上。在该模式中，虽然按照确定的费率征缴的资金被记入个人账户，但与通常所说的确定缴费的个人账户制度相比，这些个人账户并没有提前积累实际资产，而只是一种记录，当前缴纳的费用仍然是用于目前的养老金给付。虽然账户是个人的，但个人并没有直接的产权，而只拥有对未来养老金的索取权。这种制度的优点在于既强化了个人责任和公平性，又保持了再分配功能，还避免了巨额的转制成本等问题。

同时，在国际货币基金组织、世界银行等国际组织的推动下，发展中国家养老保障制度改革也呈现新的景象。拉美国家纷纷效仿智利的经验，开始了养老保障制度的私有化改革。苏联和东欧剧变之后，一方面大幅度削减原有的国家养老保险计划，另一方面开始发展其他支柱的养老保险计划。东南亚国家以新加坡为榜样，建立并不断完善中央公积金制度。不过在南亚、西亚和非洲却出现了一个新的趋势——由养老公积金制度向确定收益型现收现付制转换，例如印度和坦桑尼亚。

4. 21 世纪初的养老保障制度改革

刚进入 21 世纪，国际养老保障制度改革的风向似乎又发生了改变。不过，发达国家的改革趋势与发展中国家的改革趋势似乎并不一致。

发达国家养老保障制度改革往往是强调通过严格给付条件、提高法定退休年龄、控制养老金水平甚至引入年轻移民等措施,增强制度的财务可持续性。在美国,随着小布什坐上总统宝座,新保守主义又占据上风,大规模的减税和削减福利的措施相继出台。在欧洲,随着经济增长停滞不前和失业率高居不下,德国、法国、意大利等国都不得不采取社会保障改革措施,在一定程度上削减了社会福利待遇。在德国,到了21世纪,养老金改革的基调发生了一些变化,要求克服老年贫困,强调社会公平的呼声越来越大。基于公共养老金的可持续支付问题已经大致解决,财政压力不大的现实,德国养老保障制度改革开始兼顾公平性诉求,对前期改革进行修正。其中,最突出的是2014年养老金改革,其核心是改善弱势群体的公共养老金待遇。主要措施:(1)年满63岁且缴满45年养老保险费者可以提前退休并可获得全额养老金;(2)引入"母亲养老金",即在1992年之前养育孩子的母亲可获得额外养老金补偿;(3)上调劳动能力受限者养老金额度。在英国,工党政府在养老金改革上变得倾向于新自由主义,但工会主义者却将养老金危机当作是新自由主义(人为)的危机。① 最终,工党丢掉了执政地位,而新的联合政府对英国的福利国家进行进一步的新自由主义改革:在改革的过程中兼顾效率与公平,通过减少国家对养老金的支付、引入个人养老金计划、加强对私人养老金的监管、引入存托养老金计划、建立最低收入保证制度等措施改变了私人与公共在承担养老金费用方面的责任分配,增加了养老保障制度的灵活性,提高了经济运行效率。

随着养老保障制度的进一步发展,其弊端逐渐突显,比如智利自1981年实施养老金私营化改革以来,经过二十多年的发展,摆脱了养老金亏空,且养老保险私营化、资本化管理给养老保险基金带来了丰厚

---

① Jo Grady,"Trade Unions and the Pension Crisis:Defending Member Interests in A Neoliberal World",*Employee Relations*,Vol.35,No.3,2013,pp.294-308.

的投资回报，从而提高了养老金的替代率，减轻了政府财政压力，降低了个人的缴费率。但私营化养老金也为智利带来了贫富差距扩大等一系列问题，社会矛盾也越来越突出。2016年11月4日智利全国抗议养老金制度，举行了大罢工并游行示威。游行的目的是希望废除现有的AFP，建立公共养老金制度，公平分配，采用发达国家的养老金制度，让劳动者老年的养老金得到保障。近年来，很多发展中国家则开始重视养老保险制度的再分配功能。在拉丁美洲，随着巴西、阿根廷、委内瑞拉等国的左翼政府上台，强调公平特别是消除贫困再次成为政府的政策重点。这些国家开始反思私营养老金制度的缺陷，并正寻求采取措施解决由此而来的贫富差距扩大、部分老年人贫困化等问题。对阿根廷改革实践的有关研究表明，完全缴费制度不能保证预防贫困，也不能保证提供足够的收入替代，因为那里的劳动力市场中超过一半人口就职于非正规部门。如果限制条件来自于劳动力市场结构，激励就不充分。在个人选择受到限制且缺乏必要的信息，而竞争又不足的情况下，引入个人账户必然会带来更大的风险，并要劳动者和养老金领取者去承担，特别是在那些易于发生宏观经济和通货膨胀危机的国家。因此，已经把养老金制度改成各种版本的三支柱模式的绝大部分拉丁美洲国家都遇到了同样的问题。拉丁美洲和其他地方当前的改革似乎正用更复杂的量身定做的方案代替对养老金私有化的最初信任，以实现养老金政策的各种预定目标，并与每个国家的特殊国情相适应。[1] 不过，也有研究指出，这些国家的养老金制度很难再回到原有的模式，政府采取的最低养老金保证等措施，只是对新的养老金制度模式的调整，

---

① Camila Arza, "The Limits of Pension Privatization：Lessons from Argentine Experience", *World Development*, Vol.36, No.2, 2008, pp.2696-2712.

并且会促进改革的进一步深化。①

（三）简评

到目前为止，国际养老保障制度改革的方向还是不确定的，或者说，难以找出所谓的养老保障制度改革的国际趋势。但是，可以得出以下结论：

第一，养老保障制度改革与经济发展状况紧密相联。每当一国经济状况恶化时，人们总是习惯于认为养老保障的再分配特征削弱了人们的劳动积极性，而养老保障水平过高影响了资本形成，因而，养老保障制度是罪魁祸首，必须改革，限制再分配的成分，降低待遇水平；而每当经济快速发展时，人们又往往会容忍或支持养老保障的再分配特性及其水平的不断提高。在经济因素中，国家财政状况又是影响养老保障制度改革的关键因素。当政府债台高筑时，削减养老保障等方面的政府负担往往会成为政府解决问题的配方；而当政府拥有大规模财政赢余时，它又往往会在这些方面过于慷慨，以取悦于选民。无论如何，各国养老保障制度设计都需要考虑它与经济发展的关系，特别是需要考虑它对经济发展的影响。

第二，养老保障制度改革受一国的人口状况特别是人口年龄结构的制约。人口状况特别是人口年龄结构决定了一个国家劳动人口与退休人口的对比，如果人口结构年轻，现收现付制度将具有明显的优势；而如果人口老龄化严重，现收现付制度将面临严峻挑战，至于基金积累制度在这种情况下是否更具优势，最终还是取决于基金积累制度是否

---

① Mitchell A.Orenstein,"Pension Privatization:Evolution of A Paradigm",*Governance:An International Journal of Policy,Administration,and Institutions*,Vol.26,No.2,2013,pp.259-281.

更能促进经济增长。所以，当人口年龄结构年轻时，一国政府往往更倾向于现收现付制度，当然，也会适当考虑未来的人口状况，从而引进一些基金积累成分；而当人口老龄化日益严重时，尽管不同的国家会选择不同的政策，但提前积累为将来做准备往往被推崇。

第三，各国的政治文化差异对制度模式的选择产生了重要影响。在瑞典等国，一贯强调社会和谐和互助，长期把追求平等和消灭贫困作为重要政治目标，所以，任何会导致贫困和不平等状况严重恶化的改革方案都不可能成功，因而选择了以名义账户制度为主体模式；在美英等国，一贯强调个人责任和自助，长期追求把政府作用局限在尽量小的范围内，因而改革的方向是以私营个人账户制度为主体模式；在东南亚国家，一贯强调社会稳定，长期主张政府在经济生活中发挥重要作用，因而选择了中央公积金制度。所以，在比较各种模式时，我们不能简单地说这一种优于另一种，必须把制度模式与该国国情结合起来，看哪一种模式更适合该国国情。而新制度的具体设计也应该以该国国情为基本依据。

第四，执政者的政治主张会对养老保障制度改革产生最直接的影响。尽管一国的社会经济文化以及人口状况等方面的实际因素从根本上制约着该国可采取的养老保障政策，但对这些实际因素，不同的人有不同的解释，因而必然会产生不同的政策主张。这样，执政者的政策主张就会对具体的养老保障政策产生最直接的影响。因而，同样是美国，布什政府和克林顿政府的养老保障政策有一定的差别；同样是英国，布莱尔政府和撒切尔政府的养老保障政策存在着很大差别。

此外，各国养老保障制度改革，还受其他一些因素影响。例如：各国的原有制度的"惯性"也对制度模式的选择产生了重要影响。像瑞典这样长期实行现收现付制度的国家，如果一下子把原制度推翻去建立一个以个人账户为基础的完全积累制度,不仅广大职工难以接受,政府也要面对几乎无法消化的巨额转制成本;与此相比,那些现收现付制度还没有建立或建立不久或所发挥作用不太大的国家,建立以个人账户为基础的完全积累制度的难度要小得多。

二、中国城镇职工基本养老保险制度改革述评

(一)改革的起因

与西方发达国家不同,从制度设计上看,中国原有的城镇职工养老金制度总体上看是与原来的计划经济体制相适应的。在计划经济体制下,市场的作用被压缩至最小,家庭也基本上是计划体系中的微小单元,不存在福利多元化问题,国家提供的福利项目也是根据国家计划设置的。至于当时养老金制度覆盖面过小,主要是因为当时绝大部分人口在农村,城镇就业人口所占比重不大。而且,考虑到当时的低工资政策,即使养老金替代率水平较高,也整体上几乎不存在城镇职工家庭的养老金过多的问题。只能说,相对于农村居民和非正规部门劳动者而言,城镇正规部门劳动者的养老保障状况确实要好得多。

从外部环境来看,一直到新制度推行,中国都仍然属于人口年龄结构偏年轻的国家,虽然此后人口急剧老化,未来人口老龄化对养老保障制度的冲击会相当强烈。所以,如果说人口老龄化对中国城镇职工养老金制度改革产生了影响,当时也主要是一种对未来的忧虑。从基金投资来看,计划经济时代根本不存在这个可能,改革开放之后相当长的一个时期内也没有太好的土壤,现实也已经证明,大规模基本养老保险

基金投资是 2017 年之后才发生的事情。① 因此，如果要找中国城镇职工基本养老保险制度改革的起因，最根本的就只有一个，即：在中国从计划经济向社会主义市场经济转型的过程中，原有的城镇职工养老金制度逐渐不适应新的社会主义市场经济体制。这种不适应集中体现在：原有的制度是一种依托于计划经济体制的单位保障制度，而社会主义市场经济则意味着企业是可能会破产的，劳动者也是可以流动的。这就要求建立一种独立于用人单位之外的社会化的养老金制度。当然，改革开放之后，中国人开始越来越多地学习西方发达国家的先进技术和管理理论、经验，新自由主义等思想也对中国城镇职工基本养老保险制度改革产生了深刻的影响，突出表现就是个人账户制度被引入。

（二）改革历程

如果从 20 世纪 80 年代中期算起，中国城镇职工基本养老保险制度改革的发展历程大致可以被划分为四个阶段：

第一个阶段为改革探索时期，时间从 1987 年至 1994 年。在这个时期，我国正在探索经济体制改革的道路，伴随企业破产等政策的推行，原有的养老保险制度越来越变得不合时宜。以前的养老保险制度只是建立在国有经济基础之上，社会养老保险责任完全由国家和企业承担，实行的是完全的现收现付制。在人口年龄结构年轻的时候，通过当期在职人员的缴费来支付当期退休人员的养老金不会存在问题，但随着我国养老保险制度内的赡养率迅速上升，同时也受到世界上其他国家养老保险制度改革的影响，人们开始担心现收现付制能否维持下去，尽快拓宽养老保险覆盖面成为政府的当务之急。1987 年，国务院

---

① 下文中将详细阐述这一点。

发布《国营企业实行劳动合同制暂行规定》,提出国家对劳动合同制工人的退休养老保险实行社会统筹,所需资金来源于企业和劳动合同制工人共同缴纳的费用。这标志着我国城镇企业职工养老保险制度改革正式开始。而这个时期最重要的政策来自 1991 年 6 月国务院发布的《关于企业职工养老保险制度改革的决定》,它提出,"随着经济的发展,逐步建立起基本养老保险与企业补充养老保险和职工个人储蓄性养老保险相结合的制度。改变养老保险完全由国家、企业包下来的办法,实行国家、企业、个人三方共同负担,职工个人也要缴纳一定的费用",逐步建立起基本养老保险与企业补充养老保险和职工个人储蓄性养老保险相结合的制度。这为中国养老保险制度改革确定了大的方向,标志着中国城镇职工基本养老保险制度改革取得了决定性突破。

第二个阶段为基本方案的确立与推广阶段,时间从 1995 年到 2004 年。1995 年 3 月,国务院颁布了《关于深化企业职工养老保险制度改革的通知》,正式确定了企业职工养老保险制度改革的目标:"到本世纪末,基本建立起适应社会主义市场经济体制要求,适用城镇各类企业职工和个体劳动者,资金来源多渠道、保障方式多层次、社会统筹与个人账户相结合、权利与义务相对应、管理服务社会化的养老保险体系。"同时,考虑到各个地区的实际情况不同,提出了两种"统账结合"的具体实施方案,供地方自由选择,各地还可以根据自身情况进行调整。方案一是"小统筹大账户",强调个人账户的激励作用;方案二是"大统筹小账户",强调社会统筹的作用。两个方案的核心思想是在控制企业负担比例的同时逐步提高职工个人的缴费比例。但是,此后各地基本养老保险缴费出现了一定的混乱,因为我国养老保险的统筹层次本来就是以县、市为主,允许地方选择具体实施方案的做法造成了全国各地养老保险缴费和待遇水平相差很大,进一步导致职工跨地区、跨部门流动异常困难，国家难以调控和规范。为了扭转这种混乱的局面，国务院在 1997 年 7 月又颁布了《关于建立统一的企业职工基本养老保险制度的决定》，该文件明确要在全国范围内建立统一的社会统筹与个人账户相结合的养老保险制度，其中社会统筹采用现收现付制，个人账户采用基金积累制。自此，中国城镇职工基本养老保险制度的基本方案得以确立。此后一直到 2004 年，养老保险政策主要是强调既定方案如何能够得到更好地执行。

第三个阶段为政策进一步调整阶段，时间为 2005 年到 2014 年。其标志性文件是国务院在 2005 年 12 月颁布的《关于完善企业职工基本养老保险制度的决定》，它提出了完善企业职工基本养老保险制度的指导思想与主要任务，为 2005 年之后中国企业职工基本养老保险制度发展做出了规划。在这个时期，一个相关的重要制度建设就是 2000 年国务院决定建立"全国社会保障基金"，同时设立"全国社会保障基金理事会"，负责对它的管理运营。从这么多年的情况来看，全国社会保障基金的运营还是比较成功的。[1] 另外一项重要的制度建设是 2009 年建立了全国统一的城镇职工基本养老保险关系转移接续机制，对于保障参保职工的权益、促进劳动力合理流动具有重要意义。此外，有一个重要的尝试就是试点做实个人账户。2001 年，国务院决定在辽宁省开始进行做实个人账户的试点工作，接下来将试点范围扩大到东北三省，后来又扩大到 3 个省（自治区、直辖市），但这项政策最终被放弃了。[2]

第四个阶段为改革攻坚阶段，从 2015 年到现在。在这个时期，几项艰难却重大的相关政策被颁布，极大地推进了城镇职工基本养老保

---

① 下文还将进一步阐述。
② 下文还将进一步阐述这个问题。

险制度改革的深化。2015年初,国务院印发了《关于机关事业单位工作人员养老保险制度改革的决定》,实现了机关事业单位与城镇企业职工基本养老保险制度统一,解决了颇受社会诟病的"制度鸿沟"问题,促进了社会公平。同样是在2015年,国务院印发了《基本养老保险基金投资管理办法》,向基本养老保险基金市场化投资迈出了实质性步伐,投资范围和投资方式日渐多元化,社会广为关注的基金保值增值问题有望逐步得到解决。2018年,国务院发布了《关于建立企业职工基本养老保险基金中央调剂制度的通知》,通过实行部分养老保险基金中央统一调剂使用,有助于均衡地区间基金负担,提高养老保险基金整体抗风险能力。2019年,国务院又决定将城镇职工基本养老保险单位缴费比例从原规定的20%降至16%,并核定调低了社保缴费基数,有助于减轻企业的负担。

(三)简评

对中国城镇职工基本养老保险制度改革的简要回顾,可以发现:中国城镇职工基本养老保险制度改革经过了一个不断探索和完善的过程,这个过程中,既有对国外经验的借鉴,更有对中国国情的考虑,因而可以说已经积累了十分宝贵的经验。这其中尤其需要注意以下几点:第一,新制度运行没多久,个人账户"空账"问题就产生了,后来部分省份出现收不抵支,养老金"缺口"问题凸显出来,这说明,财务可持续性是这个制度的最大挑战,特别是在中国人口老龄化加速的现实情况下。因此,城镇职工基本养老保险制度改革需要重点着眼于改进其财务可持续性。第二,城镇职工基本养老保险制度改革主要是为了适应经济体制改革的需要而启动的,它必然与经济发展存在紧密的联系,它的制度设计也应该考虑其经济效应。第三,城镇职工基本养老保险制度改革的过程也是一个对制度设计进行调适、改进的过程,这种调适和改进既要考虑提升其财务可持续性,也要考虑改善其经济效应。这就需要进一步深入地研究相关难题,例如,如何完善激励机制,增强制度吸引力? 如何打破分立分割严重的运行格局,提高统筹层次,一方面在更大范围实现风险分散与互助共济,另一方面更好地适应人力资源合理流动与有效配置的需要? 如何化解长期累积的个人账户"空账运行"难题,等等。中国已经进入全面深化改革时期,在发展迈入新常态、经济下行压力不断加大和人口少子化、老龄化持续深化的新形势下,城镇职工基本养老保险制度需要及时跟上全面深化改革的时代步伐,加快转型升级,实现攻难克坚,更好地发挥其保障和改善民生,稳定社会预期与促进经济发展、社会和谐等积极功能。能否客观理性地分析上述问题,不仅直接影响到中国社会养老保险制度转型升级的方向,而且事关改革攻坚的具体路径选择,影响深远。

第十章　中国城镇职工基本养老保险制度改革政策建议

前文的分析为本章提出的改革建议打下了一定的基础。在这里，首先提出前文分析所得出的核心观点：不同的养老保险制度设计不仅会对经济发展产生十分不同的影响，而且会对制度的财务可持续性产生十分重要的影响。中国现行城镇职工基本养老保险制度财务可持续性将难以维持，基本原因就在于制度设计。因此，需要对城镇职工基本养老保险制度从整体上再进行设计，才能促进基本养老保险制度实现为所有老年人提供基本养老保障的政策目标，并维持制度的财务可持续性。

一、果断前行，引入名义账户制度

目前，对城镇职工基本养老保险制度财务制度选择的关注点集中在个人账户何去何从的问题上。对于这个问题，有三种主张产生了较大的影响，即：坚持统账结合，做实个人账户；剥离个人账户，重返现收现付制；实行名义账户制。做实个人账户正变得越来越困难，更重要的是，即使做实了，带来的问题可能比解决的问题还要多，特别是，在一定的时期内基本上不可能实现基金投资收益率大于工资增长率与人口增长率之和。剥离个人账户，重返现收现付制，只是一种美妙的幻觉，不仅难以解决已有问题，还会带来新的风险，特别是政治风险。将整个职工基本养老保险置于名义账户制之上，也会带来过大的风险。因此，只有既坚持统账结合，又将个人账户变成名义账户，才是顺势而为的选择。

（一）引入名义账户制是顺势而为

中共十八届三中全会提出"完善个人账户制度"，取代了之前"继续做实个人账户试点"的提法。这说明，决策者已经认识到还有其他选项。"名义账户制"就是其中之一，其核心思想是将个人账户建立在现收现付的基础之上，即社会缴费直接用于支付当前的退休者，它的账户系统仅仅是一种"记账"的管理方式，而不需实际存入缴费，回报率取决于政府规定的名义回报率[1]。目前引入这样一种制度安排，具有一系列的便利条件。第一，职工基本养老保险个人账户已经存在并且空账化，从法律上将其确认为名义账户，可以避免继续做实个人账户所带来的各种困扰，而且易于操作。只要废止有关做实个人账户的规定（这些规定事实上也已经失效），并将已经做实的账户资金重新整合为大规模储备基金，建立记账利率的确定与调整机制，有关名义账户的一些新规定就容易顺利实行。第二，将已有的个人账户置于现收现付制度之上既可以继续利用现收现付制的比较优势，又可以发挥个人账户的激励机制，经过恰当的宣传，可以在一定程度上被人们理解和接受。第三，可以为解决基本养老保险个人账户的收益问题提供一个比较可接受的方案。长期以来，基本养老保险基金过低的收益率一直备受诟

---

① Holzmann, R. and Palmer, E., *Pension Reform: Issues and Prospects for Non-Financial Defined Contribution (NDC) Schemes*, Washington D.C., The World Bank, 2006.

病,而名义账户的利率主要是依据非金融性指数和制度参数进行计算和调整,受金融市场风险的影响较小,相对稳定,能够较好保护参保人养老金权益。第四,名义账户制下的基金管理可以发挥规模优势,也比较符合我国目前的国情。在名义账户制度下,虽然每个账户只保留了记账功能,但整个制度却可以也有必要建立一定的基金储备。这种基金可以集中管理,发挥规模优势,以更低的管理成本获得更好的收益。与此相比,在一般职工缺乏投资基础知识、金融市场还不够完善的情况下,将个人账户做实并赋予参保职工投资选择权,往往会带来更高的成本、更大的风险。

(二)实行名义账户制度的合理性

与基金积累制度相比,现收现付制度在追求代际风险分担与福利改进、进行代内再分配等方面有一定的优势;与社会统筹账户相比,个人账户则在改进对个人的激励从而提高制度运行效率上具有明显的优势。正是基于以上考虑,欧洲一些国家探索出了名义账户制度,主要目的就是想将现收现付制度与个人账户制度结合起来,从而在养老保险制度内实现公平与效率的有机统一。

名义账户制度虽然因产生时间相对较短而还没有积累十分丰富的实践经验和教训,但对于我国目前的基本养老保险制度顶层设计来说,名义账户制度因为以下几个方面的原因而显得具有较强的适用性:

第一,名义账户制度有助于我国既兑现老制度下已经积累的养老金权益,又避免陷入不得不将隐性债务迅速显性化所带来的困境。在人口急剧老龄化的时代背景下,"统账结合"的养老保险制度模式将面临一个非常大的两难困境:一方面政府要进行越来越多的投入,以保证兑现劳动者的养老金权益;另一方面即使政府花大力气做实个人账户，基金也难以获得较高的投资收益率，特别是，要想使个人账户基金获得高于社会平均工资增长率的收益率几乎是不可能的。这也就意味着，做实个人账户是一件费力却不经济的事情。在这种情况下，用名义账户制度代替现有的制度安排应该是更合理的选择。

第二，名义账户制度既有助于强化养老保险制度的激励，又便于满足民众在工作—退休选择上的不同需要。由于名义账户制度仍然是个人账户制度，只要在制度设计上不被内置过多的再分配功能，个人账户制度的激励性仍然可以得到充分发挥。而且，在名义账户制度下，人们可以自由选择在超过法定最低退休年龄之上的某一岁数半退或全退，这可以满足那些还能并愿意继续工作或想获得更高水平养老金的人的不同需要。如果个人选择半退，不仅可以按全额养老金的一定百分比获得部分退休金，还可以继续工作并按收入向名义账户缴费，以增加名义资本积累，从而提高完全退休时重新计算的养老金水平。此外，如果劳动收入和养老金适用同样的税则，个人就能够以多种方式将工作、收入与养老金相结合。这样的话，名义账户制度就使得人们在如何退出劳动力队伍上拥有了更多的选择权。

第三，名义账户制度便于政府继续通过养老保险制度进行再分配，这对于收入差距已经很大的中国尤其重要。与完全积累的个人账户制度相比，名义账户制度可以提供一个服务于各种再分配目标的制度框架，即政府可以通过向特定的个人账户记入某个金额来实现其再分配目标。例如，政府可以考虑，在个人遇到服兵役、照顾幼童、高等教育、疾病、失业、残疾等情况时相应地增加其名义账户中的记录，以保障其获得相应的养老保障权益；政府也可以考虑，当个人获得的法定养老金低于某一最低标准时，为其弥补缺口以避免其陷入贫困。这样做，还有一个很重要的好处,政府所记入的金额就是这些特殊问题的真实成本,政府财政所负担的责任将因此更为透明,这有助于有效避免或防范政府财政负担的过度膨胀。

第四,名义账户制度有助于将确定缴费制度与现收现付制度结合起来,寻求养老保险制度的长期财务收支平衡。名义账户制度仍然是确定缴费制度,正在工作的劳动者需要按照法定的费率缴费,这些收入主要被用于为已经退休的人发放养老金,而缴费者所得到的是以个人账户记录为依据的养老金权益。这样的话,制度的收入是可以大致确定的,而制度的支出也可以通过特定的方式加以调节。如果规定养老金水平随人口生命预期的变化而变动,人口年龄结构不稳定对制度开支的影响将会因此被部分抵消,特别是,当人口平均生命预期上升时,人们就会增加工作时间使自己获取的养老金水平不至于因寿命的延长而降低,从而促进整个制度在人口老龄化的情况下保持长期财务稳定。如果向个人账户提供恰当的记账利率(如瑞典的缴费收入增长率),就可以避免通货膨胀等因素对养老金权益的侵蚀;如果设计恰当的养老金指数化调整机制,就可以保障老年人比较充分地享受经济增长的成果。如果将制度的支出与收入结合起来,像瑞典那样设计一个"养老金—债务调整机制",当制度出现财务失衡时,问题就可以及时得到解决。

(三)实行名义账户制度应注意的问题

如果要在中国推行名义账户制度,应该注意以下几个方面:

第一,推行名义账户制度并不意味着要免除政府相应责任。名义账户制度虽然强化了个人的缴费与将获取的养老金之间的联系,但并非必然会减轻政府财政负担。相反,在我国目前的情况下,名义账户制度的推行只会使得政府的责任（特别是再分配职能）更为明晰。政府不仅要按照特定的记账利率为名义账户提供名义收益，还要为特殊情况下的特殊群体提供额外的个人记账额，并保证劳动者在退休后获得高于特定标准的养老金，而且该养老金将按照科学的指数化方法定期加以调整。因此，政府应该首先为该制度的推行做好准备，特别是资金上的准备。

第二，在应对人口老龄化问题上，不应该对名义账户制度本身寄予过高的期望。由于财务基础仍然是现收现付制度，名义账户制度实际上就是合法的"空账运行"的制度，也就是说，仍然是依靠下一代人缴费来填补上一代的"空账"以兑现对上一代的养老金承诺。在人口老龄化的背景下，名义账户制度仍然和传统的现收现付制度一样面临着两难选择——要么降低上一代的养老金水平，要么增加下一代的负担。不过，在这个问题上，完全积累的个人账户也不一定更高明。因为，虽然做实个人账户可以提前积累资金，但如果这些资金不能被很好地加以利用以促进国民财富的增加，个人账户仍然逃脱不了上述两难选择。这正是我国目前的真实写照。而如果名义账户制度的推行可以让政府把"节省"下来的钱用在更恰当的地方，可以让企业"节省"更多的钱用于投资，对于我国经济增长乃至国民财富的增加将更有益处，也更有利于解决人口老龄化问题。

第三，无法断言名义账户制度对当前中国的适用性在几十年后会仍然有效。亨利·阿伦认为，在"生物回报率"（人口增长率+实际工资增长率）大于市场利率的前提之下，现收现付制度在提供养老金上将会优于基金积累制度。从我国近些年的情况看，个人账户基金的投资收益率远远低于工资增长率与人口增长率之和，而且可以预见，在今后一段时间内，它也很难高于工资增长率与人口增长率之和。因此，我国目前推行名义账户制度具有明显的优势。可以预见，在一定的时期内，名义账户制度下个人账户的"记账利率"将会高于市场利率。但是，这种局面还会持续多久不得而知。如果将来情况发生逆转，而政府又被迫硬着头皮保证名义账户的记账利率高于市场利率，政府财政将会背上更加沉重的包袱。

二、坚持包含名义账户的统账结合制度

（一）坚持统账结合仍然有必要

虽然引入名义账户制度之后，个人账户与统筹账户都建立在现收现付之上，但坚持统筹账户仍然必要。有一些学者主张彻底剔除统筹账户，实行"名义大账户"或"全账户"模式，因为那样更有效率，更具激励性和可持续性。但是，在目前提倡这类模式还是存在过大的风险。首先，这种模式得到社会广泛支持的可能性较小。这么多年来，舆论一直在关注个人账户空账问题，等于对社会大众进行了一种潜在的教育，告诉大众空账是多么不可接受。要想让已有的个人账户在空账模式下运行，就已经需要花费很大的力气才能让越来越多的人理解并接受，而要想让整个职工基本养老保险制度都在这种模式下运行，就更难让社会公众理解并接受。其次，名义账户制度在理论上存在的优势还没有得到充分检验，内在矛盾仍然存在，风险也没有被充分认识。它强调缴费和待遇之间的关联性，从而提高制度的激励性，却有可能会削弱基本养老保险制度的再分配功能。虽然可以在其中内置再分配功能，但能否像传统的现收现付制度一样实现收入再分配目标还有待观察。如若无法发挥其再分配功能缩小收入差距，那么职工基本养老保险制度强制推行就被削弱了合法性来源①。它通过记账利率的设计，自动"跳过"了实账下的实际投资风险，从而保障职工退休后的养老金权益，实际上却是让整个制度甚至国家一起来承担风险。而制度能否较好地承担风险，主要取决于能否建立一套较好的财务自动平衡机制，这种财务自动平衡机制的核心仍然是名义利率的设计，利率过高或过低都会出问题。这也需要时间去检验。最后，完全剔除统筹账户将打破制度的稳定性和连续性，将带来一系列制度设计上的冲击。一大批相关政策法规会被废止或修订，另外一大批新的法规将被制定和颁布，改革的时间成本及其他相关成本将大幅度提升。

（二）坚持包含名义账户的统账结合制度

保留统筹账户制度，继续提供基础养老金，以发挥统筹账户经过时间检验的再分配功能，是职工基本养老保险制度获取更广泛的民意支持的关键，也就是改革获取政治支持的关键。仅仅从这个角度讲，就不能轻言放弃统筹账户。而且，我国的基础养老金早在 2006 年的计发办法中就已引入了激励机制使得基础养老金待遇与个人收入挂钩，以增强激励。引入名义账户制度作为现有个人账户问题的解决办法，既保留个人账户的激励机制，又通过将其建立在现收现付制之上，避开做实个人账户的难题。同时，抓住时机建立大规模养老基金储备，以应对将来可能出现的财务风险。这样既保证了职工基本养老保险制度的稳定性和连续性，又通过锐意改革化解了当前的难题，为改革赢得了新的机遇期。在这个机遇期内，既可以继续考察名义账户制度在中国的适应性，又可以调整统筹账户与个人账户的相对规模，还可以逐步建立大规

---

① 杨俊：《全面认识名义账户制度》，《人民日报》2015 年 3 月 2 日。

模养老基金储备以预防风险。因此,包含名义账户的统账结合制度是当前职工基本养老保险制度改革的顺势而为的选择。

三、调整法定退休年龄的政策建议

如果让所有劳动者在退休年龄选择区间内根据自身利益最大化进行选择,其结果从整体上看显然并不是最优的,也就是说,正确的退休年龄政策应该是对不同群体的退休年龄选择进行调整,从而实现社会利益的最大化。这其中,最关键的是确认不同群体基于个人利益最大化而进行退休年龄选择中包含了哪些不合理的意愿,又有哪些合理的意愿。通过法定退休年龄政策调整,以帮助人们实现那些合理的意愿,而放弃那些不合理的意愿。

(一)针对一般群体的法定退休年龄政策

如前文所述,在现行政策下,受教育程度较低,没有良好的技术或专门知识,主要依靠简单劳动获得较低劳动报酬的一般群体通常倾向于选择提前退休,其主要考虑以下因素:一是岁数越大越难以找到合适工作;二是身体不适或者需要承担照顾家庭幼童等事务;三是少交一些年份的费用,同时养老金收益不会大幅下降;四是早点领取退休金,同时再去干一些临时工赚钱。前两个方面的考虑虽然合理,但充满了风险与不确定性,可能导致退休者养老金不足。后两个考虑虽然是基于个人利益最大化,但却是不合理的,因为养老保险制度需要强调缴费义务与养老金权益之间的关联性,才能够可持续发展。相关法定退休年龄政策虽然应该给个人留下一定的选择空间,但也要规避那种少交费多享受的不合理意愿,并帮助非理性的群体作出较为合理的退休年龄选择。当然，这也免不了少数个体因非理性选择而陷入困境，政府应当但只需要承担起该部分群体的最低生活保障职责。正是基于这样的考虑，假定我国目前将法定标准退休年龄提高到 64 岁，应该允许人们选择提前退休，但是，政策还需要考虑至少几个方面：第一，在将法定标准退休年龄提高到 64 岁的同时，标准退休金应该得到相应的提高，否则将引起普遍的反对；第二，提前退休的岁数应该有限度，例如可以规定最低退休年龄为 59 岁（劳动强度大或工作性质特殊等情况可以适当放宽）；第三，选择提前退休者，其所能够领取的养老金将按照提前退休的年数递减。

（二）针对技术群体的法定退休年龄政策

如前文所述，掌握专门知识或技术，拥有较高文化水平的技术群体在选择退休年龄时主要考虑以下三个方面：一是边拿退休金边拿工资；二是留恋自身因拥有技术而逐渐获得的权力；三是考虑为子女留遗产等家庭因素。前两者是不合理的，对于边拿退休金边拿工资，不仅不利于国家解决就业问题，特别是对其他求职者不公平，而且，退休后获得双份收入，往往又不缴纳各种税费，对其他就业者而言也是不公平的。至于其中一些人对权力的留恋，也许包含有合理的理由，但通常会减缓人才的代际更替，影响所在领域的技术创新与进步。第三种意愿是合理的，但在一定程度上造成了经验技术型劳动力的损失。基于这样的考虑，政策应该鼓励人们推迟退休，但需要注意：第一，可以通过扩大个人账户缴费在总缴费中所占比例、增强基础养老金与缴费年限的关联度、根据延迟年份递增基础养老金等方法，鼓励推迟退休；第二，推迟退休也应该有限度，如果以 64 岁为标准退休年龄，至多可以推迟到 69 岁（即法定最高退休年龄），以免影响就业和技术进步；第三，推迟退休者可以继续发挥自己在技术或知识方面的特长,但应该放弃相关行政性权力;第四,建立举报制度,防止部分人在领养老金的同时从事全日制工作。

(三)针对掌握权力的群体的法定退休年龄政策

如前文所述,那些拥有权力,掌握资源,能够制定政策或具有一定的决策权的群体通常会选择推迟退休,既有可能是认为自己的能力和经验还可以为社会多做些贡献,也有可能是为自己谋取更多的利益。考虑到前一种情况确实普遍存在,政策应该允许他们其中部分人推迟退休;如果考虑到后一种情况可能会导致腐败问题,严重影响社会公平正义,那么,对于掌握权力的人推迟退休就需要十分慎重;另外,对于掌握权力的群体,更重要的是要考虑代际更替问题,顺畅的权力交接有助于提高组织或机构的活力和管理效率。基于这样的考虑,可以对掌握权力的群体实施这样的退休政策:第一,其中的绝大部分人应该在法定最低退休年龄(59岁)时让出手中的权力,并在达到标准退休年龄时退休;第二,对于其中的拥有特殊技能或知识的人,虽然也需要在达到法定最低退休年龄(59岁)时让出手中的权力,但经过特定的审批程序,可以在达到法定标准退休年龄(64岁)之后继续工作,直到达到法定最高退休年龄(69岁)时退休;第三,对于其中极少数达到一定的级别或者具有某种特殊能力的人,经过更为严格的审批程序,可以在达到法定标准退休年龄(如64岁)或法定最高退休年龄(69岁)时再让出手中的权力,并退休。

(四)小结

总而言之,基于不同社会群体对退休年龄的选择,可以制定一套弹性退休政策,这主要包括:将法定标准退休年龄提高至 64 岁,并相应地提高养老金水平;允许在达到法定最低退休年龄(59 岁)时选择提前退休,但相应地减少养老金给付;通过扩大个人账户缴费在总缴费中所占比例、增强基础养老金与缴费年限的关联度、根据延迟年份递增基础养老金等方法,鼓励部分人在达到法定标准退休年龄(64 岁)之后继续工作;对于特定的群体制定专门的法定退休年龄政策;等等。这样的政策可能会有不足之处,其原因可能在于对社会群体的划分不够细致、对不同社会群体退休年龄选择行为的分析不够全面深入等方面,但是,从整体上看,它能够反映社会经济发展的要求,特别是基本养老保险制度可持续发展的要求。

四、其他政策建议

(一)重置企业和个人养老保险缴费率,并完善征缴机制

1.重置企业和个人养老保险缴费率

在世界范围内,除了瑞典等少数高福利国家外,大部分国家的基本养老保险缴费都坚持了劳资平等负担的原则(即雇主和雇员的缴费费率相同),并同时加大政府投入以实现制度的收支平衡。而目前中国城镇职工基本养老保险缴费的主要承担方在企业,这使得我国企业基本养老保险缴费费率较高,这势必会影响企业经营状况,特别是影响企业劳动力需求。因此,我国在加快工资制度改革以尽早实现劳动收入货币化、工资化的同时,应该逐步降低企业养老保险缴费费率。在建立国民年金制度之后,企业缴费和职工缴费都存入个人账户,名义账户制度的压力将大为减轻,会为重置基本养老保险费率提供空间。可以想

象,如果将企业缴费费率降低至与员工当前费率一样水平(即8%),甚至将两者都同时降低至更低的水平,将会对参保企业带来积极的影响:企业的负担会大幅度降低,不仅参保积极性将得到提高,并有利于制度覆盖面的扩大,而且企业竞争力将得到提升,且有利于促进就业。

2. 完善养老保险征缴机制

前文已经分析了遵缴率不断下降带来的影响,而征缴环节也是造成费基不实的一个重要原因。从世界范围来看,企业在法定养老保险缴费中的瞒报、逃费行为普遍存在,已经成为一大难题。对于我国而言,目前关键是要做好以下两个方面的工作:第一,加大执法力度,把惩戒与激励机制结合起来,促进企业按时、按规定数额缴费。特别是,对于提前预缴者应该给予一定的奖励,而对于明显有缴费能力却拖欠者应该按照有关规定进行惩处。这其中有许多工作可做,例如,税务部门可以联合社会保险部门,切实核查企业的真实用工人数,并以此人数作为核定企业计税工资的依据,制约企业自主虚报、减报用工人数的行为;可以充分利用养老保险费征缴的稽查手段,定期或不定期地稽查用人单位申报的缴费基数、工资总额及员工工资发放等情况;可以建立记录企业与个人缴费情况的养老保险缴费记录系统,记录各种逃费问题,使其与企业、与个人的其他信息(如纳税信息)共享使用,增加企业与个人的信用成本压力;可以从企业税费的总体负担入手,把企业是否履行了养老保险缴费义务作为其享受其他政策优惠措施的前提和条件,为企业养老保险负担能力让出适当空间;还可以设计科学合理的企业缴费能力财务评估体系和个人收入评估体系,对恶意逃避养老保险缴费义务的缴费主体给予惩罚,给公众一个稳定的制度预期,降低企业投机心理。第二,提高政府相关职能部门的征缴效率。一方面,加强养老保险征收工作的专业化、规范化、信息化,努力提高征收部门的服务质量和水平；另一方面，可以考虑建立相应的绩效考核制度，各地区可制定并不断改进养老保险费征收奖惩实施办法，对养老保险费的征缴工作实行目标考核奖励，调动相关职能部门和一线征缴人员的工作积极性。

（二）充实中央和地方两级养老基金储备，完善基金投资管理政策

中央政府与地方政府应该分担相应的出资责任，共同行动以应对挑战。这就要求，中央和地方都应该有充足的养老基金储备，并完善投资政策以保障基金获得合理的收益。

1. 中央和地方都应该建立专项养老基金储备

中央已经建立了全国社会保障基金，并且取得了不错的投资运营业绩，应该继续通过国有股转持等方法进一步充实和加强，以满足未来的需要。还有学者建议，应该用外汇储备打造主权养老基金。[①] 在当前外汇储备不仅被国人诟病也为外人视为"威胁"的情况下，把一部分外汇储备逐步转换成主权养老基金所持有的资产不失为一种选择。另外，地方政府的出资责任也将十分巨大，因此，地方政府在继续扩面、加强征缴以增加征缴收入的同时，可以考虑根据本地情况建立省级专项养老基金储备，其资金主要来源于省（市、县）属国有企业的股权转持及其上交的利润和税金、土地出让收入、财政拨款等。

2. 完善养老基金投资管理政策

如果按照上述思路建立养老基金储备，将会形成四类基本养老保险基金：全国社会保障基金、主权养老基金、省级专项养老基金和企业

---

① 郑秉文：《中国建立"主权养老基金"的急迫性及国际比较——应对"中国威胁论"与外汇储备二次分流的战略思考》，《国际经济评论》2008 年第 2—3 期，第 43—52 页。

与员工缴费形成的基金。这些基金的投资管理将会成为一个大问题，应该根据其不同的功能，制定不同的投资管理政策。首先，就管理主体而言，各省份可以效仿全国社保基金理事会建立自己的理事会，以负责本地专项养老保险的运营；中央可以另外建立单独的机构负责主权养老基金的运营；至于企业与员工缴费将主要用于为已经退休者发放养老金，形成的基金规模将十分有限。其次，就投资对象而言，企业和员工缴费所形成的基金应该把安全放在第一位，并为随时兑现养老金承诺做好规划，因而应该主要投资于国债（含专项国债）和银行存款；至于各地专项养老基金的投资对象，可以效仿目前全国社会保障基金，即对一些高风险投资进行适当的比例限制；主权养老基金主要用于国际投资，甚至也可以帮助我国实现一些国家战略目标。

（三）明确划分中央和地方的相关责任，完善专项财政转移支付机制

首先，对于历史欠债，应该尽快评估其目前规模，并将之隔离开来，由全国社会保障基金、主权养老基金和地方专项养老基金分担，并拟定计划逐步清偿。

其次，对于新制度中形成的养老金债务，考虑到各地财务负担与财务实力的不对称性，在实行省级统筹的情况下可以建立中央对地方的专项转移支付机制。假定制度赡养率和财政实力是主要因素，同时考虑其他因素，可以运用以下公式确定中央对各省份的基本养老保险转移支付额度：

$$T^i = n\left(\alpha \frac{r^* - r^i}{r^*} + \beta \frac{s^i - s^*}{s^i} + \delta\right)P^i$$

其中：T^i 是中央对第 i 个省份的专项转移支付额；n 是基准比例

值，可根据中央与地方的财力对比等因素设定，比如20%；α 是财力因子，可考虑各地财力差异及其对基本养老保险基金财务平衡的影响设定；r^i 和 r^* 分别为第 i 个省份的人均财政收入和各省份中人均财政收入的最大值，可以根据该省份上一年度统计数据设定；β 为人口因子，根据人口因素对基本养老保险基金财务平衡的影响设定；s^i 和 s^* 分别为第 i 个省份的制度赡养率和各省份制度赡养率的最小值，可根据上一年度统计数据设定；δ 为调整因子，主要用于对各省份进行一定的奖惩，以对上一年各省份基本养老保险制度运行状况的评估为基础加以设定；P^i 为第 i 个省份的基本养老金支出额，可根据上一年度统计数据设定。此外，应该规定 $\alpha + \beta \leqslant 1$，以保证转移支付额度的可控性，因为 $0 \leqslant \dfrac{r^* - r^i}{r^*} < 1$ 且 $0 \leqslant \dfrac{s^i - s^*}{s^i} < 1$，这样就使得 $0 \leqslant \alpha$

$\dfrac{r^* - r^i}{r^*} + \beta \dfrac{s^i - s^*}{s^i} < 1$。实际上，除非人均财政收入最大的省份刚好是

制度赡养率最小的省份，否则 $\alpha \dfrac{r^* - r^i}{r^*} + \beta \dfrac{s^i - s^*}{s^i}$ 不可能等于0。另

外，即使它等于0，除非该省份刚好又是上一年基本养老保险制度最糟糕的省份，从而使得调整因子 δ 也为0，否则仍然可以得到一定数额的中央转移支付。这样，每一年度中央财政对地方财政的基本养老保险专项转移支付总额就是：

$$T_{\text{总}} = \sum_{i=1}^{m} n \left(\alpha \frac{r^* - r^i}{r^*} + \beta \frac{s^i - s^*}{s^i} + \delta \right) P^i$$

在制度实施的过程中，也可以每年先确定中央与地方的总分摊额，然后逆向推理，设计出各个参数值，再根据上一年各省份养老金支出额，确定中央对各省份的专项转移支付额。

对于这种专项转移支付，要明确其资金来源，制定一个由全国社会

保障基金、主权养老基金和财政按比例、有步骤地加以分担的规划；还要完善拨付与核查机制，以保障资金按时、足额到位并用于特定目的。

最后，在推行的国民年金制度和名义账户制度将来实现全国统筹之后，用于资助该部分的各种养老基金也将重新整合，这个专项财政转移支付机制也应该随之调整。

参 考 文 献

一、中文参考文献

1. 柏杰:《养老保险制度安排对经济增长和帕累托有效性的影响》,《经济科学》2000 年第 1 期。

2. 白重恩、吴斌珍、金烨:《中国养老保险缴费对消费和储蓄的影响》,《中国社会科学》2012 年第 8 期。

3. 车翼、王元月:《养老保险影响劳动力供给行为的 logistic 模型研究》,《中国管理科学》2006 年专辑。

4. 程杰:《养老保障的劳动供给效应》,《经济研究》2014 年第 1 期。

5. 成欢、蒲晓红:《事业单位养老保险改革存在的争议及思考》,《经济体制改革》2009 年第 5 期。

6. 陈金光、刘小珉:《贝克尔评传》,山西经济出版社 1998 年版。

7. 陈湘蕊:《劳动力成本变动的影响研究——以北京市为例》,北京交通大学硕士论文,2011 年。

8. 大卫·怀恩斯:《贫困陷阱》,载尼古拉斯·巴尔、大卫·怀恩斯主编:《福利经济学前沿问题》,中国税务出版社、北京腾图电子出版社 2000 年版。

9. 杜萍:《企业社会保险缴费与劳动力需求的关系研究》,《劳动保障世界》2010 年第 9 期。

10. 房连泉:《流动人口对省际城镇职工基本养老保险基金收支的影响——基于第六次人口普查数据的测算分析》,《社会科学辑刊》2017 年第 5 期。

11. 高红岩、吴湘玲:《我国基本养老保险的地方分割及其对策探讨》,《武汉大学学报(哲学社会科学版本)》2009 年第 4 期。

12. 高建伟、丁克诠:《中国基本养老保险基金缺口模型及其应用》,《系统工程理论方法应用》2006 年第 1 期。

13. 顾海兵、张实桐:《中国城乡社会保障均衡度的衡量方法与测度评价》,《经贸研究》2012 年第 11 期。

14. 桂世勋:《改革我国事业单位职工养老保险制度的思考》,《华东师范大学学报(哲学社会科学版)》2010 年第 3 期。

15. 国家统计局:《中国统计年鉴 2011》,中国统计出版社 2012 年版。

16. 国家统计局:《中华人民共和国 2011 年国民经济和社会发展统计公报》,见 http://www.stats.gov.cn/tjgb/ndtjgb/qgndtjgb/t20120222_402786440.htm。

17. 国务院发展研究中心社会保障课题组:《分离体制转轨成本,建立可持续发展制度——世纪之交的中国养老保障制度改革研究报告》,《管理世界》2000 年第 6 期。

18. 郭英彤:《社会养老保障制度影响我国居民储蓄行为的实证检验》,《消费经济》2007 年第 3 期。

19. 吕玉红、申曙光、彭浩然:《城镇职工基本养老保险制度的公平性研究——基于广东省行业视角的分析》,《学术研究》2010 年第 10 期。

20. 郭席四:《我国养老保险资金支付缺口形成的原因与对策探讨》,《湖北大学学报(哲学社会科学版)》2003 年第 2 期。

21. 何立新:《中国城镇养老保险制度改革的收入分配效应》,《经济研究》2007 年第 3 期。

22. 何立新、封进、佐藤宏:《养老保险改革对家庭储蓄率的影响:中国的经验证据》,《经济研究》2008 年第 10 期。

23. 洪丽、曾国安:《养老保险制度的储蓄效应:基于中国的经验研究》,《社会保障研究》2016 年第 3 期。

24. 侯风翠、周颖:《基于完善劳动力市场的基本养老保险制度全国统筹对策研究》,《中国经贸导刊》2009 年第 16 期。

25. 候慧丽:《城镇基本养老保险制度的再分配效应》,社会科学文献出版社 2011 年版。

26. 黄艳:《网友列举"双轨制"的十重罪》,见 http://finance.ifeng.com/news/special/lianghui2010/20100303/1880121.shtml。

27. 姜守明:《论人力资源流动与社会保障制度》,《陕西经贸学院学报》2002 年第 6 期。

28. 姜向群、陈艳：《对我国当前推迟退休年龄之说的质疑》，《人口研究》2004 年第 5 期。

29. 蒋筱江、王辉：《养老保险基金收支平衡的影响因素分析》，《开发研究》2009 年第 S1 期。

30. 金晶：《浅析事业单位养老保险制度改革的制约因素》，《企业导报》2011 年第 20 期。

31. 赖德胜、田永坡：《社会保障与人力资本投资》，《中国人口科学》2004 年第 2 期。

32. 李丹、刘钻石、章娅玲：《中国养老金隐性债务规模估算》，《财经科学》2009 年第 5 期。

33. 李绍光：《养老金制度与资本市场》，中国发展出版社 1998 年版。

34. 李珍：《社会保障与经济发展》，武汉大学出版社 1998 年版。

35. 李珍：《养老社会保险的平衡问题分析》，《中国软科学》1999 年第 12 期。

36. 李珍：《关于社会养老保险私有化的反思》，《中国人民大学学报》2010 年第 2 期。

37. 李珍、孙永勇：《新加坡中央公积金管理模式及其投资政策分析》，《东北财经大学学报》2004 年第 4 期。

38. 李珍、孙永勇、张昭华：《中国社会养老保险基金管理体制选择——以国际比较为基础》，人民出版社 2005 年版。

39. 李珍、杨玲：《养老基金制度安排与经济增长的互动——以美国为研究对象》，《金融研究》2001 年第 2 期。

40. 李珍、赵青：《我国城镇养老保险制度挤进了居民消费吗？——基于城镇的时间序列和面板数据分析》，《公共管理学报》2015 年第 4 期。

41. 李雪增、朱崇实：《养老保险能否有效降低家庭储蓄——基于中国省际动态面板数据的实证研究》，《厦门大学学报(哲学社会科学版)》2011 年第 3 期。

42. 李雪增、蒋媛媛：《"统账结合"养老保险体制的动态经济效应研究——基于政府负债的分析视角》，《财经问题研究》2014 年第 4 期。

43. 梁鸿：《储蓄的生命周期现象与养老保险》，《市场与人口分析》2000 年第 2 期。

44. 梁君林、蔡慧：《中国养老保险隐性债务线性化研究》，《中国人口科学》2015 年第 5 期。

45. 林宝：《提高退休年龄对中国养老金隐性债务的影响》，《中国人口科学》2003

年第 6 期。

46. 林东海、丁煜：《养老保险全覆盖：基于"两个统筹"的混合养老金体系设计》，《中国行政管理》2009 年第 12 期。

47. 林治芬：《社会保障政策与就业联动的实证分析》，《财贸经济》2005 年第 6 期。

48. 刘昌平、殷宝明：《基于既得受益权的养老保险关系转续政策研究》，《中国人口科学》2009 年第 9 期。

49. 刘昌平、殷宝明：《中国基本养老保险制度财务平衡与可持续性研究》，《财经理论与实践》2011 年第 1 期。

50. 刘海宁、刘晓峰：《城镇基本养老保险对经济要素影响的实证分析》，《辽宁大学学报》2007 年第 6 期。

51. 刘华、肖厚雄、叶晓阳：《社会保障与经济增长》，《华中理工大学学报（社会科学版）》1999 年第 1 期。

52. 刘燕生：《社会保障的道德风险与负激励问题》，中国劳动社会保障出版社 2009 年版。

53. 刘鑫宏：《企业社会保险缴费水平的实证评估》，《江西财经大学学报》2009 年第 1 期。

54. 柳清瑞、刘波、张晓蒙：《城镇基本养老保险扩大覆盖面问题研究》，《辽宁大学学报（哲学社会科学版）》2009 年第 4 期。

55. 刘雅芳：《养老金"双轨制"咋解决：实施统一的社会保险制》，见 http://finance.ce.cn/rolling/201303/08/t20130308_17071061.shtml。

56. 刘鑫宏：《企业社会保险缴费水平的实证评估》，《江西财经大学学报》2009 年第 1 期。

57. 卢驰文：《机关事业单位养老保险改革的制约因素与策略选择》，《理论探索》2011 年第 5 期。

58. 卢元：《试析养老保险对劳动供给的影响》，《市场与人口分析》1999 年第 4 期。

59. 卢自华：《中国转型期基本养老保险分配效应研究》，经济科学出版社 2010 年版。

60. 马光荣、周广肃：《新型农村养老保险对家庭储蓄的影响——基于 CFPS 数据的研究》，《经济研究》2014 年第 11 期。

61. 孟庆平、胡金焱：《社会保障供给不足：中国城镇居民储蓄增长的影响因素分析》，《山东大学学报（哲学社会科学版）》2012 年第 8 期。

62. 米尔顿·弗里德曼、罗斯·弗里德曼：《自由选择》，商务印书馆 1982 年版。

63. 穆易：《中国是否应该推出弹性退休制度》，《中国经济周刊》2004 年第 38 期。

64. 彭浩然、申曙光：《现收现付制养老保险与经济增长：理论模型与中国经验》，《世界经济》2010 年第 10 期。

65. 彭浩然、申曙光、宋世斌：《中国养老保险隐性债务问题研究——基于封闭与开放系统的测算》，《统计研究》2009 年第 3 期。

66. 蒲晓红：《养老保险的储蓄效应》，《当代经济研究》2003 年第 11 期。

67. 曲双石：《基于个人效用最大化的最优退休年龄分析》，《山东财经学院学报》2009 年第 3 期。

68. 石阳、王满仓：《现收现付制养老保险对储蓄的影响——基于中国面板数据的实证研究》，《数量经济技术经济研究》2010 年第 3 期。

69. 孙炳耀：《当代英国瑞典社会保障制度》，法律出版社 2000 年版。

70. 孙祁祥：《"空账"与转轨成本——中国养老保险体制改革的效应分析》，《经济研究》2001 年第 5 期。

71. 孙永勇：《社会保障对储蓄的影响》，武汉大学出版社 2007 年版。

72. 孙永勇、石蕾：《我国城镇职工基本养老保险制度财务风险的主要来源及其对策》，《中国行政管理》2012 年第 11 期。

73. 孙永勇、赵洪燕：《一场旷日持久且远未结束的论战——美国学界有关社会保障对储蓄影响的争论述评》，《北京航空航天大学学报(社会科学版)》2013 年第 4 期。

74. 孙永勇：《尽快打破养老保险"双轨制"》，《中国证券报》2013 年 1 月 9 日。

75. 孙永勇、李娟涵：《从费率看城镇职工基本养老保险制度改革》，《中国人口科学》2014 年第 5 期。

76. 孙永勇、徐倩文：《城镇职工基本养老保险改革重心亟需调整》，《地方财政研究》2017 年第 11 期。

77. 孙永勇、徐倩文：《基本养老保险统账结合并引入名义账户探讨》，《广西经济管理干部学院学报》2018 年第 4 期。

78. 孙永勇：《基本养老保险基金面临的主要问题和前途》，《中国财政》2019 年第 17 期。

79. 唐时达、周申：《金融危机对工业劳动需求弹性的影响研究》，《中国物价》2010 年第 8 期。

80. 陶纪坤、张鹏飞：《社会保险缴费对劳动力需求的挤出效应》，《中国人口科学》

2016 年第 6 期。

81. 童玉芬:《人口老龄化过程中我国劳动力供给变化特点及面临的挑战》,《人口研究》2014 年第 2 期。

82. 万春、邱长溶:《基于福利经济学的最优自愿性储蓄率分析》,《数量经济技术经济研究》2005 年第 12 期。

83. 王洪才:《我国城镇基本社会养老保险"扩面"工作的现状和措施》,《经济研究导刊》2012 第 11 期。

84. 王鉴岗:《养老保险收支平衡及其影响因素分析》,《人口学刊》2000 年第 2 期。

85. 王培安:《中国流动人口发展报告 2011》,中国人口出版社 2011 年版。

86. 汪伟、艾春荣:《人口老龄化与中国储蓄率的动态演化》,《管理世界》2015 年第 6 期。

87. 王晓军:《对我国养老保险制度财务可持续性的分析》,《市场与人口分析》2002 第 2 期。

88. 王晓军:《中国基本养老保险基金偿付能力的地区差异分析》,北京大学出版社 2005 年版。

89. 王亚柯:《中国养老保险制度的储蓄效应》,《中国人民大学学报》2008 年第 3 期。

90. 王亚柯:《中国养老保险制度改革的经济绩效:再分配效应与储蓄效应》,上海人民出版社 2008 年版。

91. 王燕、徐滇庆、王直、翟凡:《中国养老金隐性债务、转轨成本、改革方式及其影响——可计算一般均衡分析》,《经济研究》2001 年第 5 期。

92. 王增文、邓大松:《基金缺口、缴费比率与财政负担能力:基于对社会保障主体的缴费能力研究》,《中国软科学》2009 年第 10 期。

93. 王志峰、黎玉柱、肖军梅:《从社会保障角度研究人工成本与企业成本竞争力的关系》,《科技和产业》2007 年第 4 期。

94. 韦朝烈、黄炳境:《事业单位养老保险制度改革必须遵循的基本原则——基于对改革阻力的分析》,《探求》2010 年第 6 期。

95. 温家宝:《政府工作报告——2013 年 3 月 5 日在第十二届全国人民代表大会第一次会议上》,人民出版社 2013 年版。

96. 文太林:《我国养老保险制度对劳动力市场的影响》,《金融与经济》2007 年第 12 期。

97. 文太林、吴中宇：《养老保险制度对劳动力供给的影响及其完善》，《广东行政学院学报》2008 年第 6 期。

98. 翁仁木：《解决跨国劳动力养老保险权益可携带性问题的国际经验借鉴》，《西北人口》2010 年第 6 期。

99. 徐晓华：《中国基本养老保险金缺口的宏观控制》，《南开学报（哲学社会科学版）》2012 年第 5 期。

100. 薛惠元、郭文尧：《城镇职工基本养老保险基金收支状况、面临风险及应对策略》，《经济纵横》2017 年第 12 期。

101. 杨德清、董克用：《普惠制养老金》，《中国行政管理》2008 年第 3 期。

102. 杨冠琼：《当代美国社会保障制度》，法律出版社 2001 年版。

103. 杨继军、张二震：《人口年龄结构、养老保险制度转轨对居民储蓄率的影响》，《中国社会科学》2013 年第 8 期。

104. 杨再贵：《中国养老保险新制度的经济学分析》，《生产力研究》2008 年第 5 期。

105. 俞承璋、孙谦、俞自由：《影响我国养老保险收支平衡的因素分析及对策》，《财经研究》1999 年第 12 期。

106. 袁廿一：《延长退休年龄影响人力资本传导机制研究》，《人口与经济》2011 年第 4 期。

107. 袁志刚、宋铮：《人口年龄结构、养老保险制度与最优储蓄率》，《经济研究》2000 年第 11 期。

108. 展凯：《中国社会保障基金的平稳增长路径》，《财经理论与实践》2008 年第 3 期。

109. 张璐琴、景勤娟：《养老保险制度与经济增长的关系》，《人口与经济》2007 年第 4 期。

110. 张车伟：《人口老龄化、劳动力市场变化与养老保障问题——完善城镇职工基本养老保险制度的思考》，《老龄科学研究》2013 年第 2 期。

111. 张力：《论我国养老保险制度对人力资源的影响》，《经营管理者》2009 年第 1 期。

112. 张士斌：《劳动力市场变化与中国的社会养老保障制度改革——基于对养老保障制度的历史考察》，《经济社会体制比较》2010 年第 2 期。

113. 张晓玲：《养老保险制度选择与劳动供给研究》，《经济问题》2012 年第 6 期。

114. 张迎斌、刘志新:《我国基本养老金隐形债务变化趋势分析——基于改进精算测算模型的实证分析》,《中国管理科学》2013 年第 5 期。

115. 张永清:《正确认识当前企业基本养老保险费率和工资替代率》,《中国劳动》2000 年第 12 期。

116. 赵曼:《人力资源开发与管理》,中国劳动社会保障出版社 2001 年版。

117. 赵志刚:《中国公共养老保险制度的基础整合》,《中国软科学》2008 年第 5 期。

118. 郑秉文:《"名义账户"制:我国养老保障制度的一个理性选择》,《管理世界》2003 年第 8 期。

119. 郑秉文:《"时间一致性"对社保理论的贡献——税率对劳动供给的影响》,《中国人口科学》2005 年第 1 期。

120. 郑秉文:《中国建立"主权养老基金"的急迫性及国际比较——应对"中国威胁论"与外汇储备二次分流的战略思考》,《国际经济评论》2008 年第 2—3 期。

121. 郑秉文:《事业单位养老保险金改革路在何方》,《河北经贸大学学报》2009 年第 5 期。

122. 郑秉文:《费改税不符合中国社会保障发展战略取向》,《中国人民大学学报》2010 年第 5 期。

123. 郑秉文:《中国养老保险制度的可持续发展》,2010 年 10 月第五次中欧社会保障高层圆桌会议上的报告。

124. 郑秉文:《中国基本养老保险制度可持续性面临五大风险》,载社保财务丛书编委会主编:《社保财务理论与实践》,中国财政经济出版社 2011 年版。

125. 郑秉文:《欧债危机下的养老金制度改革——从福利国家到高债国家的教训》,《中国人口科学》2011 年第 5 期。

126. 郑秉文:《中国养老金发展报告 2011》,经济管理出版社 2011 年版。

127. 郑秉文:《中国养老金发展报告 2012》,经济管理出版社 2012 年版。

128. 郑秉文:《中国养老金发展报告 2013》,经济管理出版社 2013 年版。

129. 郑秉文:《中国养老金发展报告 2014》,经济管理出版社 2014 年版。

130. 郑秉文:《中国养老金发展报告 2016》,经济管理出版社 2016 年版。

131. 郑秉文、胡云超:《英国社会养老制度市场化改革对储蓄的影响》,《欧洲研究》2004 年第 1 期。

132. 郑秉文、胡云超:《英国养老制度市场化改革对宏观经济的影响》,《国际经济评论》2004 年第 1 期。

133. 郑秉文、史寒冰:《东亚地区社会养老保险制度模式与经济发展》,《世界经济》2001 年第 10 期。

134. 郑秉文、孙永勇:《中国城镇职工基本养老保险现状的反思——半数省份收不抵支的本质、成因与对策》,《上海大学学报(社会科学版)》2012 年第 3 期。

135. 郑秉文、张峰:《中国基本养老保险个人账户基金研究报告》,中国劳动社会保障出版社 2012 年版。

136. 郑功成:《实现全国统筹是基本养老保险制度刻不容缓的既定目标》,《理论前沿》2008 年第 18 期。

137. 郑功成:《尽快推进城镇职工基本养老保险全国统筹》,《经济纵横》2010 年第 9 期。

138. 郑伟:《养老保险制度选择的经济福利比较分析》,《经济科学》2002 年第 3 期。

139. 郑伟、孙祁祥:《中国养老保险制度变迁的经济效应》,《经济研究》2003 年第 10 期。

140. 朱冬梅:《从基金收支平衡看养老保险扩面需求以及应对策略》,《经济与管理研究》2005 年第 12 期。

二、外文参考文献

1. Aaron, H.J., "The Social Insurance Paradox", *Canadian Journal of Economics*, vol. 32, 1966, pp.371-374.

2. Aaron, Henry, J., "Social Security: International Comparisons", In *Studies in the Economics of Income Maintenance*, edited by Otto Eckstein, Washington, DC: Brookings Institute, 1967.

3. Aaron, H.J., "International Comparisons", Appendix D, In *Social Security: Perspectives for Reform*, by Pechman, J.A., Aaron, H.J., and Taussig, M.K., Washington, DC: Brookings Institute, 1968.

4. Aaron, Henry J., *Economic Effects of Social Security*, Washington, D. C.: Brookings, 1982.

5. Abel, A.B., "Precautionary Saving and Accidental Bequests", *American Economic Re-*

view, vol.75, No.4, 1985.pp.777−791.

6. Alan L.Gustman and Thomas L.Steinmeier, "The 1983 Social Security Reforms and Labor Supply Adjustments of Older Individuals in the Long Run", *Journal of Labor Economics*, 1985, Vol.3 No.2, pp.237−252.

7. Alisdair McKay, "Search for Financial Returns and Social Security Privatization", *Review of Economic Dynamics*, Vol.16, 2013, pp.253−270.

8. Altonji, J.G., Hayashi, F.and Kotlikoff, L.J., "Is the Extended Family Altruistically Linked? Direct Tests Using Micro Data", *American Economic Review*, vol.82, No.5, 1992, pp. 1177−1198.

9. Anderson, Kathryn H., Burkhauser, Richard V.and Qinn, Joseph F., "Do Retirement Dreams Come True? The Effect of Unanticipated Events on Retirement Plans", *Industrial and Labor Relations Review*, No.39, 1986, pp.518−526.

10. Ando, Albert, and Modigliani, F., "The 'Life Cycle' Hypothesis of Saving: Aggregate Implications and Tests", *American Economic Review* vol.53, 1963, pp.55−84.

11. Andrés Erosa, Luisa Fuster, Gueorgui Kambourov, "Labor Supply and Government Programs: A Cross − Country Analysis", *Journal of Monetary Economics*, Vol. 59, 2012, pp.84−107.

12. Andrew G.Biggs, "An Options Pricing Model for Calculating the Market Price of Public Sector Pension Liabilities", *Public Budgeting &Finance*, 2011, pp.94−118.

13. Andrew B.Abel, "The Effects of Investing Social Security Funds in the Stock Market when Fixed Costs Prevent Some Household from Holding Stocks", *The American Economic Review*, Vol.91, No.1, 2001, pp.128−148.

14. Anna Tilba, Terry McNulty, "Engaged versus Disengaged Ownership: The Case of Pension Funds in the UK", *Corporate Governance: An International Review*, Vol.21, No.2, 2013, pp.165−182.

15. Auerbach, A.J.and Kotlikoff, L.J., *Dynamic Fiscal Policy*, New York: Cambridge University press, 1987.

16. Axel Börsch−Supan, "Incentive Effects of Social Security on Labor Force Participation: Evidence in Germany and Across Europe", *Journal of Public Economics*, Vol.78, 2000, pp.25−49.

17. A.Zabalza, C.Pissarides and M.Barton, "Social Security and the Choice between

Full-Time Work, Part-Time Work and Retirement", *Journal of Public Economics*, Vol.14, 1980, pp.245-276.

18. Barro, R.J., "Are Government Bonds Net Wealth", *Journal of Political Economy*, vol.82, No.6, 1974, pp.1095-1117.

19. Barro, Robert J., "The Ricardian Approach to Budget Deficits", *Journal of Economic Perspectives*, vol.3, No.2, 1989, pp.37-54.

20. Beck, W., Van der Maesen, L. & Walker, A. (eds)., *The Social Quality of Europe*, Kluwer International, Amsterdam, 1997.

21. Bernheim, B.D., "Ricardian Equivalence: An Evaluation of Theory and Evidence", In Fischer, S., ed., *NBER Macroeconomics Annual*: 1987, Volume 2, 1987, Cambridge, MA: The MIT Press, pp.263-304.

22. Bernheim, B.D., "A Neoclassical Perspective on Budget Deficits", *Journal of Economic Perspectives*, vol.3, 1989, pp.55-72.

23. Bernheim, B.D. and Scholz, J.K., "Private Saving and Public Policy", In Poterba, J. M., ed., *Tax Policy and the Economy*, Volume 7, Cambridge, MA: The MIT Press, 1993, pp.73-110.

24. Boskin, Michael, J., "Social Security and Retirement Decisions", *Economic Inquiry*, No.15, 1977, pp.1-25.

25. Boskin, M. J., *Too Many Promises: The Uncertain Future of Social Security*, Homewood, IL: Dow Jones-Irwin, 1986, p.62.

26. Brezinski, 1993, *Out of Control: Global Turmoil on the Eve of the 21ˢᵗ Century*, New York: Macmillan Publishing Compang, pp.124-129.

27. Burtless, Gary, "Social Security and Unanticipated Benefit Increases, and the Timing of Retirement", *Review of Economic Studies*, No.53, 1986, pp.781-805.

28. Cagan, P., "The Effects of Pension Plans on Aggregate Saving: Evidence From a Sample Survey", NBER Working Paper No.95, 1965.

29. Cagri S.Kumru, Chung Tran, "Temptation and Social Security in A Dynastic Framework", *European Economic Review*, Vol.56, 2012, pp.1422-1445.

30. Camila Arza, "The Limits of Pension Privatization: Lessons from Argentine Experience", *World Development*, Vol.36, No.2, 2008, pp.2696-2712.

31. Carlos Manuel Pereira da Silva, João Paulo Tomé Calado and Maria Teresa Medeiros

Garcia, "The Financial Sustainability of the Portuguese Social Security System", *The Geneva Papers on Risk and Insurance*, Vol.29, No.3, July 2004, pp.417-439.

32. Christine Trampusch, "Employers and Collectively Negotiated Occupational Pensions in Sweden, Denmark and Norway: Promoters, Vacillators and Adversaries", *European Journal of Industrial Relations*, Vol.19, No.1, 2013, pp.37-53.

33. Dan A.Black, "The Social Security System, the Provision of Human Capital, and the Structure of Compensation", *Journal of Labor Economics*, Vol.5, No.2, 1987, pp.242-254.

34. Daniel Hallberg, "Is Early Retirement Encouraged by the Employer", Institute for Framtidsstudier/Institue for Futures Studies Arbetsrapport/Working Paper, No.6, 2011, http://www.iffs.se/wp-content/uploads/2011/06/Arbetsrapport-2011-nr6.pdf.

35. Danziger, Sheldon, Haveman, Robert and Plotnick, Robert, "How Income Transfer Payments Affect Work, Savings, and the Income Distributions: A Critical Review", *Journal of Economic Literature*, No.19, 1981, pp.975-1201.

36. David Blake, Alberto G.Rossi, Allan Timmermann, Lan Tonks, and Russ Wermers, "Decentralized Investment Management: Evidence from the Pension Fund Industry", *The Journal of Finance*, Vol.LXVIII, No.3, 2013, pp.1133-1178.

37. David Blake and Les Mayhew, "On the Sustainability of the UK State Pension System in the Light of Population Aging and Declining Fertility", *The Economic Journal*, Vol.116, 2006, pp.286-305.

38. David Neumark and Elizabeth T.Powers, "The Effect of the SSI Program on Labor Supply: Improved Evidence from Social Security Administrative Files", *Social Security Bulletin*, vol.65, No.3, 2003/2004, pp.45-60.

39. David Romer, *Advanced Macroeconomics*, The McGraw-Hill Companies, Inc.1996, pp.72-88.

40. Doris Geide-Stevenson, "Social Security Policy and International Labor and Capital", *Review of International Economics*, Vol.6, No.3, 1998, pp.407-416.

41. Dynan, K.E., Skinner, J. and Zeldes, S.P., "Do the Rich Save More", NBER Working Paper, 1997.

42. E.Browning, "Why the Social Insurance Budget Is Too Large in a Democracy", *Economic Inquiry*, Vol.13, 1997, pp.373-388.

43. E.B.Schwulst, "Economic Problems Arising From Social Security Taxes and Re-

serves", *The American Economic Review*, Vol.27, No.1, Supplement, 1937, pp.120−129.

44. Edgar K. Browning, "Labor Supply Distortions of Social Security", *Southern Economic Journal*, Vol.42, No.2, 1975, pp.243−252.

45. Edward Palmer, *The Swedish Pension Reform Model: Framework and Issues*, Social Protection Discussion Paper; No.SP 0012, Washington, D.C.: The World Bank, June 2000, http://documents. worldbank. org/curated/en/2000/06/1615052/swedish − pension − reform−model−framework−issues.

46. Eelco Zandberg, Laura Spierdijk, "Funding of pensions and economic growth: are they reallyrelated", *Journal of Pension Economics & Financial*, Vol.12, Issue.2, April 2013, pp.151−167.

47. Emmanuel Farhi, Stavros Panageas, "Saving and Investing for Early Retirement: A Theoretical Analysis", *Journal of Financial Economics*, Vol.83, 2007, pp.87−121.

48. Esperanza Lasagabaster, Roberto Rocha, Patrick Wiese, *Czech Pension System: Challenges and Reform Options*, Social Protection Discussion Paper Series No. SP0217, Washington, D. C.: The World Bank, June 2002, http://documents. worldbank. org/curated/en/2002/06/1977242/czech−pension−system−challenges−reform−options.

49. Feldstein, M., "Social Security, Induced Retirement and Aggregate Capital Accumulation", *Journal of Political Economy*, Vol.82, No.5, 1974, pp.905−926.

50. Feldstein, M., "Social Security and Private Savings: International Evidence in an Extended Life Cycle Model", In *The Economics of Public Services*, edited by Feldstein, M. and Inman, R., London: Macmillan, 1977.

51. Feldstein, M., "The Effect of Social Security on Savings", NBER Working Paper No. 334, 1979.

52. Feldstein, M. and Samwick, A., "Social Security Rules and Marginal Tax Rates", *National Tax Journal*, vol.45, No.1, 1992, pp.1−22.

53. Felipe SERRANO, Begoña EGUíA and Jesús FERREIRO, "Public Pensions' Sustainability and Population Aging: Is Immigration the Solution", *International Labour Review*, Vol.150, No.1−2, 2011, pp.64−79.

54. Fisher, W.H. and Keuschnigg, C., "Pension Reform and Labor Market Incentive", *Journal of Population Economics*, Vol.23, 2010, pp.769−803.

55. Gale, W.G., "The Effects of Pensions on Wealth: A Re−evaluation of Theory and

Evidence", The Brookings Institution, June 5, 1995.

56. George Kudrna, Alan Woodland, "An Inter-Temporal General Equilibrium Analysis of the Australian Age Pension Means Test", *Journal of Macroeconomics*, Vol. 33, 2011, pp.61-79.

57. Gough, I., "Social Welfare and Competitiveness", *New Political Economy*, Vol.1, No. 2, 1996, pp.212-213.

58. Gruber, J. and p.Orszag, "Dose the Social Security Earnings Test Affect Labor Supply and Benefits Receipt", NBER Working Paper 7923, 2000.

59. Hans Fehr, Christian Habermann, Fabian Kindermann, "Social Security with Rational and Hyperbolic Consumers", *Review of Economic Dynamics*, Vol. 11, 2008, pp. 884-903.

60. Hans-Werner Sinn, "The Pay-As-You-Go Pension System as Fertility Insurance and Enforcement Device", *Journal of Public Economics*, Vol.88, 2004, pp.1335-1357.

61. Hardy Hulley, Rebecca Mckibbin, Andreas Pedersen and Susan Thorp, "Means-Tested Public Pensions, Portfolio Choice and Decumulation in Retirement", *The Economic Record*, Vol.89, No.284, 2013, pp.31-51.

62. Héctor Sala, "Payroll Taxes and Labor Demand: Evidence From Colombian Manufacturing Industry", No.17, September 2012, http://dep-economia-aplicada.uab.cat/secretaria/trebrecerca/SAgudelo.pdf.

63. Helmuth Cremer, Jean-Marie Lozachmeur, Pierre Pestieau, "Social Security, Retirement Age and Optimal Income Tax", *Journal of Public Economics*, Vol. 88, 2004, pp.2259-2281.

64. Hendry, J., Sanderson, p., Barker, R., & Roberts, J., "Responsible ownership, shareholder value and the new shareholder activism", *Competition and Change*, No. 11, 2007, pp.223-240.

65. Herbert A. Whitehouse, "Warning: Bush Social Security Reform Proposal Demands Fundamental Decision for or against Artificial Support of Stock Market", *Public Budgeting &Finance*, 2003, pp.134-141.

66. Hieu V. Phan, Shantaram P. Hegde, "Pension Contributions and Firm Performance: Evidence from Frozen Defined Benefit Plans", *Financial Management*, 2013, pp.373-411.

67. Hubbard, R.G., "Uncertain Lifetimes, Pensions and Individual Saving", In Bodie,

Z., Shoven, J.B. and Wise, D.A., eds., *Issues in Pension Economics*, Chicago, IL: University of Chicago Press, 1987, pp.175-210.

68. Hubbard, R.G. and Kenneth L.J., "Liquidity Constraints, Fiscal Policy, and Consumption", *Brookings Papers on Economic Activity*, vol.1, 1986, pp.1-50.

69. Hubbard, R.G. and Kenneth L.J., "Social Security and Individual Welfare: Precautionary Saving, Borrowing Constraints, and the Payroll Tax", *The American Economic Review*, vol.77, No.4, 1987, pp.630-646.

70. Hurd, Michael, and Boshin, Michael J., "The Effect of Social Security on Retirement in the Early 1970s", *Quarterly Journal of Economics*, No.99, 1984, pp.767-790.

71. Iatridis, D., *Social Policy*, California: Brooks/Cole, 1995, p.87.

72. Igor Fedotenkov, Lex Meijdam, "Crisis and Pension System Design in the EU: International Spillover Effects Via Factor Mobility and Trade", *Economist-Netherlands*, Vol.161, No.2, 2013, pp.175-197.

73. Ippolito, R., "Towards Explaining Earlier Retirement After 1970", Pension Benefit Guaranty Corporation, 1988.

74. Irineu Evangelista de Carvalho Filho, "Old-age Benefits and Retirement Decisions of Rural Elderly in Brazil", *Journal of Development Economics*, Vol.86, 2008, pp.129-146.

75. Isaac Ehrlich and Jinyoung Kim, "Has Social Security Influenced Family Formation and Fertility in OECD Countries? An Economic and Econometric Analysis", NBER Working Paper No.12869, January 2007, http://www.nber.org/papers/w12869.

76. James A.Kahn, "Social Security Liquidity, and Early Retirement", *Journal of Public Economics*, Vol.35, 1988, pp.97-117.

77. James P.Vere, "Social Security and Elderly Labor Supply: Evidence from the Health and Retirement Study", *Labour Economics*, Vol.18, 2011, pp.676-686.

78. Jie Zhang, Junsen Zhang, "How Does Social Security Affect Economic? Evidence from Cross-Country Data", *Journal of Population Economics*, Vol.17, 2004, pp.473-500.

79. Jie Zhang, Junsen Zhang, "Optimal Social Security in A Dynastic Model with Investment Externalities and Endogenous Fertility", *Journal of Economic Dynamics & Control*, Vol. 31, 2007, pp.3545-3567.

80. J.Ignacio García-Pérez, Sergi Jiménze-Martín, Alfonso R.Sánchez-Martín, "Retirement Incentives, Individual Heterogeneity and Labor Transitions of Employed and

Unemployed Workers", *Labour Economics*, Vol.20, 2013, pp.106–120.

81. Jo Grady, "Trade Unions and the Pension Crisis: Defending Member Interests in A Neoliberal World", *Employee Relations*, Vol.35, No.3, 2013, pp.294–308.

82. John Bongaarts, "Population Aging and the Rising Cost of Public Pensions", *Population and Development Review*, Vol.30, No.1, 2004, pp.1–23.

83. John Creedy Ross Guest, "Changes in Taxation of Private Pensions: Macroeconomic and Welfare Effects", *Journal of Policy Modelling*, Vol.30, 2008, pp.693–712.

84. Johannes Binswanger, "Understanding the Heterogeneity of Savings and Asset Allocation: A Behavioral – Economics Perspective", *Journal of Economic Behavior & Organization*, No.76, 2010, pp.296–317.

85. José M.González-Páramo, Ángel Melguizo, "Who Really Pays Social Security Contributions and Labour Taxes", February 2013, http://www. voxeu. org/article/who – really – pays–social–security–contributions–and–labour–taxes?

86. Juergen Jung, Chung Tran, "The Extension of Social Security Coverage in Developing Countries", *Journal of Development Economics*, No.99, 2012, pp.439–458.

87. Kimberly Earles, "The Gendered Consequences of the European Union's Pensions Policy", *Women's Studies International Forum*, Vol.38, 2013, pp.75–82.

88. Kochin, L., "Are Future Taxes Anticipated by Consumers", *Journal of Money, Credit and Banking*, vol.6, 1974, pp.385–394.

89. Kristine M.Brown, "The Link Between Pensions and Retirement Timing: Lessons from California Teachers", *Journal of Public Economics*, Vol.98, 2013, pp.1–14.

90. Laibson, D. I., "Hyperbolic Discounting Functions, Undersaving, and Savings Policy", NBER Working Paper No.5635, 1996.

91. Laibson, D.I., Aneletos, George–Marios, Repetto, A., Tobacman, J., and Weinberg, S., "The Hyperbolic Consumption Model: Calibration, Simulation, and Empirical Evaluation", *Journal of Economic Perspectives*, Vol.15, No.3, 2001.

92. Laibson, D.I., Repetto, A. and Tobacman, J., "Self–Control and Saving for Retirement", Working Paper, 2001.

93. Kotlikoff, L. J., "Social Security and Equilibrium Capital Intensity", *Quarterly Journal of Economics*, vol.93, No.2, 1979, pp.233–253.

94. Kotlikoff, L.J., "Justifying Public Provision of Social Security", *Journal of Policy A-*

nalysis and Management, vol.6, No.4, 1987, pp.674−689.

95. Laurence J.Kotlikoff, Kent Smetters and Jan Walliser, "Privatizing Social Security in the United States——Comparing the Options", *Review of Economic Dynamics*, Vol.2, 1999, pp.532−574.

96. Laurence J.Kotlikoff and Spivak, A., "The Family as an Incomplete Annuities Market", *Journal of Political Economy*, 1981.

97. Kotlikoff, L.J., Shoven, J.B.and Spivak, A., "Annuity Markets, Savings, and the Capital Stock", In Bodie, Z., Shoven, J.B.and Wise, D.A., eds., *Issues in Pension Economics*, Chicago, IL: University of Chicago Press, 1987, pp.211−234.

98. Lawrence, L., "Are Assets Fungible? Testing Alternative Theories of Life−Cycle Savings", Working Paper, Santa Clara University, 1992.

99. Louise Fox and Edward Palmer, *Latvian Pension Reform*, Social Protection Discussion Paper Series No.SP 9922. Washington, D.C.: The World Bank, August 1999, http://documents.worldbank.org/curated/en/1999/08/693277/latvian−pension−reform.

100. Lei Sun, Jinxiong Chang, Yanhui Liu, Zhejun Yang, "The Urban−Rural Disparities of the Elderly Labor Supply and Income in China", *Advanced in Control Engineering and Information Science*, Vol.15, 2011, pp.5274−5278.

101. Liam Foster, "'I Might Not Live That Long!' A Study of Young Women's Pension Planning in the UK", *Social Policy & Administration*, Vol.46, No.7, 2012, pp.769−787.

102. Luciano Fanti, Luca Gori, Mauro Sodini, "Complex Dynamics in An OLG Model of Neoclassical Growth with Endogenous Retirement Age and Public Pensions", *Nonlinear Analysis: Real World Applications*, No.14, 2013, pp.829−841.

103. Luciano Fanti, Luca Spataro, "Endogenous Labor Supply in Diamond's (1965) OLG Model: A Reconsideration of the Debt Role", *Journal of Macroeconomics*, No.28, 2006, pp.428−438.

104. Merton, R.C., "On the Role of Social Security as a Means for Efficient Risk Sharing in an Economy Where Human Capital Is Not Tradeable", In Bodie, Z., Shoven, J.B. and Wise, D.A., eds., *Issues in Pension Economics*, Chicago, IL: University of Chicago Press, 1983, pp.147−169.

105. Midgley, J., *Social Welfare in Global Context*, London: Sage, 1997, pp.4−5.

106. Mitchell A., "Orenstein. Pension Privatization: Evolution of A Paradigm", *Govern-*

ance: *An International Journal of Policy*, *Administration*, *and Institutions*, Vol.26, No.2, 2013, pp.259-281.

107. Modigliani, F., "The Life Cycle Hypothesis of Saving and Intercountry Differences in the Saving Ratio", In *Induction*, *Growth*, *and Trade*: *Essays in Honour of Sir Roy Harrod*, edited by W.A.Eltis, M.FG.Scott, and J.N.Wolfe, Oxford: Clarendon, 1970, pp.211.

108. Moffitt, Robert A., "Life Cycle Labor Supply and Social Security: A Time Series Analysis", In *Work*, *Health*, *and Income among the Elderly*, Edited by Gary Burtless, Washington, D.C.: Brookings, 1987.

109. OECD, "Pensions at a Glance 2011: Retirement-Income Systems in OECD and G20 Countries", www.oecd.org/els/social/pensions/PAG, 2011.

110. Olivia S.Mitchell and Stephen P.Zeldes, "Social Security Privatization: A Structure for Analysis", NBER Working Paper No.5512, 1996, http://www.nber.org/papers/w5512.

111. Ozgur Ozel, Cihan Yalcin, "Domestic Savings and Private Pension System: An E-valuation of the Turkish Case", *FINANS*, Vol.28, Issue: 327, 2013, pp.31-66.

112. Parnes, Herbert S., "The Retirement Decision", In *The Older Worker*, Edited by M. Borus, H.Parnes, S.Santell, and B.Seidman, Madison, Wis.: Industrial Relations Research Association, 1988.

113. Patrick Dattalo, "Borrowing to Save: A Critique of Recent Proposals to Partially Privatize Social Security", *Social Work*, Vol.52, No.3, 2007, pp.233-242.

114. Pedro Cavalcanti Ferreira, Marcelo Rodrigues dos Santos, "The Effect of Social Security, Health, Demography and Technology on Retirement", *Review of Economic Dynamics*, Vol.16, 2013, pp.350-370.

115. Pellechio, A.J., "Social Security Financing and Retirement Behavior", *American Economic Review*, vol.69, No.2, 1979, pp.284-287.

116. Peter A.Diamond, "National Debt in a Neoclassical Growth Model", *American Economic Review*, Vol.41, 1965, pp.1126-1150.

117. Peter A.Diamond. "A Framework for Social Security Analysis", *Journal of Public Economics*, vol.8, No.3, 1977, pp.275-298.

118. Peter A. Diamond, "Aggregate Demand Management in Search Equilibrium", *Journal of Political Economy*, No.90, 1982, pp.881-894.

119. Peter A.Diamond, "Search, Sticky Prices, and Inflation", *Review of Economic Stud-*

ies, No.60, 1993, pp.53-68.

120. Peter G.C.Townley, Robin W.Boadway, "Social Security and the Failure of Annuity Markets", *Journal of Public Economics*, Vol.35, 1988, pp.75-96.

121. Poterba, J., Venti, S. and Wise, D., "Personal Retirement Saving Programs and Asset Accumulation: Reconciling the Evidence", NBER Working Paper No.5599, 1996.

122. Quinn, Joseph, Burkhauser, Richard and Myers Daniel, *Passing the Torch: The Influence of Economic Incentives on Work and Retirement*, Kalamazoo, Mich.: Upjohn Institute for Employment Research, 1990.

123. Richard V.Burkhauser and John A.Turner, "Social Security, Preretirement Labor Supply, and Saving: A Confirmation and a Critique", *Journal of Political Economy*, Vol.90, No.3, 1982, pp.643-646.

124. Robert Holzmann, *Toward a Reformed and Coordinated Pension System in Europe: Rationale and Potential Structure*, Washington D. C.: The World Bank, March 2004, http://documents.worldbank.org/curated/en/2004/04/5167752/toward-reformed-coordinated-pension-system-europe-rationale-potential-structure.

125. Robert Holzmann, Edward Palmer, *Pension Reform - Issues and Prospects for Non-Financial Defined Contribution(NDC)Schemes*, Washington D.C.: The Worldbank, January 2006, http://documents.worldbank.org/curated/en/2006/01/6625523/pension-reform-issues-prospects-non-financial-defined-contribution-ndc-schemes.

126. Robert Holzmann, Edward Palmer, and David Robalino, *Nonfinancial Defined Contribution Pension Schemes in a Changing Pension World*(Vol.1 of 2): *Progress, Lessons, and Implementation*, Washington D. C.: The World Bank, June 2012, http://documents.worldbank.org/curated/en/2012/06/16439040/nonfinancial-defined-contribution-pension-schemes-changing-pension-world-progress-lessons-implementation.

127. Robert Holzmann, Edward Palmer, and David Robalino, *Nonfinancial Defined Contribution Pension Schemes in a Changing Pension World*(Vol.2of 2): *Gender, Politics, and Financial Stability*, Washington D. C.: The World Bank, November 2012, http://documents.worldbank.org/curated/en/2012/11/17204471/nonfinancial-defined-contribution-pension-schemes-changing-pension-world-vol-2-2-gender-politics-financial-stability.

128. Robert Holzmann and R.Hinz, "Old Age Income Support in the 21st Century: An International Perspective on Pension Systems and Reform", Washington, D.C.: The World

Bank,2005.

129. Robert Hutchens,"Social Security Benefits and Employer Behavior:Evaluating Social Security Early Retirement Benefits as a Form of Unemployment Insurance",*International Economic Review*,Vol.40,No.3,1999,pp.659-677.

130. Robert J.Myers,"Social Security's Current Financial Health Is Robust",*Benefits Quarterly*,Vol.IV,No.4,1988,pp.44-52.

131. Robert Novy-Marx and Joshua Rauh,"Public Pension Promises:How Big Are They and What Are They Worth",*The Journal of Finance*.Vol.LXVI,August 2011,pp.1211-1249.

132. Rodrigo A.Cerda,"On Social Security Financial Crisis",*Journal of Population Economics*,Vol.18,2005,pp.509-517.

133. Roel M.W.J.Beetsma,A.Lans Bovenberg,Ward E.Romp,"Funded Pensions and Intergenerational and International Risk Sharing in General Equilibrium",*Journal of International Money and Finance*,Vol.30,2011,pp.1516-1534.

134. Roger H.Gordon,Alan S.Blinder,"Market Wages,Reservation Wages,and Retirement Decisions",*Journal of Public Economics*,Vol.14,1980,pp.277-308.

135. Samuelson,P.A.,"An Exact Consumption-Loan Model of Interest With or Without the Social Contrivance of Money",*Journal of Public Economics*,vol.66,1958,pp.467-482.

136. Sandro Gronchi-Rocco Aprile,"1995 Pension Reform:Equity,Sustainability and Indexation",*Labour*,Vol.12,No.1,1998,pp.67-100.

137. Sayan S.and Kiraci A.,"Parametric Pension Reform with Higher Retirement Ages: A Computational Investment of Alternatives for A Pay-As-You-Go-Based Pension System",*Journal of Economic Dynamics & Control*,Vol.25(6-7),2001,pp.951-966.

138. Seater,J.,"Ricardian Equivalence",*Journal of Economic Literature*,vol.31,No.1, 1993,pp.142-90.

139. Sebastian Edwards and Alejandra Cox Edwards,"Social Security Privatization Reform and Labor Markets:The Case of Chile",NBER Working Paper No.8924,2002,http://www.nber.org/papers/w8924.

140. Selahattin İmrohoroglu,Sagiri Kitao,"Labor Supply Elasticity and Social Security Reform",*Journal of Public Economics*,Vol.93,2009,pp.867-878.

141. Shinichi Nishiyama,"The Budgetary and Welfare Effects of Tax-Deferred Retire-

ment Saving Accounts", *Journal of Public Economics*, Vol.95, 2011, pp.1561-1578.

142. Silvia Borzutzky, "Chile: Has Social Security Privatisation Fostered Economic Development", *International Journal of Social Welfare*, Vol.10, 2001, pp.294-299.

143. Stephanie Bell and L. Randall Wray, "Financial Aspects of the Social Security 'Problem'", *Journal of Economic Issues*, Vol.XXXLV, No.2, 2000, pp.357-364.

144. Stefan Homburg, "Compulsory Savings in the Welfare State", *Journal of Public Economics*, No.77, 2000, pp.233-239.

145. Stuart Dorsey, "Pension Portability and Labor Market Efficiency: A Survey of the Literature", *Industrial and Labor Relations Review.* Vol.48, No.2, 1995, pp.276-292.

146. Sumner H.Slichter, "The Impact of Social Security Legislation upon Mobility and Enterprise", *American Economic Review*, Supplement, Vol.30, No.1, 1940, pp.44-60.

147. Tetsuji Yamada, "The Effects of Japanese Social Security Retirement Benefits on Personal Saving and Elderly Labor Force Behavior", *Japan and the World Economy*, Vol.2, 1990, pp.327-363.

148. The World Bank, *Averting the Old Age Crisis: Policies to Protect the Old and Promote Growth*, Oxford University Press, Washington, D.C., 1994.

149. The World Bank, "Old Age Security: Pension Reform in China", http://www-wds.worldbank. org/external/default/WDSContentServer/WDSP/IB/1997/09/01/000178830 _ 98101912211149/Rendered/PDF/multi_page.pdf.

150. Thomas F.Pogue and L.G.Sgontz, "Social Security and Investment in Human Capital", *National Tax Journal*, Vol.30, Issue 2, 1977, pp.157-169.

151. Thomas Hungerford, "A Better Way to Invest the Social Security Trust Fund", *Challenge*, Vol.49, No.3, 2006, pp.90-104.

152. Thomas I.Palley, "The Economics of Social Security: An Old Keynesian Perspective", *Journal of Post Keynesian Economics*, Vol.21, No.1, 1998, pp.93-110.

153. Torben M.Andersen and Joydeep Bhattacharya, "Unfunded Pensions and Endogenous Labor Supply", *Macroeconomic Dynamics*, Vol.17, Issue 05, 2013, pp.971-997.

154. Vincenzo Galasso, "Social Security: A Financial Appraisal for the Median Voter", *Social Security Bulletin*, Vol.64, No.2, 2001/2002, pp.57-65.

155. Walker, A., *Social Policy*, Oxford: Blackwell, 1984, pp.39-40.

156. Walter Galenson, "Social Security and Economic Development: A Quantitative Ap-

proach", *Industrial and Labor Relations Review*, Vol.21, No.4, 1968, pp.559-569.

157. Warneryd, Karl-Erik, "On the Psychology of Saving: An Essay on Economic Behavior", *Journal of Economic Psychology*, No.10, 1989, pp.515-541.

158. Weixi Liu, Ian Tanks, "Pension Funding Constraints and Corporate Expenditures", *Oxford Bulletin of Economics and Statistics*, Vol.75, No.2, 2013, pp.235-258.

159. Welbert van der Klaauw, Kenneth I. Wolpin, "Social Security and the Retirement and Savings Behavior of Low-Income Households", *Journal of Econometrics*, Vol.145, 2008, pp.21-42.

160. William L. Holahan and Charles, "Social Security Bonds and Concept of Reciprocal Responsibility", *Risk Management and Insurance Review*, Vol.10, No.1, 2—7, pp.87-92.

161. W. von Natzmer, "Social Security Contributions, Economic Activity, and Distribution", *Empirical Economics*, Vol.12, No.1, 1987, pp.29-49.

162. Xavier Mateos-Planas, "A Quantitative Theory of Social Security without Commitment", *Journal of Public Economics*, Vol.92, 2008, pp.652-672.

163. Zhigang Li, Mingqin Wu, "Estimating the Incidences of the Recent Pension Reform in China: Evidence from 100,000 Manufactures", *Contemporary Economic Policy*, Vol.31, No.2, 2013, pp.332-344.

责任编辑:陈　登

封面设计:姚　菲

图书在版编目(CIP)数据

中国城镇职工基本养老保险改革:经济效应、制度设计与财务可持续性/
　孙永勇 著. —北京:人民出版社,2021.11
ISBN 978－7－01－023673－5

Ⅰ.①中…　Ⅱ.①孙…　Ⅲ.①城镇-职工-养老保险制度-保险改革-
研究-中国　Ⅳ.①F842.612

中国版本图书馆 CIP 数据核字(2021)第 168380 号

中国城镇职工基本养老保险改革:经济效应、制度设计与财务可持续性
ZHONGGUO CHENGZHEN ZHIGONG JIBEN YANGLAO BAOXIAN GAIGE:
JINGJI XIAOYING ZHIDU SHEJI YU CAIWU KECHIXUXING

孙永勇　著

人民出版社 出版发行
(100706　北京市东城区隆福寺街 99 号)

中煤(北京)印务有限公司印刷　新华书店经销

2021 年 11 月第 1 版　2021 年 11 月北京第 1 次印刷
开本:710 毫米×1000 毫米 1/16　印张:17
字数:202 千字

ISBN 978－7－01－023673－5　定价:54.00 元

邮购地址 100706　北京市东城区隆福寺街 99 号
人民东方图书销售中心　电话 (010)65250042　65289539